邦信阳·中建中汇
BOSS & YOUNG
ATTORNEYS-AT-LAW 律师事务所

BUSINESS GUIDELINES
ON EQUITY INCENTIVE FOR ENTERPRISES

企业股权激励

业务指引

陈诗\著

中国法制出版社
CHINA LEGAL PUBLISHING HOUSE

目录 Contents

·第一章·

股权激励概述

第一节　股权激励的定义

股权激励，本质上就是公司以股权/股票、期权等作为对价，对公司的员工（包括但不限于董事、监事、高级管理人员、核心员工和其他重要员工）实施有价支付、长期激励的一种做法，目的在于留住人才、吸纳人才、激励人才和引导员工为公司目标的实现献力献策，对完善公司治理结构也有积极帮助作用。公司在设计股权激励计划时，需根据其激励对象、激励目的以及预期实现的激励效果等选择合适的股权激励方式，以达到最佳的激励效果。股权激励亦是一种价值分配机制，解决公司发展内动力与公司效率的问题，亦是一种企业文化，体现了公司发展的核心价值观。

当然，公司治理业界也将股权激励称为“金手铐”，与“金色降落伞”（针对退职）、“金阶梯”（针对职业成长）并称“三金”。公司治理行业里有这样一个段子，一个精明的土老板，最认可的“金手铐”激励方式，就是和公司总经理结为亲家，把自己女儿嫁过去。在他朴素的价值观里，只有自家人才不会坑自家人。进一步而言，“金手铐”实际具有两层含义：一是“金”，即股权激励的收益丰厚，对高管等核心人员具有巨大吸引力；二是“手铐”，即核心员工等在享有激励收益的同时，也受到一定的限制，比如公司业绩指标、服务年限等。“金手铐”意味着激励与制约并存，是对股权激励的一种很形象的比喻。

股权激励的形式也是多种多样的，一般可分为两种，一种是权益支付类，另一种是现金支付类。其中，权益支付类即公司通过股权激励给员工的激励不是以货币方式进行支付的，而是给员工一定的权益，形式主要包括期权、限制性股票、员工持股计划等；现金支付类即公司通过股权激励给员工的激励是以货币方式进行支付的，形式主要包括业绩股票、虚拟股票、分红股票、股权增值权。

股权激励在持股方式上，也具有多样性，分为直接持股、间接持股、代持三种。

不同的激励方式以及持股方式具有不同的优势和劣势，相关内容将在本书中一一展开论述，此处不再赘述。

第二节 股权激励在国外的发展

一、起源与发展

20 世纪 50 年代，美国菲泽尔（PFIZER）公司推出了股票期权计划，根据市场上通常的认知，这就是股权激励出现的最早标志，产生动因在于当时美国高额的个人所得税。管理者的积极性受到极大打击，为了避免公司众多高层管理人员的现金薪金被高额的所得税率“吃掉”，在寻求合理的避税手段的驱使下，股票期权计划便应运而生。

1956 年，路易斯·凯尔索（Louis O. Kelso）等人第一次推出员工持股计划（Employee Stock Ownership Plans，ESOP）。20 世纪 20 年代至 70 年代是美国股票市场的快速上升期，员工持股计划获得越来越多的推崇，《1974 年雇员退休收入保障法》中也给予了 ESOP 官方认可。随后，美国国会通过了《1984 年税收改革法》，对员工持股计划的全部四种参与者分别给予了对应的税收优惠政策，自此，员工持股计划才真正得以快速发展。

但是，股权激励具有的巨大财富效应直到 20 世纪 90 年代才逐渐得以体现，IBM 总裁从当时的股票期权中得到了 6000 万美元的收益，迪士尼总裁迈克尔·艾斯纳（Michael Eisner）获得的股票期权收入将近 5.7 亿美元，对比之下，其 576 万美元的年薪则显得微不足道。这个时期，美国股票市场一路高歌猛进，股票期权带来的巨大收益引来大批公司纷纷效仿。1997 年，美国半数以上的上市公司都在施行股票期权计划，期权收入甚至成为企业管理层收入的主要部分。

然而，任何制度都是有利有弊的，股权激励也不例外。例如设计缺陷、监管不力等导致美国股权激励制度产生薪酬两极分化、业绩造假、操纵股价等诸多争议，这就不得不提到众所周知的“安然事件”。安然公司作为曾经的世界头号天然气交易商及美国最大的电力交易商，公司的股价最高达到了 90 美元，市值高达 700 亿美元，在全球 500 强中排到第 7 位，年收入近千亿美元。美国能源市场在 1985 年之前被联邦能源监管委员会严格管制，而安然公司可以轻易地在自己的可控领域进行价格垄断，坐收稳定的盈利。但在 1986 年之后，由于联邦能源监管委员会的监管放松，安然公司的垄断地位被打破，由此安然公司股东计划通过实施以市价为基础的股权期权激励来管理公司，试图绑定高管人员的业绩与公司股东的财富创造。但安然公司高管人员却在1997年以后利用美国会计准则漏洞通过各种财务手段来“创造”利润。到2000年底，安然公司总共发行了价值1.55亿美元的股票期权，公司的前首席执行官在这年获得了6000多万美元的股权激励收入，而安然公司董事长也通过执行股票期权实现了1.234亿美元的收入。前述事情的发生最终与安然公司股东开展股权激励计划的工作背道而驰，“安然事件”最终引发了国际上对美国式公司治理结构的反思，而其主要问题之一就是由于公司执行了不合理的股权激励制度。

二、理论学说

股权激励的理论基础引起许多学者的关注，其中知晓度与接受度较高的理论有三种：其一，委托代理理论；其二，现代代理理论；其三，人力资本理论。

（一）委托代理理论

美国经济学家迈克尔·詹森（Michael Jensen）和威廉·麦克林（William Mecking）在其1976年发表的论文《企业理论：管理行为、代理成本及其所有结构》中提到委托代理理论，他们认为，委托代理关系是一种随着社会生产力发展而形成的社会关系，公司股东是公司所有者，经理人从事经营，具有管理决策能力，公司股东为委托人，经理人为代理人，二者之间形成一种委托代理关系。也正因为相对于传统企业，现代企业所有权与经营权相分离而产生的信息不对等，才产生了委托代理的现象。

（二）现代代理理论

现代代理理论认为，对经理人员实行长期激励可以在相当程度上减少经理人员的逆向选择和道德风险问题，从而减少给公司股东带来的利益损失，经理人员的报酬应该与公司业绩的边际效益变化相关联。

（三）人力资本理论

人力资本理论出现在20世纪60年代，主要提出者为西奥多·舒尔茨（Theodore Schultz）和加里·贝克尔（Gary S. Becker）。人力资本理论认为，在知识经济时代发展的过程中，人力资本的作用大于物质资本的作用，人力资本的增长是经济制度最显著的特征，人力资本是促进经济增长的重要生产要素。自然人所拥有的知识、技能、资历等可以代表人的能力素养都可以合称为人力资本。最初，美国开始实施激励制度主要是为了避税，由于当时美国税收的持续上升，公司管理人员的收入大幅度减少，其工作积极性受到了极大的打击，而股票期权计划可以利用当时的税收优惠政策，实现合法避税，一方面赋税压力的减轻对公司收益产生了积极影响，另一方面也增加了公司管理人员的收入，一定程度上起到了激励员工的作用，至此成就了股权激励计划。

人力资本投资可以提升人力资本价值。教育、培训、学习等都属于人力资本投资的方式，对人自身生产能力的投资带来的收益率将超过其他形态资本的投资收益率，也正因如此，人力资本能够为公司带来更大的剩余价值。

三、各国发展情况

股权激励的巨大财富效应使其日渐风靡全球，受到各国企业的青睐，英国、日本、法国、意大利等国家纷纷效仿美国。根据学者统计，世界部分国家股权激励制度的发展情况如表 1 – 1 所示①：

表 1 – 1 世界部分国家股权激励制度发展

国家	发展情况	政策支持
美国	世界上股票期权制度最发达的国家，有多种股票期权及完善的股票期权监管制度。	对于激励性股票期权有税收优惠，非法定股票期权则不能享受税收优惠。
英国	股票期权种类比较丰富，制度比较完备。	如果股票期权计划获得国内税务局批准，行权收益可以获得较大幅度的税收优惠。
法国	1970 年《商事公司法》中规定了股票期权的实施办法，是世界上股票期权进行专业立法较早的国家之一。	如果股票期权计划获得管理部门核准，且员工行权后持有股票超过 5 年，在出售股票时仅对行权时股价超出行权价的收益部分的 40% 征收工资税。
德国	20 世纪 90 年代末通过修改《股份公司法》才允许实施股票期权制度，且实施范围仅限于股份公司，法规体系不完备。	对于典型的股票期权计划没有明显的政策优惠，因为该国的股票期权制度普及程度不高。

① 参见刘中文：《我国国有控股上市公司股权激励效用研究》，中国矿业大学管理学院 2009 年博士学位论文，第 36—37 页。

续表

荷兰	股票期权制度有较长的发展历史，但没有获得长足的发展，主要是由于相关政策处于持续的变动之中，1986年6月26日该国的期权制度进行了重大改革。	1986年6月26日改革之后，股票期权的计税方式变得十分复杂，在授予期权、行权与出售行权所得股票三个环节都要纳税，但是某些公司的法定期权储蓄计划可以获得一定的税收优惠。
加拿大	股票期权制度体系与美国相似，发展较为成熟，会计、税收与其他监管制度比较完备。	20世纪90年代末推出有税收优惠的股票期权计划，享受的税收优惠类似于美国激励性股票期权。
瑞士	有十分完善的股票期权制度。	地方政府对于股票期权的实施办法有较强的解释权与执行权，各地具体的政策优惠也有一定的差异。
爱尔兰	20世纪70年代末已经开始推行股票期权制度，发展历史较长，员工可获得的股票期权品种较丰富。	期权持有人的税收负担较轻，1986年4月至1992年1月间，公司按照税务机关的规定推出的“核准股票期权计划”可以获得更大的税收优惠。
澳大利亚	股票期权制度处于发展时期。	股票期权的计税办法比较复杂，如果是“法定期权”，职工在获得期权后可以延迟缴税。
意大利	股票期权制度较为简单，员工持有期权的数量一般不能超过公司总股本的10%。	法定股票期权的条件比较容易满足，其持有人享有十分明显的税收优惠。
智利	20世纪90年代末才开始起步，发展时间很短，政策不完备也不稳定，处于变迁之中。	2000年5月8日，智利劳动部规定将股票期权收益视同补偿性收入，仅在行权时征收资本利得税。
日本	20世纪七八十年代，主要的长期激励方式为ESOP，90年代初通过修改相关法律，促使股票期权制度逐步完善。	税收方面的政策与一般国家的政策大致相似，没有明显的优惠。

综上可见，股权激励本身在部分国家已经有着比较成熟的发展历史和制度保障，股权激励的价值得到了国家和企业的认可。

第三节　股权激励在国内的发展

国内的部分学者认为，股权激励制度起源于中国，发展于美国，很大一部分原因是明清时期，号称晋商的商人曾在我国国内商界称雄长达五个多世纪，而在当时晋商创造了一种特殊的制度，即顶身股制度。出资人以资产出资，享有银股，掌柜和伙计以人力出资，持有身股，晋商将银股和身股合称为股份。双方均有权享有企业的利润分成。此外，晋商顶身股的人选还需要经过层层选拔，不仅要勤恳工作，忠诚于商号，还要有出色的管理能力，由此顶身股者的股份逐渐增加，并且从“进入”到“退出”都有详细的制度流程。但是基于重农抑商思想等多方面的原因，晋商的顶身股制度在我国之后的商业发展过程中，未能进一步发展成为现代股权激励制度。

直到 20 世纪 90 年代，国外的现代股权激励理论逐渐传入中国，但由于国内的市场环境与制度尚不成熟，当时的许多股权激励计划大多都是企业的自我实验。

经过近 30 年的经济高速发展，我国经济增速自 2010 年以来逐步放缓，经济运行态势和特点发生较大变化。为了适应新常态，必须通过创新创业来推动经济转型发展，通过培养与增强经济的内生动力来推动全面改革。股权激励作为推动改革的重要助燃剂开始被重视，国家与企业也都逐渐发现股权激励对上市公司、新三板挂牌公司及国有企业的发展改革均有重要帮助，因此笔者在下文尝试对三类公司的股权激励相关规定进行归纳总结，站在规范发展角度窥探发展变革的宏观图景。

一、上市公司股权激励规范

为了促进上市公司建立、健全激励与约束机制，中国证券监督管理委员会（以下简称中国证监会）2005 年正式发布《上市公司股权激励管理办法（试行)》（证监公司字〔2005〕151 号）①，这是中国第一部真正的股权激励法规，自 2006 年 1 月 1 日起施行。与此相配套，国家进一步放松对股权激励制度的所

① 《上市公司股权激励管理办法（试行)》（证监公司字〔2005〕151 号）已于 2016 年 8 月 13 日废止。

谓的“备案无异议”的审核制度，进一步授予企业自主确定股权激励计划和自主确定业绩条件等权限，进一步为股权激励的发展松绑。近年来，上市公司实施股权激励的积极性不断提高，但实践中也逐渐发现股权激励制度的缺点与不足：条件过于刚性，缺乏灵活度，尤其是上市公司灵活性差；市场波动剧烈时激励对象可能反而受损，违背通过获得利益来激发激励对象的最初目的；现行的股权激励规则体系混乱；等等。因此，有必要对相关规则进行调整和完善，以适应市场发展的需要。

针对这些情况，十八届三中全会作出的《中共中央关于全面深化改革若干重大问题的决定》允许混合所有制经济实行企业员工持股，形成资本所有者和劳动者利益共同体；《国务院关于进一步促进资本市场健康发展的若干意见》（国发〔2014〕17 号）完善上市公司股权激励制度，允许上市公司按规定通过多种形式开展员工持股计划；《国务院办公厅关于进一步加强资本市场中小投资者合法权益保护工作的意见》（国办发〔2013〕110 号）提出关于维护中小投资者合法权益、优化投资者回报的相关要求等。2014 年 6 月 20 日，中国证监会制定并发布《关于上市公司实施员工持股计划试点的指导意见》，在上市公司中开展员工持股计划试点，建立和完善劳动者与所有者的利益共享机制，改善公司治理，提高职工凝聚力；2015 年 6 月 11 日，发布《国务院关于大力推进大众创业万众创新若干政策措施的意见》（国发〔2015〕32 号），提出进一步完善创新型中小企业上市股权激励和员工持股计划制度规则；2016 年 5 月 4 日，中国证监会 2016 年第六次主席办公会议审议通过《上市公司股权激励管理办法》，自 2016 年 8 月 13 日起施行，以信息披露为中心，落实“宽进严管”的监管理念，放松管制、加强监管，逐步形成公司自主决定的、市场约束有效的上市公司股权激励制度。除此之外，还有一系列相关法律规则陆续出台，主要的法律法规政策如表 1－2 所示：

表 1－2 上市公司股权激励法律法规政策汇总表①

序号	生效日期	规范名称	效力状态
1	2006 年 1 月 1 日	《上市公司股权激励管理办法（试行）》（证监公司字〔2005〕151 号）	失效/废止

① 若相关法律法规政策为专门针对国有企业颁布而未特别强调为针对上市公司颁布的，不在此处罗列，但是该上市公司若同时为国有企业的，亦需要遵守关于国有企业的相关政策规范。

续表

2	2006 年 3 月 1 日	《国有控股上市公司（境外）实施股权激励试行办法》（国资发分配〔2006〕8 号）	现行有效
3	2006 年 9 月 30 日	《国有控股上市公司（境内）实施股权激励试行办法》（国资发分配〔2006〕175 号）	现行有效
4	2008 年 3 月 17 日	《股权激励有关事项备忘录 1 号》	失效/废止
5	2008 年 3 月 17 日	《股权激励有关事项备忘录 2 号》	失效/废止
6	2008 年 9 月 16 日	《股权激励有关事项备忘录 3 号》	失效/废止
7	2014 年 6 月 20 日	《关于上市公司实施员工持股计划试点的指导意见》（证监会公告〔2014〕33 号）	现行有效
8	2016 年 8 月 13 日	《上市公司股权激励管理办法》（2018 年修正）	现行有效
9	2019 年 1 月 23 日	《境内上市公司外籍员工参与股权激励资金管理办法》（银发〔2019〕25 号）	现行有效
10	2022 年 1 月 5 日	《上市公司章程指引》	现行有效
11	2019 年 10 月 24 日	《关于进一步做好中央企业控股上市公司股权激励工作有关事项的通知》（国资发考分规〔2019〕102 号）	现行有效
12	2020 年 4 月 23 日	《中央企业控股上市公司实施股权激励工作指引》（国资考分〔2020〕178 号）	现行有效
13	2020 年 6 月 10 日	《首发业务若干问题解答》	现行有效
14	2021 年 11 月 15 日	《关于发布〈北京证券交易所上市公司持续监管指引第 3 号——股权激励和员工持股计划〉的公告》（北证公告〔2021〕36 号）	现行有效

二、新三板挂牌企业股权激励规范

所谓新三板，是社会上对全国中小企业股份转让系统的俗称，其证券交易及登记结算系统于 2014 年 5 月 19 日正式投入运行。

从2010年开始，我国便在北京中关村自主创新示范区先期推行了金融、财税、人才激励、科研经费等促进科技创新的一系列政策，取得了积极成效。但是高新技术企业的融资一直难度较大。沪深两市高度公众化，市场流动性和融资效率较高，因此对进入企业的要求标准较高，新兴中小企业挂牌两市难度较大。而新三板是场外市场，主要服务于创新、创业、成长型中小微企业，实行较为严格的投资者适当性管理制度，并适应挂牌公司差异较大的特性，实行多元化的交易机制。它的市场运行以自律监管为主，探索实行更加市场化的管理机制。

根据新三板开户条件的规定，投资新三板市场的法人机构的注册资本为500万元以上，合伙企业的实缴出资总额为500万元以上，自然人名下前一交易日日终证券类资产市值在500万元以上，方可参与新三板事项的交易。虽然该等要求相对较高，但依然引起了广大投资者对新三板挂牌企业的追逐。同时，伴随着国家对经济政策的规划和支持，北京证券交易所于2021年9月3日注册成立，北京证券交易所相关配套上市政策的完善，新三板可直接转板北京证券交易所上市的优势给了已经在新三板市场上挂牌的企业一个定心丸，大家对新三板挂牌企业的未来更加看好。沪深两市的逐步完善、北京证券交易所的成立与新三板的发展，进一步推动股权激励的普及，相关法律规范及交易规则相继出台，主要的新三板挂牌企业股权激励法律法规政策见表1－3。

表1－3　新三板挂牌企业股权激励法律法规政策汇总表

序号	生效日期	规范名称	效力状态
1	2020年8月21日	《非上市公众公司监管指引第6号——股权激励和员工持股计划的监管要求（试行）》（证监会公告〔2020〕57号）	现行有效
2	2020年8月21日	《全国中小企业股份转让系统股权激励和员工持股计划业务办理指南》（股转系统公告〔2020〕654号）	现行有效

三、国有企业股权激励规范

2013年11月，中共中央发布《关于全面深化改革若干重大问题的决定》明确提出“允许混合所有制经济实行企业员工持股，形成资本所有者和劳动者利益共同体”，为国有控股混合所有制企业实施员工持股提供了明确的政策支持。

2015 年 9 月，中共中央、国务院发布《关于深化国有企业改革的指导意见》，对混合所有制企业员工持股提出了试点先行、稳妥有序推进、建立激励约束长效机制等要求，为员工持股指明了试行方向，对相关流程和程序提供了政策指导。此外，国资委、财政部、证监会发布了《关于国有控股混合所有制企业开展员工持股试点的意见》（国资发改革〔2016〕133 号）就员工持股试点的原则、条件、管理及工作实施等提出具体指导意见。而国资委于 2019 年 10 月制定出台的《关于进一步做好中央企业控股上市公司股权激励工作有关事项的通知》标志着中央企业控股上市公司实施股权激励的政策体系基本定型。

截至目前，已有超过百户中央企业控股公司实施了股权激励，有效推动上市公司业绩提升，吸引、留住、激励关键岗位核心人才。由此可见，国家重视通过国有企业股权激励激发国有企业发展活力动力，也对相关员工持股问题愈加关注，相关规范亦随之逐步出台，关于国有企业股权激励的法律法规政策的主要情况详见表 1－4。

表 1－4　国有企业股权激励法律法规政策汇总表

序号	生效日期	规范名称	效力状态
1	2002 年 9 月 17 日	《国务院办公厅转发财政部科技部关于国有高新技术企业开展股权激励试点工作指导意见的通知》（国办发〔2002〕48 号）	失效/废止
2	2002 年 11 月 18 日	《财政部、科技部关于实施〈关于国有高新技术企业开展股权激励试点工作的指导意见〉有关问题的通知》（财企〔2002〕508 号）	现行有效
3	2004 年 4 月 30 日	《国务院国有资产监督管理委员会办公厅、科学技术部办公厅关于高新技术中央企业开展股权激励试点工作的通知》（国资厅发分配〔2004〕23 号）	失效/废止
4	2006 年 3 月 1 日	《国有控股上市公司（境外）实施股权激励试行办法》（国资发分配〔2006〕8 号）	现行有效
5	2006 年 9 月 30 日	《国有控股上市公司（境内）实施股权激励试行办法》（国资发分配〔2006〕175 号）	现行有效
6	2007 年 10 月 10 日	《关于严格规范国有控股上市公司（境外）实施股权激励有关事项的通知》（国资发分配〔2007〕168 号）	现行有效

续表

7	2008年9月16日	《国务院国有资产监督管理委员会关于规范国有企业职工持股、投资的意见》（国资发改革〔2008〕139号）	现行有效
8	2008年10月21日	《国务院国有资产监督管理委员会、财政部关于规范国有控股上市公司实施股权激励制度有关问题的通知》（国资发分配〔2008〕171号）	现行有效
9	2010年2月1日	《中关村国家自主创新示范区企业股权和分红激励实施办法》（财企〔2010〕8号）	现行有效
10	2010年10月11日	《关于在部分中央企业开展分红权激励试点工作的通知》（国资发改革〔2010〕148号）	失效/废止
11	2011年1月10日	《关于〈中关村国家自主创新示范区企业股权和分红激励实施办法〉的补充通知》（财企〔2011〕1号）	现行有效
12	2015年8月24日	《中共中央、国务院关于深化国有企业改革的指导意见》	现行有效
13	2016年3月1日	《国有科技型企业股权和分红激励暂行办法》（财资〔2016〕4号）	现行有效
14	2016年9月25日	《中共中央办公厅、国务院办公厅关于加快推进失信被执行人信用监督、警示和惩戒机制建设的意见》	现行有效
15	2016年11月7日	《中共中央办公厅、国务院办公厅关于实行以增加知识价值为导向分配政策的若干意见》	现行有效
16	2019年4月19日	《改革国有资本授权经营体制方案》（国发〔2019〕9号）	现行有效
17	2020年11月17日	《金融机构国有股权董事议案审议操作指引》（财金〔2020〕110号）	现行有效

四、股权激励相关税收制度

改革开放以来，股权激励制度在我国获得长足发展，为了促进经济结构转型升级，股权激励相关的税收政策也在日益健全。自2005年以来，股权激励相关配套政策不断完善和细化，财政部、国家税务总局陆续发布了一系列与股权激励相关的税收规定，主要规定如表1-5所示。

表 1－5 股权激励相关税收法律法规政策汇总表

序号	生效日期	规范名称	效力状态
1	2005 年 7 月 1 日	《财政部、国家税务总局关于个人股票期权所得征收个人所得税问题的通知》（财税〔2005〕35 号）	部分失效/废止：第三条、第四条第（一）项被废止
2	2006 年 9 月 30 日	《关于个人股票期权所得缴纳个人所得税有关问题的补充通知》（国税函〔2006〕902 号）	部分失效/废止：第七条、第八条被废止
3	2009 年 1 月 7 日	《财政部国家税务总局关于股票增值权所得和限制性股票所得征收个人所得税有关问题的通知》（财税〔2009〕5 号）	现行有效
4	2009 年 8 月 24 日	《国家税务总局关于股权激励有关个人所得税问题的通知》（国税函〔2009〕461 号）	部分失效/废止：第七条第（一）项括号内“间接控股限于上市公司对二级子公司的持股”废止；第四条第一款中引用的“财税〔2005〕35 号文件第四条第一项”已废止
5	2011 年 5 月 1 日	《国家税务总局关于个人所得税有关问题的公告》（国家税务总局公告 2011 年第 27 号）	现行有效
6	2012 年 7 月 1 日	《国家税务总局关于我国居民企业实行股权激励计划有关企业所得税处理问题的公告》（国家税务总局公告 2012 年第 18 号）	现行有效
7	2016 年 9 月 1 日	《关于完善股权激励和技术入股有关所得税政策的通知》（财税〔2016〕101 号）	现行有效
8	2016 年 9 月 1 日	《国家税务总局关于股权激励和技术入股所得税征管问题的公告》（国家税务总局公告 2016 年第 62 号）	现行有效
9	2016 年 10 月 14 日	《关于印发〈股权激励和技术入股个人所得税政策口径〉的通知》（税总所便函〔2016〕149 号）	现行有效

续表

10	2019年1月1日	《关于个人所得税法修改后有关优惠政策衔接问题的通知》（财税〔2018〕164号）	现行有效
11	2020年1月17日	《关于境外所得有关个人所得税政策的公告》（财政部、税务总局公告2020年第3号）	现行有效

九层之台，起于垒土；千里之行，始于足下。前述这些政策的发布以及相关的股权激励税收法律法规的完善，不仅为我国推行股权激励提供了政策指导，也为我国股权激励的实施基本扫清了法律障碍，极大地促进了股权激励的实施，大幅推动了股权激励的发展进程。

第四节　股权激励的意义

实施股权激励，不仅有助于改善公司治理结构，而且可以增强公司凝聚力，可以说是引入了共赢的机制。共赢，顾名思义必定存在多方利益。股权激励对实施的公司、被激励的对象以及市场经济发展都有着重要且长远的意义。

一、对实施股权激励的公司的意义

（一）对上市公司的意义

上市公司进行了股权激励，在其他条件不变的情况下，可以获得较为明显的市值增长，因为股权激励在促进形成资本所有者和劳动者的共同利益体、调动公司高管及核心员工积极性、稳定员工队伍、完善公司治理机制等方面发挥了积极作用。

另外，由于上市公司员工人数多，规模大，公司治理难度更大。透明的股权激励机制有利于公平高效地激励上市公司员工，凝聚员工向心力，最大化调动上市公司绝大多数员工的积极性，将人力资源潜力发挥到极致。

（二）对新三板挂牌公司的意义

新三板挂牌的中小企业公司一般集中于创新、创业、成长型企业，相较于沪深北三市的高挂牌标准，新三板更加市场化的管理机制和多元化的交易制度引起众多中小企业的追逐。新三板挂牌的中小企业已成为经济和社会中的一支重要力量。中小企业多半是民营企业，处于成长初期的它们各类市场资源匮乏、流动或运营资金不足、企业品牌尚未树立、公司技术产品还不够成熟，同时又面临激烈的竞争，它们迫切需要网罗一批有能力、有梦想的人才一起实现创业梦想。在这种情况下，实施股权激励去吸引、留住人才并激发人才的创新能力和潜力对此类企业具有重大意义。

（三）对其他类型公司的意义

股权激励对非上市公司同样会带来巨大利好，通过股权激励发展壮大的非上市公司更是数不胜数，其中华为就是一个很典型的例子。当初任正非凭借着几万元，带着几个人开始创业，到如今华为已发展成为年产值数千亿元、员工将近二十万人的企业。在创业初期，华为没有向银行进行任何借贷，也没有从资本市场获得任何投资，企业发展困难重重，但凭借其在公司内部实行股权激励，华为最终发展到今天的规模。

有了华为的珠玉在前，越来越多的非上市公司意识到股权激励政策的重要作用，人才对企业发展的重要性，留住人才，人才与企业共同发展也是越来越多非上市公司推动股权激励的核心原因。

二、对激励对象的意义

一般来说，股权激励对象主要是公司的董事、高级管理人员，以及对公司未来发展有直接影响的管理骨干和核心技术人员，公司实行股权激励政策的目的是激发公司管理层及核心技术人员的积极性和创造力，同时吸引和留住人才。如今，越来越多的普通员工也被纳入激励对象的范围，激励员工与公司共同创造财富，发挥员工的激情，从公司基层激发内驱力，指引员工自发、积极地为公司奋斗。

对于激励对象，股权激励最大的意义就是福利增加，通过福利将激励对象的利益与公司的利益紧紧连在一起。在这方面美国的 ESOP 是一个良好的借鉴对象。ESOP 即为员工持股计划，在美国已经有超过 1 万家企业的 1000 多万名员工通过拥有公司股票来参与企业利润的分配，其持股总额已经高达 1200 亿美元。ESOP 通过股权这个纽带将企业利益与激励对象利益紧密联系在一起，员工的福利与企业的利润成正比，企业的利润分配给员工作为福利，良性循环下不仅可以保证企业长期稳定发展，同时还能够增加员工的向心力，提高员工积极性，使企业实现上下一心，拧成一股绳。

三、对市场经济的影响

在中国特色社会主义制度下，股权激励对于我国市场经济的发展有着不可替代的作用与影响。首先，股权激励有利于竞争主体的发展，丰富市场竞争主体。股权激励可以激励员工提高工作业绩，企业因此可以加快发展步伐，在进一步维护市场现有竞争主体的同时，帮助新的市场主体进入主流竞争，维持良性市场经济发展。其次，股权激励符合市场经济的基础规则，能够促进市场经济发展。股权激励本身就是激励表现优异的员工，或者促使员工成为公司优秀人才，激发其竞争积极性，而这正是市场经济的基本原理，优胜劣汰，维护市场经济发展动力。最后，股权激励有利于财富流动与再分配，亦可以一定程度上缓解市场经济带来的贫富分化与阶层固化，促进社会阶层流动，维持市场经济持续稳定发展。

· 第二章 ·

股权激励的典型模式

第一节　概　　述

从全球范围看，作为股权激励最先进的代表——美国，其最受美国企业青睐的股权激励模式是股票期权，股票期权在历经近30年的资本市场选择和淘汰机制后至今仍处于活跃状态。但是，“橘生淮南则为橘，生于淮北则为枳”，我国的国情与美国存在巨大差别，因此股票期权的股权激励方式反而并非我国市场经济主体的首选。

随着公司股权的日益分散和经营管理技术的日益复杂化，世界各国大大小小的公司为了合理、高效地激励公司员工，不断创新激励方式，纷纷推行了各种各样的股权激励机制，包括期权、限制性股票/股权、员工持股计划、业绩股票、虚拟股票、分红股票、股权增值权等。每种股权激励方式都各有利弊，市场经济主体应当根据其自身特点与员工具体情况做出选择，无须盲目推崇或盲目跟风某种激励方式。

第二节　期　　权

一、定义

期权原本是基于期货而衍生出的一种金融工具，是指一种能在未来特定时间以特定价格买入或卖出一定数量的特定资产的权利，其本质是一种权利。而股票期权指买方在交付了期权费后即取得在合约规定的到期日或到期日以后按协议价买入或卖出一定数量相关股票的权利，也就是公司基于激励对象在将来某一时期以预先确定的价格购入一定数量股权的权利。股票期权是对员工进行激励的众多方法之一，属于长期激励的范畴。

在股权激励的众多模式中，从实践来看，期权模式是一种最具典型意义而获得广泛实践的激励对象激励模式。从美国公司的实践来看，针对激励对象长期激励性报酬发展出来的股权激励主要形式即有十余种，我国同样如此，但这些模式当中最基础简明的就是股票期权模式，可以说，其他模式都是由股票期权模式衍生而来的。

二、要点

（一）股票期权的价值

股票期权被认为是看涨期权，大多数情况下，期权授予激励对象时本身就是“含值”的。因此，激励对象通过股票期权计划的获益不仅仅是市场价格高于行权价格的差额，学说上把激励对象根据期权合约立即行权可获取的利益称为期权的内在价值，它与时间价值一同构成了股票期权价值的主要部分。

首先，期权的内在价值是当期权立即执行时的财务价值，作为看涨期权的期权计划的内在价值是股票当前市场价格高于行权价格的部分。如果行权价格等于股票当前市场价格，期权就处于“平值”状态；如果行权价格高于股票当前市场价格，此时期权处于“虚值”状态；当行权价格低于股票当前市场价格时，期权处于“实值”状态。在“平值”状态，期权的内在财务价值为零，但是绝大多数的期权依旧存在正的价值是因为股票期权计划还有另一个价值，即时间价值。在“虚值”状态下，如果期权尚处于有效期内，例如有效期还有一年，那么公司的股票价格就有可能在未来一年的时间内超过行权价格，此时期权仍然具有正的价值。

其次，股票期权的价值还包括时间价值。作为期权价值的另一组成部分之一，时间价值就是指公司股票的价格将随着时间推进逐渐增值，为权利人带来收益，包含现在至行权期届至的时间段及股票价格波动超过期权约定价格的概率所带来的可能的收益机会，是以时间变动为基础而存在的价值。

理解股票期权的价值包含内在价值和时间价值两个部分，对于设计股权激励计划是非常重要的。在本书所介绍的典型的股权激励模式中，限制性股票/股权、股权增值权、业绩股票、员工持股计划和股票期权一样，其价值也是由内在价值和时间价值构成的。内在价值是财务价值，是很容易算出来的，但是时间价值往往容易被忽略。而一旦忽略了时间价值，那么在给激励对象确定股权激励数量和行权价格的时候就会出现偏差，难以取得理想的效果。

换句话说，凡是行权条件以股票价格或股份价格严格挂钩的股权激励模式，如股票期权、限制性股票/股权、业绩股票等股权激励模式的价值都包含内在价值和时间价值，在确定股权激励数量和行权价格的时候，这两个价值要同时考虑，以免造成因为价值考虑不周而产生激励对象所得利益与预期落空或偏差的情况，确保股票期权计划存在的价值，而真正实现股权激励对激励对象进行激励的目的。

（二）期权激励模式价值的影响因素

总结来说，影响期权激励模式价值的因素共有八个，分别为：行权价格、股票市场价格、有限期限、股价波动率、无风险利率、红利支付率、企业成长性及人力资本依附性。具体如表2－1所示。

表2－1　期权激励模式价值的影响因素

序号	影响因素	解释与分析
1	行权价格	期权的内在价值＝股票市场价格－行权价格，从激励对象的角度来看，授予期权计划的行权价格会随着股票期权的价格的变低而增高。
2	股票市场价格	股票期权价值因股票市场价格上涨而提升，即股票期权价值与股票市场价格成正比。
3	有限期限	在期权内在价值不变的情况下，行权期限越长，期权时间价值越大，期权的价值就越高；反之，期权的行权期限越短，期权的价值就越低。
4	股价波动率	波动频率越高，激励对象可能获得的利益就越大，期权价值也会因此增加，如股票价格向上波动，增加股票上升机会，对应激励对象的可获利益就越大，但因为风险与收益并存，激励对象所承受的风险也将随之增加。
5	无风险利率	无风险利率是通过对股价预期以及对现金流变动影响期权价值的。无风险利率上升，股价预期的增长率同样上升，期权的价值增加，现金流折值下降，期权价值减少，一般前者影响起主导作用。
6	红利支付率	一般来说，股价＝除息日前价格－红利。因此，如果红利增加，会导致股价降低，从而使看涨期权的股票期权价值对应减少。
7	企业成长性	成长初期的企业相比成熟企业有更长远、更大的发展空间。企业的成长性越好，未来行权时的股票价格可能就越高，期权的价值就越高。这就是为什么一般不建议处于成熟期的企业采用期权和期股激励，而建议或鼓励初创期和成长期的企业使用期权和期股激励。

续表

8	人力资本依附性	企业需要人力资本，公司发展依附人力资本。随着时代的变迁与企业发展，对于人力资本的需求度越来越高。公司员工尽职工作，他们的经验与技术成为公司发展不可或缺的生产要素，因此公司股价上升概率就会增大，期权价值也就相应变大；反之，人力资源的流失或停滞，会大幅度降低公司期权价值。

三、期权激励的优缺点

（一）优点

第一，能够在较大程度上弥补传统薪酬分配形式的不足。传统的薪酬分配形式如奖金、福利等，虽在一定程度上起到了刺激和调动经营管理者积极性的作用，但随着社会主义市场经济的发展和企业改制为独立法人经济实体，原有经营管理者的收入分配形式的弊端越来越显露出来。其弊端是经营行为的短期化和消费行为的铺张浪费。股票期权则能够在一定程度上消除上述弊端，形成短期、中期、长期相结合的薪酬分配机制。并且购买股票期权就是购买企业的未来，企业在较长时期内的业绩的好坏直接影响到经营者收入，促使经营者更关心企业的长期发展。

第二，将激励对象的利益与投资者的利益捆绑在一起。投资者注重的是企业的长期利益，激励对象受雇于所有者或投资者，激励对象更关心的是在职期间的短期经营业绩，决策短期化。因此，如何将两者的利益挂钩，如何尽可能平衡两者的利益差别，使激励对象关注企业长期价值的创造，这是企业制度创新中非常重要的问题。实施股票期权，将激励对象相当多的薪酬以期权的形式体现，就能实现上述结合，就能平衡上述问题，就能促使管理者从短期经营业绩转为注重企业长期价值的创造。

第三，对公司业绩有巨大推动作用。根据过往很多公司的经验及期权实行的情况分析表明，公司业绩大部分都能在期权的帮助下实现大幅提高，资本回报率、每股收益、人均创造利润等财务指标都因为实行期权计划有了不同程度的提升。由此可以看出，公司实行期权计划对公司业绩提升与公司发展有明显的积极作用。

第四，有利于更好地留住核心雇员并吸引更多能力强者成为核心雇员，促进发挥其创造力。核心员工对公司未来的发展至关重要。一般地讲，期权计划仅限于那些对公司未来成功起到非常重要作用的成员。每个部门都有相应的核心成员。由于期权强调未来，公司能够留住绩效高、能力强的核心员工，是争夺和保留优秀人才并预防竞争对手挖走核心员工的有效手段。同时，授予核心员工以期权，能够提供较好的内部竞争氛围，激励员工努力工作，提升员工工作积极性，也能以此吸引更多新员工加入公司，为期权利益而努力奋斗。

第五，有利于解决企业由于体制原因而存在的固有矛盾。首先，可以解决企业投资主体缺位所带来的监督弱化。企业经营者与作为股东的企业资产管理部门之间的委托——代理关系存在固有的利益冲突，当个人利益与股东利益发生矛盾时，经营者很可能放弃股东利益而牟取私利。实施期权激励，建立以产权联系为纽带的激励和约束并存的机制，能够使经营者和股东利益保持一致，促使经营者更重视企业资产的保值与增值。其次，股票期权的实施可以有效地解决长期以来企业经营者激励严重不足的难题。据中国企业联合会、中国企业家协会的调查表明，大部分的企业经营者认为影响我国企业经营者队伍建设的主要因素是“激励不足”。

（二）缺点

第一，股票市场的有效性是期权激励顺利施行的重要前提。美国资本市场有效性较好，因而股票价格基本上能作为衡量企业业绩的一个指标。而我国上市公司实施股票期权计划后经常出现这样的情况：激励对象获得股票期权授予后，努力地工作，到了行权期后，公司价值确实增加了，但是股票价格却跌破行权价格，结果激励对象一分钱都挣不到，期盼的收益随之落空。因此，在我国目前有效性相对较差的资本市场上，股票市场价格波动的确定性，导致公司的股票真实价值与股票价格的不一致，难以做到真正将激励对象和股东的利益捆绑在一起。

第二，不符合成熟型企业的需求。决定股票期权价值的一个重要因素是企业的成长性，如果上市公司处于成熟期，股价在未来出现较大增长的可能性不是很大，因此在这类企业中实施股票期权计划的效果也是不太理想的。

第三，约束机制的不健全，反而可能导致激励对象的短期行为。股票期权计划原本是用于解决激励对象短期行为的，但是如果公司的约束机制不健全，在未来巨大利益的诱惑下，反而可能促使公司的激励对象因片面追求股价提升、放弃长远目光而实施短期行为，放弃对公司发展的重要投资，从而降低了股票期权与公司价值增长的相关性。

四、期权激励的特色之处

股票期权在一家人力资本依附性较强的公司创业初期和快速成长期，激励效果是很好的。但是行业出现滑坡，或公司已经进入成熟期之后，如果再坚持使用股票期权计划，那么公司留住人才、吸引人才、激励人才的成本就会大为增加。当股票期权的高成本超过了其激励性时，不仅难以达到预期的效果，反而适得其反，导致公司业绩进一步下滑。这就需要考虑用其他更适合公司的股权激励模式替代。

在美国，股票期权被当地上市公司广泛使用，而且股票期权计划严格与股票价格挂钩，于是，我国一些企业家和咨询师误认为股票期权只适用于上市公司，理由是非上市公司没有股票价格。这是一个非常严重的误解，当然，股票期权对上市公司来说，使用起来较为方便，但其实非上市公司也可以加以运用。因此，股票期权模式适用的范围不是以上市公司与非上市公司来区分的，关键是要根据股票期权模式的特点来确定其适用范围。股票期权模式的特点是高风险、高回报，比较适合那些初始财务资本投入较少、资本增值较快、在资本增值过程中人力资本依附性较强的公司。

一般来说，实行股票期权的企业必须具备以下三大条件：

条件	解释
条件一：企业处于竞争性行业	处于竞争性行业的企业，激励对象面临的市场环境充满了激烈的竞争，企业只有不断推陈出新才能生存发展。这时实施股票期权计划有助于鼓励激励对象锐意进取、勇于创新，使企业能够在市场竞争中长期处于有利地位。如果企业所处行业竞争性不足，企业基本处于一个垄断的位置，激励对象不需要通过自己的努力，而是只要提高产品价格或减少产品供给量就可以轻易地长期保持高额垄断利润，在这类企业中就没有实施股票期权计划的必要性。
条件二：人力资本依附性较强	当企业的业绩较大程度地依赖于激励对象的人力资本，这个时候股票期权计划就很有可能将激励对象的工作积极性和企业价值的增长挂钩，实现股票期权计划的目的。反之，如果企业不依赖激励对象的人力资本而是依赖于物质资本，那股票期权计划的优势就无法体现，也无法以此带动企业发展。
条件三：企业的成长性较好，具有发展潜力	企业有较好的成长性，意味着企业面临的市场还有很多是没有开发或者尚未饱和的蓝海市场。因此，在这种情况下，只要企业的所有者或投资者有效地激励激励对象，他们就可能为企业快速创造更大的价值，使企业在资本市场上具备更好的投资价值。

五、小结

股票期权激励能够避免传统薪酬分配形式的不足，将激励对象的利益与投资者的利益捆绑在一起，推动公司业绩，也可以更好地留住或吸引核心雇员，发挥其创造力，有利于解决企业由于体制原因而存在的固有矛盾，但同样可能存在部分类型企业适配性不足的问题。实践中主要适用于上市公司或成长性较好的企业。

第三节　限制性股票/股权

一、定义

根据《上市公司股权激励管理办法》第二十二条规定，限制性股票是指激励对象按照股权激励计划规定的条件，获得的转让等部分权利受到限制的本公司股票。限制性股票在解除限售前不得转让、用于担保或偿还债务。

限制性股票/股权，顾名思义，就是股票/股权持有者作为股东的权利被限制。具体而言，公司按照预先确定的条件（如特定价格）授予激励对象一定数量的本公司股票/股权，激励对象只有工作年限或业绩目标符合股权激励计划规定条件，才可出售限制性股票并从中获益。限制性股票/股权应用于上市公司时被称为限制性股票，应用于非上市公司时被称为限制性股权。

就限制性股票/股权激励模式而言，具体又可以分为折扣购股型和业绩奖励型两种。在折扣购股型模式中，激励对象需支付现金购股，是指采用定向增发的形式，根据期初确定的业绩目标，以低于市场上的价格授予激励对象一定数量的本公司股票，授予价格及其确定方法由公司的管理层确定。在业绩奖励型模式中，以上市公司为例，公司需支付现金购股，是指当激励对象满足规定的激励条件时，上市公司从净利润或净利润超额部分中按比例提取激励基金，设立激励基金专门账户，从二级市场购买公司股票，并将该股票按分配办法授予激励对象。该种激励方式下，公司支付现金需从税后利润中列出。

二、要点

（一）选择

是否选择限制性股票/股权作为公司股权激励方式，应当首先明确公司未来发展规划和盈利情况。

一方面，当公司并没有融资打算，只是希望通过公司发展扩大规模时，那么股票期权这种带有融资功能的股权激励模式可能就不适合了，限制性股票/股权或虚拟分红的模式则属于较为合适与理性的选择。

另一方面，限制性股票/股权作为股权激励的一种典型方式，目的在于吸引核心人才的加入。如果公司处于快速发展但尚未实现盈利的阶段，虚拟分红权对于核心人才的吸引力可能相对较小。此时，限制性股票/股权将成为吸引人才的最优选择。

（二）限制性股票/股权授予价格或授予价格的确定方法

对非上市公司而言，没有上市公司的诸多监管限制，限制性股权授予价格的确定比较简单，只要原有股东协商一致，符合《公司法》的要求就可以。这也是非上市公司实施股权激励的一个很重要优势。如果公司是重资产经营的，这个股权所对应的净资产很高，那一般都是要考虑收取一定的投资款项的，当然也可以和即将被授予限制性股票/股权的候选人协商，通过自降薪资部分来抵充（此种方式不常见）。如果公司是轻资产运营的，在创业初期，股权对应的价值很难有高的估值，那可以考虑不收或者象征性收一点投资款项，但要说明后期追加投资就需要同比例出资了。

对上市公司而言，限制性股票授予价格的确定具有一定的限制。《上市公司股权激励管理办法》第二十三条规定，上市公司在授予激励对象限制性股票时，应当确定授予价格或授予价格的确定方法。授予价格不得低于股票票面金额，且原则上不得低于股权激励计划草案公布前 1 个交易日的公司股票交易均价的 50% 和股权激励计划草案公布前 20 个交易日、60 个交易日或者 120 个交易日的公司股票交易均价之一的 50% 中价格较高者。上市公司亦可采用其他方法确定限制性股票的授予价格，但应当在股权激励计划中对定价依据及定价方式作出说明。

（三）股权限制解除条件

同样，相对于非上市公司而言，上市公司用于股权激励的限制性股票解除限制的条件受到较多的法律规制。

首先，上市公司限制性股票授予日与首次解除限售日之间的间隔不得少于12个月。其次，在限制性股票有效期内，上市公司应当规定分期解除限售，每期时限不得少于12个月，各期解除限售的比例不得超过激励对象获授限制性股票总额的50%。当期解除限售的条件未成就的，限制性股票不得解除限售或递延至下期解除限售，上市公司应当回购尚未解除限售的限制性股票①。再次，就回购价格而言，对出现《上市公司股权激励管理办法》第七条②规定情形负有个人责任的，或限制性股票授予人属于《上市公司股权激励管理办法》第八条③规定的不得成为激励对象的，回购价格不得高于授予价格；出现其他情形的，回购价格不得高于授予价格加上银行同期存款利息之和。最后，前述情形出现后，上市公司应当及时召开董事会审议回购股份方案，并依法将回购股份方案提交股东大会批准。回购股份方案包括但不限于以下内容：（1）回购股份的原因；（2）回购股份的价格及定价依据；（3）拟回购股份的种类、数量及占股权激励计划所涉及的标的股票的比例、占总股本的比例；（4）拟用于回购的资金总额及资金来源；（5）回购后公司股本结构的变动情况及对公司业绩的影响。同时，律师事务所应当就回购股份方案是否符合法律、行政法规、本办法的规定和股权激励计划的安排出具专业意见。④

（四）税收问题

此点主要针对上市公司，授予限制性股票当期，如果是增资授予，按照授予日股票市价与收取的象征性价格之间的差额计入相关成本或费用，同时按照股份面值总额增加股本，并按照两者差额增加资本公积；如果是大股东转让股

---

① 此处所述的法律依据为《上市公司股权激励管理办法》第二十四条、第二十五条、第二十六条。

② 《上市公司股权激励管理办法》第七条规定："上市公司具有下列情形之一的，不得实行股权激励：（一）最近一个会计年度财务会计报告被注册会计师出具否定意见或者无法表示意见的审计报告；（二）最近一个会计年度财务报告内部控制被注册会计师出具否定意见或无法表示意见的审计报告；（三）上市后最近36个月内出现过未按法律法规、公司章程、公开承诺进行利润分配的情形；（四）法律法规规定不得实行股权激励的；（五）中国证监会认定的其他情形。"

③ 《上市公司股权激励管理办法》第八条第二款规定："单独或合计持有上市公司5%以上股份的股东或实际控制人及其配偶、父母、子女，不得成为激励对象。下列人员也不得成为激励对象：（一）最近12个月内被证券交易所认定为不适当人选；（二）最近12个月内被中国证监会及其派出机构认定为不适当人选；（三）最近12个月内因重大违法违规行为被中国证监会及其派出机构行政处罚或者采取市场禁入措施；（四）具有《公司法》规定的不得担任公司董事、高级管理人员情形的；（五）法律法规规定不得参与上市公司股权激励的；（六）中国证监会认定的其他情形。"

④ 《上市公司股权激励管理办法》第二十七条。

份授予，不作处理。由于限制性股票会在授予当期提高公司的成本费用，而按照税法原则，这部分费用不能用来抵税，在上市公司税收采用应付税款法核算的前提下，对公司的所得税费用没有影响，因此当年该上市公司净利润的净减少值应该与费用的增加值相当。持有限制性股票的员工在授予日，按照获得股票市价计量的总额与支出的象征性价格之间的差额，缴纳个人所得税。

三、优缺点

（一）优点

第一，限制性股票/股权可以留住激励对象。限制性股票/股权一般会规定必需的服务年限或业绩目标，当企业想要留住某些关键人才时，会在授予条件中表明具体的年限。若在限制性期限内离开企业，则获赠的限制性股票/股权被没收。所以企业可以采用限制性股票/股权中的限制期间留住激励对象。

第二，即便公司股价下跌，与股票期权以及股权增值权不同的是，限制性股票/股权仍有价值，只是带来的价值变小了。而且激励对象在获授限制性股票时，通常不需要支付现金，因此在同等的收益水平下，采用限制性股票/股权方式所需的股份数量少于采用股票期权方式需要的股份数量。

第三，根据限制性股票/股权的设定，一旦激励对象达到约定的授予条件即可持有股票，可以视作没有等待期。

（二）缺点

第一，由于限制性股票/股权授予时需要履行工商登记手续，将激励对象登记为新股东，但如果激励对象数量过多则可能导致股权激励计划无法实施，例如有限责任公司的股东人数限制。

由于限制性股票/股权即使在股价下跌的时候仍有价值，会使激励性减弱，造成股东收益损失而激励对象仍然收益的情况出现。

第二，限制性股票/股权中业绩目标和股价的科学确定困难，公司现金流需要在认购时一次性流入，公司需要承受较大的现金流压力，同时被激励对象的资金压力也较大。激励对象实际拥有股票，享有所有权，公司对激励对象的约束困难。

四、特色之处

一是见效快，员工在短时间内即可成为公司股东，同时面对漫长锁定期，员工为获得权益，必须竭尽全力去实现解锁，激励效果较股票期权更为长久。

二是风险小，限制性股票/股权激励极大降低了股权激励行权获益的风险。但限制性股票/股权的指标设置得不合理或市场的波动，可能使预期目标完成但股价却未达标，影响有关人员的积极性。

三是限制性股票主要适用于成长性较好、业绩较为稳定、股价市场波动不大、现金流比较充足且具有分红偏好的公司。

限制性股票/股权和期权作为企业较为常见的激励方案，两者各有特点：

（1）两者的价值构成不同。限制性股票/股权的价值构成为评估价值扣除授予价格或者市场价值。期权的价值构成包含内在价值与时间价值。

（2）两者的风险不同。就限制性股票/股权而言，激励对象成为公司的股东，与公司其他股东行使相同权利，同样地需要对公司经营承担风险。期权的激励方案中，激励对象被授予期权后并未成为公司的股东，因此并不需要承担公司的经营风险。

（3）两者的收益来源不同。限制性股票/股权的主要收益来源是分红和高于市场价转让所带来的利益。期权的主要收益来源于行权当日股权市场价与股权的行权价的差额。

（4）两者企业股权的获取时间点不同。对于限制性股票/股权而言，股权是即刻取得的，尽管会存在企业设置禁售期导致延后的情形，同时，禁售期内激励员工不能处分该股权。对于期权，获取企业股权的时间点与股权的市场价值相关，如果股权的市场价值高于行权价，那么激励对象一般会选择行权，取得公司股权，获得利益；如果股权的市场价值低于行权价，那么激励对象可能暂时不会行权，而是继续等待合适的“时机”。因此，期权作为激励方案时，激励对象的行权时间是不确定的，获得企业股权的时间因而也是不确定的。

（5）两者的制约程度不同。对于限制性股票/股权，激励对象的收益是受到激励方案设定的解锁条件以及未能解锁后果的影响的，并且需要其激励对象支付一定的对价才能取得股份。而对于期权，激励方案中约定的条件未能实现或者股权价值下跌会导致的结果是激励对象放弃行权，并不是直接承受股价变化带来的现实损失。因此，限制性股票/股权对于激励对象的制约程度相较于期权更大。

（6）两者是否回购不同。在限制性股票/股权的激励方案中，授予激励对象取得的是股权，结合有限责任公司的人合性及发起人对公司控制权的掌控等因素，股权在授予时就需要考虑激励员工可能会离职或者违约时公司回购股权等问题。而在期权的激励方案中，授予激励对象的并非股权，而是一种选择权，可以选择是否购买公司的股权，因此在激励对象行权之前都不涉及公司回购股权的问题，假如激励对象到期未行权，则由公司进行注销。

五、小结

限制性股票/股权是股权激励的主要方式之一，在实施上需要注意模式选择、限制性股票/股权授予价格或授予价格的确定方法、股权限制解除条件以及税收等问题；其具有较好的激励效果和较低的实施风险，可与其他股权激励模式共同适用。实践中其主要适用于初创的非上市公司、业绩欠佳的上市公司或者处于产业调整期的上市公司。

第四节　员工持股计划

一、定义

员工持股计划同样是股权激励的一种常见模式。企业内部员工出资认购本公司部分或全部股权，委托员工持股会（或委托第三者）托管运作、集中管理，员工持股管理委员会（或理事会）作为社团法人进入董事会参与表决和分红。

员工持股计划包括两种类型：（1）企业员工通过购买企业部分股票而拥有企业部分产权，并获得相应的管理权；（2）员工购买企业全部股权而拥有企业全部产权，使其职工对本企业具有完全的管理权和表决权。

二、要点

在员工持股计划的设计中，员工如何购买股份是其中的关键点，一般来说，有四种购买股份的方式：其一，员工以现金方式认购所持全部股份；其二，员工通过融资方式（一般是公司提供的员工持股专项贷款资金）认购所持股份；其三，公司将历年累计的公益金转为员工股份交给员工；其四，从公司的奖励基金或福利基金中提出一部分以奖励形式给员工。

在具体的员工持股计划的设计中，购股方式一般是上面四种方式的组合，目的是加大激励力度。以深圳金地集团为例，深圳金地集团当年的员工持股计划就是采用四种方式的组合：大约30%的购股资金来源是员工个人出资直接认购公司股份；35%的购股资金来源是公司提供的员工持股专项贷款资金，贷款本息从分红中扣回；30%是公司将公益金转为股份奖励给员工；剩余的5%是公司奖励给员工的干股。

三、优缺点

（一）优点

员工持股被认为是调动员工积极性、增强投资者对企业信心的重要手段之一。其一，由企业员工掏钱，买进公司低价回购的股份，或由上市公司向员工低价定向增发，以确保员工持股计划获利，捆绑员工与公司的利益，调动员工的工作积极性。其二，由上市公司掏钱买进本公司的股票，然后以福利的方式分发给公司员工。其三，可以防止公司被恶意收购。

（二）缺点

员工持股计划虽然是股权激励的常用模式之一，但并不代表它不存在弊处。对上市公司而言，如果员工持股计划的股份是新发行的股份，那可能会由于流通股本的突然增加而造成公司股价的短期内下跌。此外，如果员工持股计划实行时公司股价处于高位阶段，那员工因为受限于该计划需要长时间持有公司股份，能引发的变量也是不可控的。

有些企业为了鼓励员工持股，甚至做出了“包赚不赔”的承诺，一旦员工持股出现亏损，由大股东补偿员工损失，有的甚至给出了较高收益回报。在这样的情况下，许多原本不想持股或者没有能力持股的员工，也想方设法筹集资金参与到员工持股中来，结果大多出现了浮亏。

企业的实际运行情况，大股东也是负债累累，资金十分紧张，根本没有能力问责当初承诺。员工持股已成为当前证券市场的一个难题，不仅会对持股员工带来经济损失，影响员工的工作积极性，而且会严重影响企业的市场形象，让投资者对企业前景产生不信任感，从而形成恶性循环。

四、特色之处

从正面效应来看，员工持股计划为企业员工参与企业所有权分配提供了制度条件，持有者真正体现了劳动者和所有者的双重身份。员工持股计划为企业吸引和留住不同层次的高素质人才并向所有员工提供分享公司潜在收益的机会创造了条件，在一定程度上解决了公司高管人员和一般员工之间的利益不均衡问题。但是由于激励范围较广，带有一种平均化和福利化的倾向，每个人得到的收益就不可能很大，激励力度有可能就不足，无法起到预期的目的。而且，内部股东过多，必然影响所有权的分布和控制权的安排，不利于公司未来的投融资事宜。

但是，员工持股计划在我国仍然可适用于创业初期的人力资本依附性较强的公司以及国有企业，即当国有企业对管理层实施其他模式的股权激励时，可以用员工持股计划来消除管理层和员工之间的利益矛盾；或者当民营企业收购国有企业时，为了让收购行为能够成功，需要获得员工的支持，这时必须同时实施员工持股计划。

五、小结

员工持股计划可以调动员工积极性、增强员工对企业的信心，努力工作，但同时存在给持股员工带来经济损失的风险，影响员工的工作积极性。一般而言，员工持股适用于创业初期的人力资本依附性较强公司、国有企业、高科技公司或具有稳定增长机会且所处行业较为成熟的企业。

第五节　业绩股票

一、定义

业绩股票（Performance Shares）是股权激励的一种典型模式，指在年初确定一个较为合理的业绩目标，如果激励对象到年末时达到预定的目标，则公司授予其一定数量的股票或提取一定的奖励基金购买公司股票。业绩股票的流通变现通常有时间和数量限制。激励对象在以后的若干年内经业绩考核通过后可以获准兑现规定比例的业绩股票，如果未能通过业绩考核或出现有损公司的行为、非正常离任等情况，则其未兑现部分的业绩股票将被取消。因此，这种激励模式是根据被激励者完成业绩目标的情况，以普通股作为长期激励形式支付给经营者的激励机制。这也是我国非上市公司经常采用的一种股权激励模式。

二、要点

（一）在上市公司中的应用要点

首先，在年初公司就在年终奖指标之上给激励对象确定一个较为合理的业绩目标和与之对应的股票授予数量或激励基金提取额度。如果激励对象在未来的若干年内通过业绩考核，则公司就奖励其一定数量的股票或提取一定的奖励基金为其购买约定数量的股票。

其次，业绩股票的期限一般为3—5年。业绩股票通常设置禁售期，激励对象是董事会成员和高管人员的，所获得业绩股票只有在离职6—12个月才可以售出；对于激励对象是核心骨干员工的，其所获得的业绩股票一般会设置3年的禁售期，第四年可以出售全部股票的30%，第五年可以出售剩余股票的60%，第六年可以出售全部股票。但实际实施过程中的业绩股票期限以及业绩股票禁售期都是公司根据自身及激励对象的情况来具体确定的。

再次，业绩股票有严格的限制条件，如果激励对象的业绩未能达标，或者出现业绩股票合同中约定的有损公司的行为或自行辞职等情况，则公司有权取消其未兑现的业绩股票。

最后，业绩股票应设置风险抵押金。有些上市公司，如泰达股份的业绩股票方案中就设置了风险抵押金，达不到业绩考核标准的激励对象不仅得不到业绩股票，还会被给予相应处罚，并要求受罚人员在6个月之内以现金形式缴纳处罚金。

（二）在非上市公司中的应用要点

在非上市公司应用的时候，业绩股票的设计原则和思路与上市公司的一样，只是不存在提取激励基金去购买股份的步骤，而是公司所有者直接将约定好的股份转让给激励对象，其他基本与上市公司的激励方式一致。

在业绩股票设计中，一般不设置风险抵押金条款。因为上市公司的业绩股票设计中股票是免费的，而非上市公司业绩股票是根据业绩采用买点送点的方式，其中买的部分起到的就是风险抵押作用。

三、优缺点

（一）优点

业绩股票能够激励公司高管人员努力完成业绩目标，提高公司高管人员的工作积极性。为了获得股票形式的激励收益，激励对象会努力地去完成公司预定的业绩目标；激励对象获得激励股票后便成为公司的股东，与原股东有了共同利益，同样作为公司所有者，激励对象更会加倍努力地去提升公司的业绩，进而获得因公司股价上涨带来的更多收益，形成良性循环。

业绩股票具有较强的约束作用。激励对象获得奖励的前提是实现一定的业绩目标，并且收入是在将来逐步兑现；如果激励对象未通过年度考核或者未达到年初设定的预期目标，或出现有损公司的行为、非正常调离等情况，激励对象将受风险抵押金的惩罚或被取消激励股票，退出成本较大。

业绩股票的激励与约束机制相配套。激励效果明显，且每年实行一次，因此，能够发挥滚动激励、滚动约束的良好作用。

此外，业绩股票不受股市行情的影响，不同于期权提升了公司业绩但公司股价却下跌导致激励对象无法实现收益的情形。同时，相较于限制性股票/股权，业绩股票没有前期金钱成本，员工对于该股权激励计划的接受度也更高。

（二）缺点

公司的业绩目标确定的科学性很难保证，容易导致公司高管人员为获得业绩股票而弄虚作假；同时，业绩股票激励成本较高，有可能造成公司支付现金的压力。

四、特色之处

从本质上讲，业绩股票是一种“奖金”的延迟发放，但它不同于一般意义上的奖金且弥补了奖金的缺点，具有长期激励的效果。一方面，业绩股票与一般奖金不同，它不是当年就发放完毕，还要看今后几年的业绩情况；另一方面，如果企业效益好，其股价在二级市场会持续上涨，就会使激励效果进一步增大。总体来说，业绩股票模式比较适合业绩稳定型的、处于成长期后阶段或成熟期的上市公司及非上市公司。对上市公司还要求现金流比较充裕。

五、小结

业绩股票是根据被激励者完成业绩目标的情况，以普通股作为长期激励形式支付给经营者的激励机制，激励与约束机制相辅相成，激励效果明显。业绩股票一般适用于业绩稳定的上市公司及其集团公司、子公司等，需要注意业绩股票应用于上市公司时，奖励基金、禁售期及风险抵押金等问题。

第六节 虚拟股票

一、定义

虚拟股票（Phantom Stocks）是指公司授予激励对象一种“虚拟”的股票，激励对象可以据此享受一定数量的分红权和股价升值收益。如果实现公司的业绩目标，则被授予者可以据此享受一定数量的分红，但没有所有权和表决权，不能转让和出售，在离开公司时自动失效。在虚拟股票持有人实现既定目标的条件下，公司支付给持有人收益时，既可以支付现金、等值的股票，也可以采用等值的股票和现金相结合的方式支付。

二、要点

第一，形式上，股权是虚拟的。虚拟股票是公司为了很好地激励核心员工，无偿赠送或以奖励的方式发放给公司核心员工的一定数量的虚拟股份，其持有者可以按照虚拟股票的数量，按比例享受公司税后利润的分配。不同于购买实有股权或股票，虚拟股票一般是公司以奖励的形式或无偿赠送给激励对象。

第二，实质上，虚拟股票对应的股东权益是不完整的。虚拟股票的持有者只能按照虚拟股票持有数量的比例享受公司税后利润分配，并非真正获得公司股票的所有权，不能享受普通股股东包括表决权、分配权等在内的权益，所以虚拟股票的持有者由于没有对公司决策实质性的表决能力，因此会更多地关注企业经营状况及企业利润的情况。

第三，作为股权激励的一种方式，虚拟股票激励既可以看作物质激励，也可以看作精神激励。虚拟股票激励作为物质激励的一面，体现在享有一定股权的员工可以获得相应的剩余索取权（所谓剩余索取权，简单来说就是对利润的索取，即经营者分享利润，是一项重要的财产权利），被激励员工会以分红的形式按比例享受公司税后利润的分配。虚拟股票激励作为精神激励的一面，体现在持股的员工因为享有特定公司产权以一种“股东”的身份去工作，从而会减少道德风险和逆向选择的可能性。同时，因为虚拟股票的激励对象一般仅限于公司核心员工，所以持股员工可以感觉到企业对其自身价值的充分肯定，产生巨大的荣誉感，从而进一步激发持股员工对于工作的热情。

三、优缺点

就虚拟股票的优点而言：

其一，虚拟股票派发不会改变公司原有的控制结构。实质上是一种享有企业分红权的凭证，除此之外，不再享有其他权利，因此，虚拟股票的发放不影响公司的总资本和股本结构，也无须承担公司控制权外落的风险。

其二，虚拟股票的持有无须办理相关工商登记手续，不同于限制性股票/股权、期权等股权激励方式，避免了烦琐的程序，即使员工与公司解除劳动关系，公司也无须担心回购程序问题。

其三，虚拟股票具有内在的激励作用。虚拟股票的持有人通过自身的努力去经营管理好企业，使企业不断地盈利，进而取得更多的分红收益，公司的业绩越好，其收益越多。

其四，虚拟股票制度设计具有很大的自主空间，因为无须通过第三方审批或变更登记，基本不受外界因素的制约和影响，所以在制度的设计上公司可以最大限度地做到独立自主，设计出最符合公司自身条件及激励对象的框架布局。

其五，虚拟股票激励法操作极其简单便利，收放自如。股权的发放和回收无须任何过户手续的办理，只需在合同中明确约定时间或者条件节点，一经满足即可生效。比如约定虚拟股票自员工提交离职申请之日（或其他的节点）即由公司收回，只需满足条件或时间点即可。也可以约定虚拟股票清零的条件，比如以十年为期，期限届满则该员工被授予的所有股权数量全部归零，重新开始计数等。

其六，不存在股票来源的问题，发行数量不受限制。

虚拟股票存在诸多优点的同时，也有不足之处。首先，激励对象可能因考虑分红，减少甚至不实行企业资本公积金的积累，而过分地关注企业的短期利益。在这种模式下的企业分红意愿强烈，导致公司的现金支付压力比较大。因此，虚拟股票激励模式比较适合现金流量较充裕的非上市公司和上市公司。经营者不实际持有股票，一旦下跌，其可以选择不行权而避免任何损失，因此是一种纯激励的方式。如果虚拟股票是有偿授予，就需要注意与非法集资等问题划清界限，如果是无偿授予，则不存在这一问题。其次，虚拟股票的持有者并不是真正的公司股东，没有表决权也无法参加公司的经营决策，在一定程度上无法促使激励对象形成主人翁精神，自觉维护公司利益的意识不强。最后，虚拟股票由于其“虚拟”的属性，无法转让，这也是虚拟股票激励设计高度灵活的同时所存在的限制。

四、特色之处

虚拟股票与股票期权、期股的特点和操作方法比较相似。比如，虚拟股票计划同样需要公司在计划实施前与每一位激励对象签订合同，约定虚拟股票的数量、兑现时间表、兑现条件等，以明确双方的权利与义务。但与股票期权和期股不同的是，在虚拟股票计划中，员工并不拥有在未来按某一固定价格购买股票价格的权利，因为虚拟股票只是一种账面的虚拟股票，具有以下特点：

其一，不是真正的股票或股份。实际上是将股票所有权、控制权、分红权、资本增值享有权进行分离，将分红权和资本增值享有权授予激励对象，不影响公司的所有权分布和控制权安排。

其二，与分红股票模式相比更像一种持股模式，因为除了分红还可以享受资本增值部分。

其三，激励对象的选择可以更为广泛。由于不涉及所有权和控制权的变化，因此激励对象可以像分红股票模式的对象一样广泛。

其四，对于上市公司来说，规避了股票市场波动的部分影响。只要激励对象努力了，公司实际价值增长了，即使赶上了熊市股价大跌，激励对象虽然失去了资本增值部分的收益，但是仍可以享受分红部分的收益。

其五，支付方式灵活。公司兑现虚拟股票持有人收益的时候，一般采用现金支付，但也可以支付等值的股票和股份，或者是采用等值的股票（股份）和现金相结合的方式支付。

其六，虚拟股票计划比较适用于非上市公司，但是要求公司的现金流比较充裕。

五、小结

总而言之，虚拟股票是一种操作相对简便的股权激励模式，是代替实际股份的变通方式，是否同时享有分红权和股票等增值权，以及是否需要出资等各种情况都可以组合，由此可以形成多种解决方案。相对于股权，虚拟股票易于操作和控制。但也要考虑到公司规模较小时，激励感与企业的归属感都比较低。实践中，虚拟股票较适用于现金流充裕的非上市公司。

第七节　分红股票

一、定义

分红股票就是公司股东将部分公司股份分红权让渡给激励对象，赋予其一定比例的分红权，也称为身股或利润分享计划。分红股票的设计比较简单，即公司每年从净利润中拿出一定的比例按照某种事先约定好的规则分配给激励对象，一般并没有特别约定的业绩要求。

二、要点

分红股票适合与其他模式组合使用。例如，一家公司新聘一位总经理，老板想给总经理 50 万股股权激励，但是又担心两个问题：一是识人不准，股份收不回来。总经理变成股东后，不合格怎么办？二是股份给多了，老板自身的控制权就被稀释。为了解决这个问题，老板可以设计一个岗位分红股票转期股的组合方案，即对总经理授予一个 50 万股的岗位分红股票，期限 3 年；3 年内每年业绩考核合格，其中 30 万股在 3 年后转为期股，20 万股继续作为岗位分红股票分红。最后，老板实际上将 30 万股的所有权和 50 万股的分红权给了总经理。但需要注意的是，岗位分红股票只和岗位有关，因此当这位总经理离职后，岗位分红股票就不属于他了。

据此同样可知，分红股票激励更适合企业规章制度不健全，未来盈利情况尚不可知的初创企业。因为对于此类企业而言，如果让员工出资，其必然会有所顾虑，而采取分红股票的模式，员工无须直接出资，免去员工的资金困扰，保证员工的安全感，减少冲突发生的可能性。此外，分红股票无须工商注册，安排灵活度较高，收放自如，如果初创企业一开始就实施注册股，股份轻易送出去，将来很可能出现无法控制的问题。因此，分红股票刚好与初创公司的短处与需求契合，对此类企业的员工起到了较好的激励作用（见图2－1）。

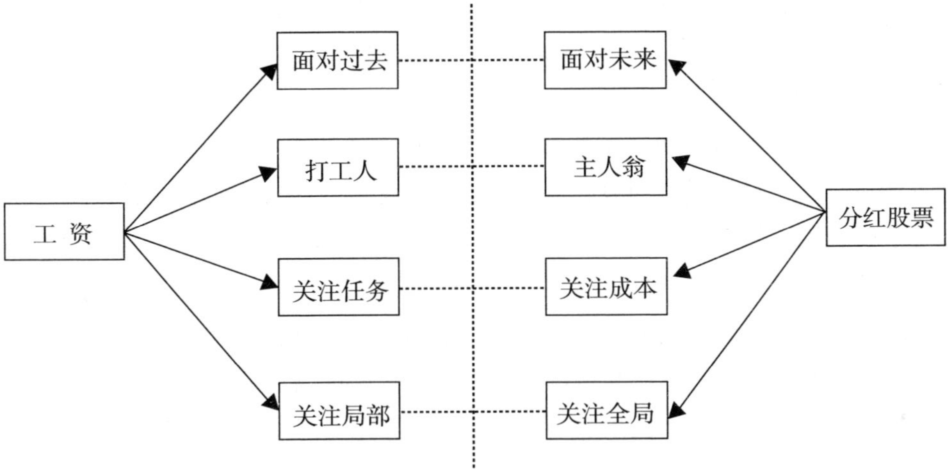

图2－1　分红股票与工资特点对比

三、优缺点

就优点而言，分红股票模式可以发挥过渡作用，减少公司的试错成本。如果公司想对员工实施真正的股权激励，但是各个方面的条件还不成熟，那么分红股票可以成为很好的试水方式。从公司的角度来看可以积累经验；核心员工也可以感受股权激励的作用，并且为后续股权激励实施积累购股资金。时机一旦成熟，退出其他股权激励模式，让员工拥有真正的股份。分红股票同样可以用于解决利益不平衡问题。当公司对高管层和核心骨干员工进行股权激励之后，可能会引起这些激励对象和其他员工之间的利益不平衡，这时可以用分红股票模式做一个利润分享计划，消除这种利益不平衡。

虽然分红股票激励设计和操作都非常简单，对于初创企业激励核心员工的效果也显而易见，但是无法以此方式对核心员工进行长期利益的捆绑。对此，主要原因有两个：一是该方式约束性较差，员工在年初兑现了上一年度的分红后即可选择离开公司，老板无法以此为约束将员工留在公司；二是分红股票的方式运行一段时间后，员工始终无法成为公司的所有者，对公司的收入情况不了解，分红容易造成员工与老板之间的误会，从而引发矛盾。

因为分红股票模式激励的内容单一，可以发挥的激励效果有限，因此在激励计划选择中，部分公司为了增强股权激励效果，会考虑将部分或者全部分红在满一定期限后转化为公司股票期权、限制性股票/股权或一般股份，也进一步提高了分红股票的灵活性。

四、特色之处

分红股票模式的激励比较简单，但也有自己的特点，主要分为三个方面。

其一，分红股票模式的股权激励一般没有业绩要求。因为它实际上是拿出公司净利润的一部分来分红。但从本质上来说，这其实已经对公司的业绩提出了隐性要求。因为业绩越好，激励对象最后取得的分红也就越多，公司业绩不好，激励对象最后取得的分红就会越少，甚至得不到任何分红。这种激励模式类似于股票期权，因此不会另外附加业绩要求。

其二，分红股票激励的对象可选范围更为广泛。因为分红股票本质上没有转移公司的所有权，而只是把股东部分利润的分配权利分给特定的激励对象，对于一些人力资本依附性较强的公司，这种方法较为适合。

其三，分红股票的激励模式在设计上常常与激励对象的岗位有关，与其他几种股权激励模式存在区别。

分红股票与虚拟股票其实存在相通之处，也存在一定区别。

就相通之处而言，分红股票一般是企业利润达到一定标准后，激励对象才有分红的可能，是企业追求利润的一种激励方式。此种激励方式一般不会损害公司股东的现有利益，因为企业一般会与激励对象约定从超过上年利润的部分中提取一定比例作为分红。同时，在此种激励方式下，激励对象一般仅享有“金钱上”的权利。对于虚拟股票而言，激励对象虽然不能成为公司真正的股东，但是可以依此享有一定分红和股价的升值收益。同时，虚拟股票由于其“虚拟”的属性，被授予的激励对象并不享有表决权，也没有所有权，亦不能转让、出售，并且虚拟股票在激励对象离开企业时自动失效。

就不同点而言，其一，分红股票是公司税后的利润分配，而虚拟股票中激励对象不仅拥有分红的权利，还可以享有股票带来的增值收益，这是分红股票和虚拟股票最重要的区别。其二，分红股票的激励对象没有所谓的股东身份，而虚拟股票的持有者可视为假想股东。其三，分红股票追求的是企业利润，而虚拟股票在追求企业利润的同时，也追求企业股价的上涨，两者虽然变化并不同步但是却具有密不可分的关联。

五、小结

分红股票比较适合与其他股权激励模式综合使用，操作简单灵活，具有试错价值，比较适合初创型企业，或者非上市公司的部分技术骨干、中层干部等。但该方式不适合长期使用，否则容易造成公司老板和员工之间的矛盾，不利于公司的长期发展。

第八节　股权增值权

一、定义

股权增值权（Stock Appreciation Rights，SARs）是公司授予激励对象的一种权利，是通过授予激励对象公司股票的增值权使其享受股票增值的收益，通常与认购权配合使用，其中股权增值权无须实际购买股票，激励对象直接就期末公司股票增值部分得到一笔报酬，激励对象可以选择增值的现金或购买公司股票。其中，期末公司股票增值部分 = 期末公司股票市价 - 约定价格。

此外，由于激励对象并未实际购买股票，故可避免“避险行为”的发生。

二、要点

股权增值权持有者不拥有实际股权，也不拥有股东表决权、配股权、分红权等。由于激励对象不享有股票的所有权，因此其持有权利不能转让和用于担保、偿还债务等。但是，股权增值权与股票价格挂钩，即每一份股权增值权的收益 = 公司股票市价 - 授予价格。

股权增值权的实质是企业奖金的延期支付，其税务处理上应按员工薪酬所得缴纳个人所得税。纳税时间点是行权当日，应纳税所得额为本人行权所得收益，税率按照“工资、薪金所得”的要求计算。通俗来讲，其收益就是当作年终奖来发放和缴纳个人所得税。

三、优缺点

股权增值权的优点很多。首先，股权增值权并没有授予激励对象真实的公司股权，激励对象没有股票的所有权，也不拥有表决权、配股权，不会稀释控制权，因此也无须考虑股票的回购问题以及来源问题。其次，股权增值权通过“市场请客，公司买单”的方式将公司长期利益与激励对象的利益联系起来，且行权期一般超过任期，这样可约束激励对象的短期行为。最后，激励对象无须支出现金，且操作简单，经股东会批准即可。当然，股权增值权的支付方式也更灵活。可以使用现金、股票支付或采用“现金 + 股票”的组合支付。但是，当资本市场的弱有效性使股价与激励对象业绩关联不大时，股权增值权对激励对象无太大激励性，且会造成公司的现金压力较大。

四、特色之处

股权增值权设计和操作简单，容易实施。激励对象获得的是资本增值收益部分，不影响所有权的分布和控制权的安排。但是股权增值权行权期较长，一般超过任期，有助于约束高管人员的短期行为。股权增值权的支付方式也更灵活，可以使用现金、股票支付或采用“现金 + 股票”的组合支付。激励对象获得的是一种权利，而不是真正的股票，激励效果相比期权和期股要弱一些，高度依赖于资本市场的有效性。

就股权增值权与期权而言，这两种股权激励方式都是以公司的股票为标的，从公司股价的增值中获得市场价与行权价的差额收益，两者的原理相似，但也存在一定差别。第一，同以股票为标的，对于股权增值权，公司无须授予激励对象真正的公司股票，激励对象也不会成为公司的股东，也不享有公司股东包括表决权、分红权等在内的权利，相对应地，激励对象也无须承担公司的经营风险。但就期权而言，激励对象在行权之后实际持有公司股权，市场变化关系到激励对象的收益，股权的转让也可以给激励对象带来收益。第二，同为股权激励，激励效果也会有所差别。股权增值权在激励对象行权之后，激励效果可能就此止步，而被授予期权的激励对象，在行权之后成为公司的股东，在没有转让之前，激励对象会为公司继续奋斗，由此来确保自己的收益，如果在此期间公司股权的波动为激励对象带来更大利益，激励的时间还会相应变长。因此，期权的激励时间相较于股权增值权更为长久。

就股权增值权与虚拟股票而言，两者的收益都是以现金形式实现，但是两者的收益构成存在差别。股权增值权的收益来源主要是行权日与授予日股票市价的差额与股票授予数量之积，而虚拟股票的收益来源不仅包括公司未分配利益的分红，还包括该部分的增值收益。

五、小结

股权增值权的长期激励性要发挥，高度依赖于资本市场，可以适用于股价稳定且现金流充裕的非上市公司。但我国资本市场有效性比较差，因此，即使股权增值权激励模式操作简单灵活，也不适合公司单独使用，可以尝试与其他股权激励模式综合应用。

·第三章·

股权激励的主要参与者及其法律关系

第一节　概　　述

股权激励的参与者主要为实施股权激励的主体、激励对象、持股平台、中介服务机构。

实施股权激励的主体为公司，根据公司不同的发展阶段可分为非上市公司、上市公司、非上市公众公司；根据公司不同的企业性质又可分为有限责任公司、股份有限公司；根据是否具有国资属性又可分为民营企业、国有企业。

激励对象即股权激励的员工范围。确定激励对象是股权激励方案的重要环节，即根据股权激励的核心目的筛选合适的人员纳入股权激励计划范围。

持股平台即在为了实现参与股权激励的员工持有公司的股权而又隔离员工与公司的情况下，由参与股权激励的员工参与设立的合伙企业或者公司，其作为员工持有公司股权的媒介，在持股平台存在的情况下，参与股权激励的员工非直接持有公司的股权，而是通过持有持股平台份额的方式间接持有公司的股权。

股权激励计划的最终实现离不开中介服务机构的建议与帮助。一般而言，在股权激励项目中，主要的中介机构有律师事务所、会计师事务所、评估机构、人力资源公司，对上市公司而言还需要聘请保荐机构即证券公司。

第二节　股权激励的主要参与者

一、实施股权激励的主体

股权激励的实质是公司与内部员工之间进行的某种股权安排，所以股权激励的实施主体是公司。公司作为股权激励的实施主体，按照发展阶段的不同、企业性质的不同以及是否具有国资属性，又可以分为不同的种类。

（一）不同的公司发展阶段

公司往往根据自身的发展状况来考虑其是否有实施股权激励的必要，按照不同的公司发展阶段以及资本化的程度可分为非上市公司、上市公司。

1. 非上市公司

非上市公司实施股权激励的监管环境相对于上市公司而言较为宽松，自由且灵活程度更大，非上市公司的股权激励具有如下特点：

（1）非上市公司进行股权激励的成本无法通过资本市场进行消化，也无法通过资本市场进行分摊，需要非上市公司自行承担这些成本；

（2）非上市公司股权定价市场化程度低，公司的经营业绩不能依据资本市场的成熟规则进行判断，需要针对具体的公司具体制定业绩考核体系，相对于上市公司的价格公平透明，非上市公司的股权价格制定的可操作性略有欠缺；

（3）非上市公司股权交易变动所受到的限制较少，公司与员工可以通过合同安排股权激励，相比上市公司，非上市公司的股权流通性较差，股权激励的实际效益也无法通过证券交易市场公开实现；

（4）在监管规则方面，非上市公司股权激励主要适用《公司法》，很大程度上依靠股东及公司的共同管理和监督，相比上市公司，非上市公司股权激励的自由和灵活度更高；

（5）在税收方面，非上市公司的股权交易不属于免税范围，需要激励对象承担相应税收，并且现行会计准则中关于非上市公司用于股权激励的费用是否可以在公司成本中列支暂无明确具体规定。

此外，相较于发展较为成熟的公司，对于初创公司来说，公司还处于发展早期，如果直接照搬照抄发展成熟的大公司精心策划且具有极高专业性的股权激励措施，往往无法实现预期效果，甚至可能引发负面影响及风险，不利于公司发展。在公司发展的早期，公司的发展前景尚存在较大的不确定性，员工对于公司的信任程度不高。对于初创公司，需要针对公司的发展阶段、业务特点、业务规模、人员结构等因素，综合考量股权激励的方案，并且要随着公司规模的不断发展，灵活变换不同的激励方式以及循序渐进地实施股权激励，以充分调动员工的积极性。

2. 上市公司

上市公司是指由证监会批准的证券交易所公开发行股票并上市交易的股份有限公司，主要为在上海证券交易所、深圳证券交易所和北京证券交易所上市的股份有限公司。上市公司与非上市公司在股权激励的方案、实施程序、定价、适用的法律法规等方面均存在较大的差别，具体为：

（1）证监会及证券交易所对于上市公司股权激励制定了更为详细和严格的规则，并且要求上市公司履行严格的信息披露义务，例如财务披露。

（2）《上市公司股权激励管理办法》[①] 对上市公司股权激励在股份数量上有明确的限制：第一，限制总量，即仍然在有效期内的全部股权激励计划所涉及的标的股票的总数累计不得超过公司股本总额的 10%；第二，限制个量，任何人在股权激励有效期内被授予的股票数量累计不得超过档期股本总额的 1%。

（3）上市公司具有严格的问责制度以及独立的处罚体系。

（4）上市公司能够较大程度地整合社会资源，比如通过公开发行股票或定向增发股票的方式进行股权激励。

（5）股票价格通过证券交易市场形成，能够获得较为公允的市场定价；而非上市公司的股权价格则更多是通过评估及协商形成。

（二）不同的公司性质

按照法律性质不同，公司可分为有限责任公司、股份有限公司。股份有限公司在未上市的情况下，实施股权激励与有限责任公司相比没有太大的区别。但是对于股票在全国中小企业股份转让系统公开转让的公众公司（即新三板挂牌公司）而言，其实施股权激励及员工持股计划需要按照中国证监会和全国中小企业股份转让系统有限责任公司制定并颁布的相关监管规则来进行，目前现行有效的规则为《非上市公众公司监管指引第 6 号——股权激励和员工持股计划的监管要求（试行）》（以下简称《指引》）。《指引》规定了股权激励的对象、激励方式、定价方式等内容，对绩效考核指标、分期行权、信息披露等进行了规定。同时，《指引》还规定了员工持股计划的资金和股票来源、持股形式、管理方式和信息披露要求，禁止利用股权激励和员工持股计划进行内幕交易等违法违规活动等。《指引》与《股权激励和员工持股计划业务办理指南》[②] 共同标志着新三板股权激励和员工持股计划制度落地。

---

① 《上市公司股权激励管理办法》第十四条规定："上市公司可以同时实行多期股权激励计划。同时实行多期股权激励计划的，各期激励计划设立的公司业绩指标应当保持可比性，后期激励计划的公司业绩指标低于前期激励计划的，上市公司应当充分说明其原因与合理性。上市公司全部在有效期内的股权激励计划所涉及的标的股票总数累计不得超过公司股本总额的 10%。非经股东大会特别决议批准，任何一名激励对象通过全部在有效期内的股权激励计划获授的本公司股票，累计不得超过公司股本总额的 1%。本条第二款所称股本总额是指股东大会批准最近一次股权激励计划时公司已发行的股本总额。"

② 《股权激励和员工持股计划业务办理指南》由全国中小企业股份转让系统于 2020 年 8 月 21 日发布并实施，于 2021 年 11 月 12 日修订并于 2021 年 11 月 15 日起施行。

（三）是否属于国有企业

根据是否具有国资属性又可分为民营企业、国有企业。目前来说，实施股权激励的公司以民营企业为主，但未来实施股权激励的国有企业数量会不断攀升。国有企业基于其国有的特殊性质，在运营管理方面存在许多特殊规定，在实施股权激励方面也不例外，国有企业实施股权激励需要按照国有企业运营管理的相关法律法规来进行。

1. 国有企业股权激励的法规政策

针对国有科技型企业、国有控股混合所有制企业、国有控股上市公司三类不同的国有企业的股权激励，主要涉及的法规政策文件有：《国有科技型企业股权和分红激励暂行办法》（财资〔2016〕4号）、《关于国有控股混合所有制企业开展员工持股试点的意见》（国资发改革〔2016〕133号）、《国有控股上市公司（境内）实施股权激励试行办法》（国资发分配〔2006〕175号）、《中央企业控股上市公司实施股权激励工作指引》（国资考分〔2020〕178号）。此外，关于国有企业股权激励的规范还有《国务院国有资产监督管理委员会关于规范国有企业职工持股、投资的意见》（国资发改革〔2008〕139号）、《关于规范国有控股上市公司实施股权激励制度有关问题的通知》（国资发分配〔2008〕171号）等。

2. 国有企业股权激励的特殊问题

（1）产权所有者和产权管理者分离，股权激励委托人不明确。从本质上而言，国有企业只是国有资产的管理者，作为真实产权人的国家难以直接决策实施股权激励。国有企业内部管理层级及内部控制制度复杂，较难形成符合现代企业制度的客观公正的股权激励制度。

（2）企业高管实行类公务员管理，通过行政任命的方式委派。在国有企业中，其高级管理人员往往由出资的政府部门任命，代表政府管理企业，仅为政府意志和决策的执行者。企业高管的任命、升迁、奖励和惩罚参照公务员制度来进行。这与股权激励机制高付出高回报的机制内核背道而驰。

（3）审批程序烦琐。国有企业与国有资产密切相关，在实施股权激励时，为了保障国有资产不会因为国有企业股权激励的实施造成流失，需要经过一系列严格的审批程序。

（4）激励不足。按照《国有控股上市公司（境内）实施股权激励试行办法》[①] 的规定，实行股票期权激励机制的企业，其高级管理人员期权激励所得收益不得超过薪酬的30%。这就意味着那些能够实行股票期权激励机制的国有控股上市公司，即使经营者所持有的股票上涨，也不会从中获取太多收益，因为该部分收入不得超过薪酬的30%。

（5）相关法律法规仍不完备。国有企业改革仍处于实施与探索并进的阶段，相关的法律法规规定尚未非常完备，其中关于非上市国有公司实施股权激励的相关依据更是少之又少。因此，国有企业实施股权激励的政策风险仍然较大。

（6）进一步地，对国有上市公司而言，其政策红线较多。国有上市公司需要同时受到国务院国有资产监督管理委员会和中国证监会的监督，为国有上市公司实施股权激励设定了更加严苛的条件。例如，股权激励的授予对象，就上市公司首次实施股权激励计划而言，其授予的股权数量原则上应控制在上市公司股本总额的1%以内，上市公司全部有效的股权激励计划所涉及的标的股票总数累计不得超过公司股本总额的10%[②]等。

二、激励对象

股权激励从本质上而言是一种利益分配机制，确定哪些人员能够参与公司的利益分配是实施股权激励的重要环节。对于被划为激励对象的人而言，往往能感受到被认可从而产生积极的激励作用。对于未被划为激励对象的人，如何平衡标准与稳定员工情绪是公司一直以来需要解决的矛盾点。因此，划定激励对象的范围，确定符合激励对象的标准就显得尤为重要。那么，哪些人员具备

---

① 《国有控股上市公司（境内）实施股权激励试行办法》第十六条规定："授予高级管理人员的股权数量按下列办法确定：（一）在股权激励计划有效期内，高级管理人员个人股权激励预期收益水平，应控制在其薪酬总水平（含预期的期权或股权收益）的30%以内。高级管理人员薪酬总水平应参照国有资产监督管理机构或部门的原则规定，依据上市公司绩效考核与薪酬管理办法确定。（二）参照国际通行的期权定价模型或股票公平市场价，科学合理测算股票期权的预期价值或限制性股票的预期收益。按照上述办法预测的股权激励收益和股权授予价格（行权价格），确定高级管理人员股权授予数量。"

② 《国有控股上市公司（境内）实施股权激励试行办法》第十四条规定："在股权激励计划有效期内授予的股权总量，应结合上市公司股本规模的大小和股权激励对象的范围、股权激励水平等因素，在0.1%－10%之间合理确定。但上市公司全部有效的股权激励计划所涉及的标的股票总数累计不得超过公司股本总额的10%。上市公司首次实施股权激励计划授予的股权数量原则上应控制在上市公司股本总额的1%以内。"

参与股权激励的资格呢?

对于上市公司而言,《上市公司股权激励管理办法》中规定了上市公司中可以列为激励对象的范围,同时也列举了激励对象的负面清单。具体内容为:上市公司的激励对象可以包括上市公司的董事、高级管理人员、核心技术人员或者核心业务人员,以及公司认为应当激励的对公司经营业绩和未来发展有直接影响的其他员工,但不应当包括独立董事和监事。外籍员工任职上市公司董事、高级管理人员、核心技术人员或者核心业务人员的,可以成为激励对象。单独或合计持有上市公司5%以上股份的股东或实际控制人及其配偶、父母、子女,不得成为激励对象。下列人员也不得成为激励对象:(1)最近12个月内被证券交易所认定为不适当人选;(2)最近12个月内被中国证监会及其派出机构认定为不适当人选;(3)最近12个月内因重大违法违规行为被中国证监会及其派出机构行政处罚或者采取市场禁入措施;(4)具有《公司法》规定的不得担任公司董事、高级管理人员情形的;(5)法律法规规定不得参与上市公司股权激励的;(6)中国证监会认定的其他情形。

对于非上市公司而言,非上市公司确定股权激励对象可以参照上市公司的规定,将公司董事、高级管理人员、核心技术人员或者核心业务人员,以及公司认为应当激励的对公司经营业绩和未来发展有直接影响的其他员工作为股权激励的对象,同时也可以扩大激励对象的范围,非上市公司在合理的情况下亦可将公司监事作为激励对象。具体而言,非上市公司对于股权激励对象的确定掌握着较大的自主权,并且考虑到公司的长期发展以及人员的流动性,公司董事会有必要在股权激励制度设计时增加兜底安排,如在法律文件及相关决议上增加"董事会认为应该激励的其他人员"的表述。

三、持股平台

(一)持股平台的概念

持股平台系股权激励实施的载体,依股权激励计划确定的持股方式不同来确定不同的持股平台。员工持股方式主要分为直接持股与间接持股,其中,间接持股又分为通过平台间接持股,以及综合运用信托计划、私募基金、资产管理计划等形式的金融产品持股。搭建持股平台进行间接持股是在实践中更为常见的形式。

搭建持股平台指设立特殊目的载体作为持股平台,被激励对象并不是直接持股主体公司，而是作为持股平台的股东或合伙人，间接持有公司股权。持股平台作为公司股东，从公司分取收益之后，再向激励对象进行收益分配。

（二）持股平台的优势和劣势

一般而言，持股平台的设立主要是出于持股者管理便利和公司治理的考虑，形式多样，考量因素也较多，选择不同的持股平台都可能产生不同的影响，也各有优势与劣势。

1. 利用持股平台间接持股具有以下优点：

第一，在公司层面维持股权结构的稳定。在公司股东人数较多的情况下，将部分股东放置到持股平台中，当股权在未来发生变动时，是持股平台的股东发生变动，除持股平台这个股东之外的其他公司股东不会受到影响，可以大幅度降低公司股东变动的频率，也不会因为公司股东变更频繁导致多次工商登记变更，对于公司股权的稳定性有很大优势。

第二，增加股权激励对象的数量。就有限公司而言，股东人数上限为50人①，对于有“全员持股”需求的公司而言，该股东数量的限制必然无法满足公司激励对象的数量需求，但若将有限公司或有限合伙企业作为持股平台成为公司股东，那么激励对象的人数可以进一步扩大。另外，就股份公司而言，股东最多200人②，同样地，将持股平台作为股份公司股东，公司激励对象人数可以得到进一步扩大。但需要特别注意的是，实施股权激励的公司申请上市时，按照《非上市公众公司监管指引第4号——股东人数超过200人的未上市股份有限公司申请行政许可有关问题的审核指引》第三条第一款的一般规定，股份公司股权结构中存在工会代持、职工持股会代持、委托持股或信托持股等股份代持关系，或者存在通过“持股平台”间接持股的安排以致实际股东超过200人的，在依据本指引申请行政许可时，应当已经将代持股份还原至实际股东、将间接持股转为直接持股，并依法履行了相应的法律程序。也就是说，在间接持股的模式下，公司的实际股东人数是需要累加计算的。

第三，公司设立持股平台，公司中的被激励员工作为该持股平台的股东，同时该持股平台持有公司股份，这种多级股权的设计架构最直接的作用就是风险隔离。例如，员工直接持有完整的公司股权，即享有完整的股权权益，对于

---

① 《公司法》第二十四条规定，有限责任公司由五十个以下股东出资设立。

② 《公司法》第七十八条规定，设立股份有限公司，应当有二人以上二百人以下为发起人，其中须有半数以上的发起人在中国境内有住所。

公司经营状况、账目明细都有权查询，这便会引发矛盾，破坏股权激励的正面作用。但是持股平台就可以发挥风险隔离的作用，它可以一定程度地限制激励员工对于主体公司的知情权，将其局限在持股平台。

第四，持股平台这种多级股权的设计架构，可以大幅度降低控股成本。通过较小的股权掌控公司的实际控制权或者最大限度提高股权激励的效率，隔离风险的同时减少过多股权变动对公司造成的影响。我们假设公司的注册资本为100万元人民币，在根据法律规定且公司章程未作进一步约定的情况下，如果实际控制人对该公司实现绝对控制，那至少需要达到67%的股权比例，也就是出资67万元，如果实现相对控股则需要达到51%的股权，即出资51万元。但如果通过持股平台的多级股权设计架构，实际控制人掌控了持股平台的相对控股权，以直接持股或者间接持股的方式共计持有公司33.33%的股权，即出资33.33万元便实现对该公司的相对控制。我们可以从具体的数字举例看出股权持股平台对于达到控股并降低控股成本的效果显著。

第五，通过由公司实际控制人作为持股平台的普通合伙人或控股股东的方式，维持实际控制人对持股平台的掌控，进而在公司层面进行股权控制，从而避免由于股权过于分散造成的实际控制权不明确的问题，也在一定程度上解决了直接持股导致的公司决策效率低下或者决策难的问题。

2. 利用持股平台间接持股存在以下缺点：

第一，持股平台的设立会增加税收成本。比较常见的持股平台形式是有限责任公司或有限合伙企业，其中如果将有限责任公司作为持股平台，鉴于有限责任公司具有独立法人人格，该持股平台是法人机构，在进行股权转让和分红时都应当缴纳所得税。同时，自然人股东在取得公司股东分红时，还需要缴纳个人所得税，因此，有限责任公司的持股平台会形成双重缴税的情形。

第二，持股平台的设立会增加公司管理成本。公司设立持股平台需要进行管理、维护，特别是财务上的管理，因此，持股平台的设立会增加公司的管理成本，并且该多级股权设计架构越复杂、涉及激励的员工越多，其管理会更加复杂且管理成本会更高。

（三）持股平台的组织形式

根据公司实施股权激励的需要，如采用持股平台的方式进行，根据持股平台性质的不同，持股平台比较常采用的是有限责任公司及有限合伙企业两种方式。

1. 有限责任公司

通过有限责任公司持股，也称为壳公司持股，一般由激励对象共同出资设立有限责任公司作为持股平台，持股平台通过受让公司股权/股份或对公司进行增资扩股方式对公司进行持股，员工通过持有有限责任公司持股平台的股权对公司进行间接持股。

有限责任公司持股平台的优势及劣势如下：

（1）优势

a）责任有限性。有限责任公司的股东适用有限责任制度①，因此公司在选定持股平台控制人时所面临的经营风险也是有限的。若是有限合伙企业，公司想要控制持股平台必须担任普通合伙人，而普通合伙人需要对合伙企业承担无限连带责任②，因此有时为了规避风险，公司会多设立一层一人公司。相比较而言，有限责任公司持股平台更方便。

b）增加激励对象与公司的黏性。通过搭建持股平台架构将激励对象与公司紧密联系在一起。

c）在上市前实现对公司股权结构的灵活调整。如已完成上市材料申报但尚未获得通过的情况下，发生激励对象离职的情况，公司仅需对持股平台的股权结构进行调整，而不会造成公司股权在上市前发生变化，确保公司上市前的股权架构清晰，符合《首次公开发行股票并上市管理办法》的相关规定③。

d）相对于合伙企业，有限责任公司适用的法律法规更加健全，相关的制度更加完备。例如，《公司法》《市场主体登记管理条例》等，法律对有限责任公司有许多强制性规定，制约公司股东自由的同时也确保公司稳定运行，因此有限责任公司持股平台的结构及发展都会较为稳定和完善。而合伙企业之间的诸多权利义务都是基于合伙协议约定，自由度高的同时也存在一定风险，员工个

① 《公司法》第三条规定，公司是企业法人，有独立的法人财产，享有法人财产权。公司以其全部财产对公司的债务承担责任。有限责任公司的股东以其认缴的出资额为限对公司承担责任；股份有限公司的股东以其认购的股份为限对公司承担责任。

② 《合伙企业法》第二条规定，本法所称合伙企业，是指自然人、法人和其他组织依照本法在中国境内设立的普通合伙企业和有限合伙企业。普通合伙企业由普通合伙人组成，合伙人对合伙企业债务承担无限连带责任。本法对普通合伙人承担责任的形式有特别规定的，从其规定。有限合伙企业由普通合伙人和有限合伙人组成，普通合伙人对合伙企业债务承担无限连带责任，有限合伙人以其认缴的出资额为限对合伙企业债务承担责任。

③ 《首次公开发行股票并上市管理办法》第十三条规定，发行人的股权清晰，控股股东和受控股股东、实际控制人支配的股东持有的发行人股份不存在重大权属纠纷。

体与公司的力量不均等，因此在合伙协议中存在无法保证自身权益的可能。因此，有限责任公司持股平台相较于合伙企业持股平台，其对于规定不清晰而发生争议的可能性更小。

（2）劣势

a）税负较重，存在双重征税的情况。有限责任公司持股平台依据《企业所得税法》的相关规定，虽然无须直接缴纳企业所得税，但是需要就平台取得财产转让收入缴纳25%的企业所得税①，以及员工作为有限责任公司持股平台股东就分红及股权转让等缴纳20%的个人所得税②。

b）《公司法》③ 对有限责任公司股东人数存在50人以下的限制，即使有限责任公司作为持股平台依旧需要遵循该人数的限制，因此不利于公司发展数量过多的激励对象，也不适用于激励对象数量过多的企业。

c）有限责任公司持股平台的运营成本较高。在分配盈余时，需要根据法律法规的相关规定④，进行法定公积金等的提取。

d）决策效率较低。有限责任公司持股平台需要注意对决策权的分配和决策

---

① 《企业所得税法》第四条规定："企业所得税的税率为25%。"第五条规定："企业每一纳税年度的收入总额，减除不征税收入、免税收入、各项扣除以及允许弥补的以前年度亏损后的余额，为应纳税所得额。"第六条规定："企业以货币形式和非货币形式从各种来源取得的收入，为收入总额。包括：（一）销售货物收入；（二）提供劳务收入；（三）转让财产收入；（四）股息、红利等权益性投资收益；（五）利息收入；（六）租金收入；（七）特许权使用费收入；（八）接受捐赠收入；（九）其他收入。"

② 《个人所得税法》第二条规定："下列各项个人所得，应当缴纳个人所得税：（一）工资、薪金所得；（二）劳务报酬所得；（三）稿酬所得；（四）特许权使用费所得；（五）经营所得；（六）利息、股息、红利所得；（七）财产租赁所得；（八）财产转让所得；（九）偶然所得。居民个人取得前款第一项至第四项所得（以下称综合所得），按纳税年度合并计算个人所得税；非居民个人取得前款第一项至第四项所得，按月或者按次分项计算个人所得税。纳税人取得前款第五项至第九项所得，依照本法规定分别计算个人所得税。"第三条规定："个人所得税的税率：（一）综合所得，适用百分之三至百分之四十五的超额累进税率（税率表附后）；（二）经营所得，适用百分之五至百分之三十五的超额累进税率（税率表附后）；（三）利息、股息、红利所得，财产租赁所得，财产转让所得和偶然所得，适用比例税率，税率为百分之二十。"

③ 《公司法》第二十四条规定："有限责任公司由五十个以下股东出资设立。"

④ 《公司法》第一百六十六条规定："公司分配当年税后利润时，应当提取利润的百分之十列入公司法定公积金。公司法定公积金累计额为公司注册资本的百分之五十以上的，可以不再提取。公司的法定公积金不足以弥补以前年度亏损的，在依照前款规定提取法定公积金之前，应当先用当年利润弥补亏损。公司从税后利润中提取法定公积金后，经股东会或者股东大会决议，还可以从税后利润中提取任意公积金。公司弥补亏损和提取公积金后所余税后利润，有限责任公司依照本法第三十四条的规定分配；股份有限公司按照股东持有的股份比例分配，但股份有限公司章程规定不按持股比例分配的除外。股东会、股东大会或者董事会违反前款规定，在公司弥补亏损和提取法定公积金之前向股东分配利润的，股东必须将违反规定分配的利润退还公司。公司持有的本公司股份不得分配利润。"

事项通过比例进行合法且高效的设计，否则会导致决策效率低的问题。

2. 有限合伙企业

通过有限合伙企业持股，由公司股东设立有限责任公司与激励对象签署合伙协议，并根据《合伙企业法》[①] 等规定组成有限合伙企业。有限合伙企业的股东可以分为普通合伙人及有限合伙人。其中，普通合伙人承担无限责任，有限合伙人以出资为限承担有限责任，有限合伙人不参与合伙企业管理，不对外代表合伙企业。一般情况下，激励对象往往作为有限合伙人，有限合伙企业的普通合伙人由公司实际控制人成立的有限责任公司担任，并作为执行事务合伙人负责有限合伙企业持股平台合伙事务的决策。

有限合伙企业持股平台的优势及劣势如下：

1. 优势

（1）税务较轻，不存在被双重征税的问题。按照目前我国相关税收法律法规的规定，有限合伙企业不需要缴纳企业所得税，采用“先分后税”的缴税方式。如有些区域有优惠政策，合伙企业的自然人合伙人可依照个人所得税5%—35%的超额累计税率计征个人所得税[②]。

（2）有限合伙企业设立程序简单，且出资方式多样化，员工可采用劳务出资[③]，符合公司员工的工作状态，对于员工的额外负担较小。

（3）合伙人之间的权利义务关系及收益分配方式可以通过合伙协议进行约

---

① 《合伙企业法》第二条规定：“本法所称合伙企业，是指自然人、法人和其他组织依照本法在中国境内设立的普通合伙企业和有限合伙企业。普通合伙企业由普通合伙人组成，合伙人对合伙企业债务承担无限连带责任。本法对普通合伙人承担责任的形式有特别规定的，从其规定。有限合伙企业由普通合伙人和有限合伙人组成，普通合伙人对合伙企业债务承担无限连带责任，有限合伙人以其认缴的出资额为限对合伙企业债务承担责任。”第六十七条规定：“有限合伙企业由普通合伙人执行合伙事务。执行事务合伙人可以要求在合伙协议中确定执行事务的报酬及报酬提取方式。”

② 《关于个人独资企业和合伙企业投资者征收个人所得税的规定》第四条规定：“个人独资企业和合伙企业（以下简称企业）每一纳税年度的收入总额减除成本、费用以及损失后的余额，作为投资者个人的生产经营所得，比照个人所得税法的‘个体工商户的生产经营所得’应税项目，适用5%～35%的五级超额累进税率，计算征收个人所得税。”《个人所得税法》第三条规定：“个人所得税的税率：（一）综合所得，适用百分之三至百分之四十五的超额累进税率（税率表附后）；（二）经营所得，适用百分之五至百分之三十五的超额累进税率（税率表附后）；（三）利息、股息、红利所得，财产租赁所得，财产转让所得和偶然所得，适用比例税率，税率为百分之二十。”

③ 《合伙企业法》第十六条规定：“合伙人可以用货币、实物、知识产权、土地使用权或者其他财产权利出资，也可以用劳务出资。合伙人以实物、知识产权、土地使用权或者其他财产权利出资，需要评估作价的，可以由全体合伙人协商确定，也可以由全体合伙人委托法定评估机构评估。合伙人以劳务出资的，其评估办法由全体合伙人协商确定，并在合伙协议中载明。”

定，因此股权激励方案自主决定权较大且灵活度高，公司与员工可以协商沟通合适的激励利益分配方案。

（4）入伙及退伙机制简单，便于在激励对象发生变动时，进行灵活调整。

（5）可以通过合伙协议的安排，将有限合伙企业的决策权集中于普通合伙人，普通合伙人在大多数情况下可以直接作出决策，减少公司员工作为持股平台股东的负担。一般而言，员工都是持股平台的有限合伙人，享有利益但不参与合伙企业持股平台的管理，也可以让员工专注于本职工作，发挥股权激励的作用。

（6）公司实际控制人可以通过少量的资金成为有限合伙企业持股平台唯一普通合伙人的方式控制有限合伙企业持股平台，这样在公司召开股东会时，持股平台作为公司股东的投票权实际上还是由公司控制。公司不用担心股权激励影响其对公司股权的控制。此外，为了避免自然人普通合伙人承担无限连带责任，建议公司实际控制人成立一家有限责任公司（最好为两人有限公司）作为有限合伙企业的普通合伙人，以达到风险隔离的目的。最终，当实际控制人控制的有限公司作为有限合伙企业持股平台的唯一普通合伙人时，就可以通过较小的合伙财产份额掌握该有限合伙企业的控制权。

2. 劣势

（1）法律规定不够完善。相较于有限责任公司，我国对于合伙制度的法律规定并不详尽、完善，关于有限合伙企业持股平台的管理基本依靠“人”治，而非“法”治，即使有合伙协议也依旧是各方约定的内容，容易出现疏忽，对激励对象以及对公司都是潜在的风险。

（2）税收优惠政策不明确。例如，根据《关于个人独资企业和合伙企业投资者征收个人所得税的规定》的相关规定，合伙企业作为持股平台或者按照个体工商户税率缴纳个人所得税的情况下，税率可能达到35%①。

（3）如果员工作为持股平台的普通合伙人，则需要对有限合伙企业持股平

① 《关于个人独资企业和合伙企业投资者征收个人所得税的规定》第四条规定：“个人独资企业和合伙企业（以下简称企业）每一纳税年度的收入总额减除成本、费用以及损失后的余额，作为投资者个人的生产经营所得，比照个人所得税法的‘个体工商户的生产经营所得’应税项目，适用5%～35%的五级超额累进税率，计算征收个人所得税。”《个人所得税法》第三条规定：“个人所得税的税率：（一）综合所得，适用百分之三至百分之四十五的超额累进税率（税率表附后）；（二）经营所得，适用百分之五至百分之三十五的超额累进税率（税率表附后）；（三）利息、股息、红利所得，财产租赁所得，财产转让所得和偶然所得，适用比例税率，税率为百分之二十。”

台承担无限连带责任，容易加重激励对象的负担，减弱股权激励促进员工积极性的作用。

通过对比有限责任公司持股平台与有限合伙企业持股平台，我们可以总结出以下几点异同：其一，就设立门槛而言，两者较为类似，没有特别的要求。其二，就可承受股东数量而言，两者较为相似，有限责任公司和有限合伙企业都存在 50 人的上限。其三，就债务承担而言，有限责任公司的出资者在出资范围内承担有限责任，而在有限合伙企业中，普通合伙人承担无限责任，有限合伙人就认缴出资额为限承担有限责任。其四，就税务承担而言，有限责任公司存在双重征税，有限合伙企业在合伙企业层面不征税，而是在合伙人层面缴纳税金。其五，就持股平台作出决定而言，有限责任公司需要做出股东决定或股东会决议，而有限合伙企业的大部分事项可以协议约定由普通合伙人作出决定。

四、中介服务机构

股权激励制度的重点在于激励，而不仅仅是对公司股权的分配。股权激励方案的设计是为了将员工的利益与公司的长期发展进行绑定，一套行之有效的股权激励方案的设计和实施离不开专业机构的支持。在股权激励项目中，主要的中介机构有律师事务所、会计师事务所、评估机构、人力资源公司，对上市公司而言还需要聘请保荐机构即证券公司。

具体而言，律师事务所能够帮助企业制定合法有效的股权激励方案，并且上市公司实施股权激励，需要聘请律师事务所出具法律意见书；会计师事务所及评估机构通过对公司开展审计及评估工作，确定公司股权的实际价值，以明确股权激励的定价。特别是对于非上市公司来说，其股权价格未经审计或评估是无法确定市场价格的；人力资源公司可以帮助公司进行岗位评估，来判断公司具体岗位的价值，以及相邻岗位之间的价值差距，同时梳理岗位职能，并进行评级及赋值，最终科学地确定公司可以参与股权激励的人员范围。

在上市公司股权激励的情景下，根据《上市公司股权激励管理办法》①，上市公司实行股权激励，董事会及监事会认为有必要的，可以建议上市公司聘请

① 《上市公司股权激励管理办法》第三十五条规定："独立董事及监事会应当就股权激励计划草案是否有利于上市公司的持续发展，是否存在明显损害上市公司及全体股东利益的情形发表意见。独立董事或监事会认为有必要的，可以建议上市公司聘请独立财务顾问，对股权激励计划的可行性、是否有利于上市公司的持续发展、是否损害上市公司利益以及对股东利益的影响发表专业意见。上市公司未按照建议聘请独立财务顾问的，应当就此事项作特别说明。"

独立财务顾问。如果上市公司未按照建议聘请独立财务顾问，应当就此作特别说明。所谓独立财务顾问，指的就是具有保荐资质的证券公司。同时，根据《上市公司股权激励管理办法》第三十九条的规定，上市公司实行股权激励应当聘请律师事务所对股权激励计划出具法律意见书，并至少对如下事项发表专业意见：(1) 上市公司是否符合本办法规定的实行股权激励的条件；(2) 股权激励计划的内容是否符合本办法的规定；(3) 股权激励计划的拟订、审议、公示等程序是否符合本办法的规定；(4) 股权激励对象的确定是否符合本办法及相关法律法规的规定；(5) 上市公司是否已按照中国证监会的相关要求履行信息披露义务；(6) 上市公司是否为激励对象提供财务资助；(7) 股权激励计划是否存在明显损害上市公司及全体股东利益和违反有关法律、行政法规的情形；(8) 拟作为激励对象的董事或与其存在关联关系的董事是否根据本办法的规定进行了回避；(9) 其他应当说明的事项。

可以看出，在上市公司实施股权激励的过程中，中介服务机构尤其是律师事务所发挥着较为重要的功能与作用，可以为上市公司的股权激励计划保驾护航。

第三节　股权激励业务中的主要法律关系

一、实施股权激励的主体与激励对象的法律关系

激励对象可以包括公司的董事、高级管理人员、监事（上市公司不可以）核心技术人员、核心业务人员等，激励对象与实施股权激励的主体之间既可以是劳动关系，也可以是非劳动关系。激励对象对公司，可以直接持有其股权，亦可以间接持有其股权。所以，可以区分以下两个角度来讨论实施股权激励主体与激励对象之间的法律关系。

（一）从激励对象身份的角度

1. 劳动关系

如激励对象为股权激励实施主体即公司的员工，与公司签订了《劳动合同》，则该激励对象与股权激励实施主体之间系劳动关系。劳动关系是劳动者与用人单位建立的法律关系，劳动者接受用人单位的管理，从事用人单位安排的

工作，成为用人单位员工，从用人单位领取劳动报酬和接受劳动保护。

2. 非劳动关系

在董事作为激励对象时，对于未与公司建立劳动合同关系的董事来说，其与公司之间的法律关系并非劳动关系。董事是基于《公司法》及公司章程为保障公司治理和运行设置的职务，其任免、职权和职责均为《公司法》以及公司章程所明确。《公司法》第六章“公司董事、监事、高级管理人员的资格和义务”，对公司董事的任职资格、职责、义务进行了专门的规定。

董事与公司之间法律关系的确定和劳动者与公司之间法律关系的确定不同，确定董事身份的依据是公司章程、股东会决议和股东的委派文件等。目前的司法实践认为董事与公司之间构成委托合同关系。根据最高人民法院判决的（2020）最高法民再50号案件的裁判要旨，公司依据章程规定及股东会决议聘任董事行使法定职权，董事同意任职并依法开展委托事项，公司与董事之间形成委任关系，从双方法律行为角度来看实为委托合同关系。公司与董事之间形成委任关系并不排斥劳动合同关系的存在，二者符合特定条件时可同时构成《劳动法》上的劳动合同关系。根据公司法的相关规定①，在两个以上的国有企业或者两个以上的其他国有投资主体投资设立的有限责任公司中，职工作为公司董事与公司建立的是劳动关系，董事与公司之间可以形成劳动关系，因此劳动关系与委任关系并非不能兼容，也并非绝对排斥。

综上，并不是说不具有非劳动关系就无法参与股权激励，在具有特殊身份的情况下亦可参与股权激励。

（二）从持股方式角度

1. 直接持股

如果公司通过让激励对象直接持有公司股权的方式来实施股权激励，则激励对象与公司之间除了上文论述的劳动关系或委托合同关系外，激励对象还是公司的股东。股东与公司之间的法律关系具有多重属性。首先，从主体上来说，股东与公司是不同且相互独立的主体，公司具有独立的法人人格。其次，从产

---

① 《公司法》第四十四条规定：“有限责任公司设董事会，其成员为三人至十三人；但是，本法第五十条另有规定的除外。两个以上的国有企业或者两个以上的其他国有投资主体投资设立的有限责任公司，其董事会成员中应当有公司职工代表；其他有限责任公司董事会成员中可以有公司职工代表。董事会中的职工代表由公司职工通过职工代表大会、职工大会或者其他形式民主选举产生。董事会设董事长一人，可以设副董事长。董事长、副董事长的产生办法由公司章程规定。”

权关系上来说，股东的股权与法人股东的财产权是两种性质不同且相互独立的财产权，即公司股权的所有权属于股东，但公司财产的所有权属于公司。最后，从责任关系上来说，股东以其出资或认购的股份为限对公司承担责任，公司以其全部的财产对外承担责任。公司作为独立的法人主体，具有独立承担责任的能力。

2. 间接持股

如果公司通过搭建持股平台的方式来实施股权激励，即设立有限合伙企业或有限责任公司，由有限合伙企业或有限责任公司来持有公司的股权，则激励对象系通过持有持股平台的合伙份额或股权来间接地持有公司的股权。在此种情况下，持股平台是公司的股东，而激励对象是持股平台的合伙份额持有人或股东。

二、实施股权激励的主体与持股平台的法律关系

实施股权激励的主体通过搭建持股平台的方式来实施股权激励，持股平台持有实施股权激励的主体的股权，持股平台系股权激励实施主体的股东。也就是说，持股平台作为激励的主体的股东，从主体公司分取收益之后，再向激励对象进行二次分配。

三、实施股权激励的主体与中介服务机构的法律关系

公司拟实施股权激励，特别是上市公司实施股权激励，需要聘请律师事务所、会计师事务所、评估机构、人力资源公司、证券公司等中介机构，来提供相关专业服务，以制定出一套行之有效的股权激励方案。聘请上述中介机构，均通过实施股权激励的主体与中介服务机构签署相关委托协议、服务协议等方式进行。故，实施股权激励的主体与中介机构之间系委托合同关系。

四、激励对象与持股平台的法律关系

实施股权激励的主体通过搭建持股平台的方式来实施股权激励，激励对象通过持有持股平台的股权的方式间接持有股权激励实施主体的股权，激励对象系持股平台的股东，持股平台直接向激励对象分配利益。

· 第四章 ·

股权激励的实施

第一节　股权激励方案的制定

一、股权激励方案制定的意义

无规矩不成方圆，股权激励方案的制定是对公司激励员工，实现股权激励目的的重要保障，也是公司实施股权激励的重要前提。

一方面，各地针对不同公司或者不同地区的股权激励出台了相关股权激励规范文件，如上海市人民政府关于批转市发展改革委等六部门制订的《张江国家自主创新示范区企业股权和分红激励办法》、山东省人民政府国有资产监督管理委员会发布的《山东省人民政府办公厅关于推进省属企业上市公司实施股权激励的意见》（鲁政办字〔2018〕225 号）、湖北省人民政府国资委印发的《湖北省国资委出资企业实施股权激励暂行办法》等。该等规定就特定区域的不同类型公司股权激励提供了一定的指导和规范，为探索建立企业中长期激励约束机制，充分调动企业负责人、核心技术人员和管理骨干的积极性、主动性和创造性，促进企业加快发展提供了法律法规规范的指引。另一方面，就一个公司的内部机制运作而言，股权激励方案的制定是公司内部管理的制度依据，也是公司贯彻和落实员工激励的体现，没有制定股权激励方案的公司，必然造成公司员工激励的混乱，未制定良好的员工激励方案，不仅使得员工激励的效果无法实现，更有甚者可能导致员工矛盾以及引发相关的法律风险，对公司造成危害。

因此，股权激励是公司与员工友好合作共同促进公司长远向上发展的积极举措。而为了更好地贯彻和实施这一积极举措，则需要公司选择并制定出适宜公司和员工的股权激励方案，进而达到股权激励的效果。

二、股权激励方案制定原则

股权激励方案的制定是公司落实员工激励的重要环节，是公司留住员工、吸引人才的重要手段，亦是公司治理健康发展的重要过程，可以真正促进公司良性发展。尽管不同类型的公司或不同发展阶段的公司会制定不同的股权激励方案，但是，在股权激励方案的制定和实施过程中，公司与员工应当遵循以下主要的基本原则。

（一）自愿参与原则

股权激励方案的制定过程，实际上是公司与员工基于各自的发展需求共同制作完成的，因此股权激励方案实质上是公司与员工就股权激励相关事项的安排达成的合意，从这一角度而言，股权激励方案的制定应当坚持一个基本原则即自愿原则。一方面，对于公司而言，其进行股权激励是公司自主决定和选择的；另一方面，对于员工而言，其参与并自觉遵守股权激励方案是出于自主和自愿的，对于签署相关的协议文件亦为在充分理解和知悉相关的权利义务的前提下进行的。进一步来说，员工是否参与股权激励计划，公司层面不能强迫或者变相强迫，对于不参加股权激励的员工不能在例如员工涨薪、升职时进行区别对待。强迫参加的股权激励计划，对员工是没有吸引力的，是无法成为员工为公司献计策、谋发展的动力的。

因此，在自愿参与股权激励计划的原则指导下，就需要公司根据公司现状，制定出合理且有吸引力的股权激励方案，既能吸引和保留公司核心员工，又能对公司其他的员工予以激励，促进公司发展。

（二）风险自担原则

股权激励方案的制定主要围绕对员工予以股权方面的激励，显然，股权并非金钱，也并非现时既存的收益的承诺，其对于员工而言实质上仍属于一种“投资”。尽管是一种激励，实际上，这种激励可能伴随着未来公司良好发展而使得员工享有收益，完成激励；同时也可能由于公司发展不利，员工无法获取收益甚至亏损。投资必然伴随着风险，因此，在股权激励方案的制定中，无论是员工还是公司，均伴随着风险，而各方在股权激励方案制定和实施过程中都需自担风险。

（三）合法合规原则

股权激励由公司制定，实施于公司和员工之间，无论公司还是员工均应遵守法律法规的规定，包括《民法典》《公司法》等相关的法律法规以及规范性文件，同时，公司章程作为公司内部的制度基础，股权激励方案的制定也需要遵守其规定。进一步举例来说，《上市公司股权激励管理办法》是为了进一步促进上市公司建立健全激励与约束机制而制定的办法，其中对于上市公司股权激励的模式，授予权益的价格、授予的程序以及其他方面都作了明确具体的规定，对于上市公司股权激励具有指引和规范作用。合法合规原则不可突破，否则公司的股权激励方案是无法通过证监会的备案或审批的，甚至，公司还有可能因此受到证监会的处罚。另外，对于国有控股上市公司而言，除了需要遵守前述《上市公司股权激励管理办法》外，还需要遵守国资委有关文件的规定，如《国有控股上市公司（境内）实施股权激励试行办法》（国资发分配〔2006〕175 号）、《关于严格规范国有控股上市公司（境外）实施股权激励有关事项的通知》（国资发分配〔2007〕168 号）、《国务院国有资产监督管理委员会关于规范国有企业职工持股、投资的意见》（国资发改革〔2008〕139 号）、《关于规范国有控股上市公司实施股权激励制度有关问题的通知》（国资发分配〔2008〕171 号）等。

如今有很多企业在全国中小企业股份转让系统挂牌出让股份。新三板挂牌企业虽然不是严格意义上的上市公司，但是它实施股权激励也会受到新三板挂牌公司的交易规则和相关文件的约束。举例来说，若采用定向发行股票作为股票来源，每次定向发行的人数不能超过 35 人（除了公司原股东）①。也就是说，公司如果采用定增方式进行激励，激励对象人数不可以超过 35 人。另一个是持股平台，包括有限责任公司、有限合伙企业，持股平台是不能参与新三板挂牌企业定向发行的。

对于非上市公司，包括股份有限公司、有限责任公司，股权激励没有什么特别的限制性规定。但是，方案本身的合法性需要注意，应该符合《公司法》还有《民法典》合同编、《劳动法》的有关规定。

合法合规原则是股权激励方案设计、股权激励方案实施所应遵守的最基本原则。任何企业实施股权激励计划时，都应该严格遵守国家关于股权激励、股份支付的财税方面的法律、法规。任何激励方案如果违反了法律的规定、违背了规范的要求，很可能在法律上是无效的。不但不能达到股权激励的目的，还

---

① 《非上市公众公司监督管理办法》第四十二条规定："本办法所称定向发行包括股份有限公司向特定对象发行股票导致股东累计超过 200 人，以及公众公司向特定对象发行股票两种情形。前款所称特定对象的范围包括下列机构或者自然人：（一）公司股东；（二）公司的董事、监事、高级管理人员、核心员工；（三）符合投资者适当性管理规定的自然人投资者、法人投资者及其他经济组织。股票未公开转让的公司确定发行对象时，符合本条第二款第（三）项规定的投资者合计不得超过 35 名。核心员工的认定，应当由公司董事会提名，并向全体员工公示和征求意见，由监事会发表明确意见后，经股东大会审议批准。投资者适当性管理规定由中国证监会另行制定。"

会给公司和激励对象带来一定的损失，也为双方之间埋下纠纷隐患。

（四）激励与制约相结合原则

授予员工股权，使公司员工享有同公司股东同等地位的权利，也是公司给予员工激励的重要方式。但应当予以注意的是，基于股权激励本身的目的和公司发展需求，作为同时具备公司员工和股东双重身份的员工，其权利与一般的股东应有区别，即在对员工落实激励方案时，也对员工设置了包括业绩考核等限制，在员工满足条件时才可能享受相应的激励政策，同时，基于该等股权为员工激励，则持有股权的员工在转让、退出等方面也必然受到一定的限制。

（五）因时制宜原则

股权激励方案的设计是一种规则的制定，无论在方案制定时怎样考虑未来公司的发展方向，都不可能尽善尽美地完全涵盖公司发展过程中遇到的各种状况，规则制定本身就具有一定的滞后性，基于外界环境变化和公司自身成长的要求，公司总是在不断的发展中呈现出动态的变化。公司的不同发展阶段对于员工的激励需求不同，初创期的公司与成熟期的公司，发展良好的公司和经营状况不佳的公司实行的股权激励方案应是不同的，其不同的方面也表现为多个，如股权的价格，员工持股的数量等，均根据公司发展程度和现状的不同而不同。此时需要公司根据自身的发展状况对股权激励方案予以适当调整，从而使得公司的发展与股权激励方案共同发展变化，在达到公司福利与员工共享的同时，促进公司稳定发展。

三、股权激励方案制定的影响要素

股权激励制定是一个整体的系统工程，为公司战略与发展服务，不同阶段采取不同模式，才能更好地实现激励员工的效果。因此，股权激励方案的制定上，公司不能盲目地选择进行股权激励，需要综合多方面因素考虑才能做出最后的判断，主要的因素包括以下几个方面。

（一）行业属性

并非所有公司均会实行股权激励政策，不同的行业对于股权激励的需求不同。股权激励的实质是员工激励的必要性，在对于不同的行业是否需要进行股权激励的研判上，只有员工或者员工的技能对处于该行业的企业而言足够重要才有激励的必要性。因此，实践中对于高科技、互联网等依靠员工智力成果或智力服务运作的行业更多地实施股权激励。这是由于高科技、互联网等企业是以人力资本、知识资本为核心资源的，具有高风险、高投入、高成长、经营灵活等特点，这些内在的特性决定了高科技企业较之其他类型的企业更适合推行股权激励机制。另外，由于高科技企业强调科研和创新，并且，科研人员的绩效一般也需要通过比较长的时间才能够显现。因此，在激励对象的选择上，除了要对股东进行激励外，科技研发人员也同样是激励的重点对象。又如，对于制造业企业来说，管理、生产和销售的重合区域的人员是股权激励的重点对象。而对于单纯的管理人员，可以用薪酬加绩效解决，不需要做股权激励；对于单纯的生产人员，可以采用“工资＋计件提成”的方式，也不需要做股权激励；对于单纯的销售人员，即公司的业务人员，可以采取“工资＋销售＋提成”，亦不需要做股权激励。因此，公司是否需要进行股权激励，需要制定什么样的股权激励方案，与公司所属的行业的特性有很大的关系。

（二）公司发展前景

对于公司而言，给予员工股权激励的初衷在于实现公司与员工共同发展，并与员工分享公司良好发展带来的利益成果。在公司制定股权激励方案的过程中应当充分考虑公司未来发展前景。对于发展前景欠佳的公司来说，盲目制定股权激励方案对于员工的激励作用无疑是形式化的，企图以股权激励员工最终只能适得其反。同时，制定股权激励计划时应当充分考虑公司的战略定位，考虑企业的生命周期特点、盈利状况以及中长期战略目标，引领被激励者朝着正确的战略经营方向前行。

（三）人员流动性

人员流动问题是影响公司稳定发展的重要因素，员工是公司价值产生的重要核心，而公司的核心员工对于公司而言更可能是人力财富。对于一个人员流动性大的公司而言，特别是公司董事、高级管理人员，以及对公司未来发展有直接影响的管理骨干和核心技术人员等人员的频繁流动极有可能影响到公司的业务经营，甚至可能基于该等核心人员的流失导致公司走向灭亡，此时需要以包括但不限于股权激励的方式去留住人才。

（四）发展时机

公司不同的阶段要采取不同的股权激励策略，并抓住股权激励中的关键点，才可以起到事半功倍的效果。若在实施公司股权激励的过程中，没有根据公司发展现状和时期制定出适合公司的周密的股权激励方案，股权激励方案不合理或无法兑现，对核心员工的稳定性以及公司本身的发展都会有很大影响。

四、股权激励方案的制定流程

（一）前期准备

股权激励方案的制定并非一日之功，如前文所述，股权激励的制定需要考虑相关的重要因素，因此公司在制定股权激励方案前需要针对公司的实际情况做足前期准备，包括公司内部管理层关于股权激励的基本方向和计划、员工思想及对于股权激励意愿的了解、公司股权情况及对于公司的财务情况的了解等。除做足这些准备工作之外，在实操中，公司内部还需要成立具体策划和操作股权激励事宜的工作小组，将公司股权激励方案的制定和实施落实到位。就外部而言，为了更充分地了解公司各方面情况可能还需要外聘包括法律、财务以及人力等专业工作团队对公司的基本情况进行梳理，为公司制定的股权激励方案的合理性和可行性把关。

（二）尽职调查

1. 信息收集与分析

对公司信息不了解，往往会导致股权激励方案不公平，或者可执行性不强，或者因为违反法律法规而无效。因此，为了给公司设计一个合适的、能达到激励效果的方案，在方案设计之前需要由财务、人力以及法律等专业团队对公司当前的基本状况进行基本的了解和梳理。其中，专业的法律团队对公司进行尽职调查，对公司的合法合规情况进行分析，最终制定出合法合规的股权激励方案是股权激励方案的制定和执行的必要环节。具体而言，专业的法律团队在前期尽职调查阶段需要重点关注的事项主要包括以下几个方面：

（1）对公司管理层人员及主要核心员工进行访谈，了解公司管理层人员与公司员工各自的情况，包括职业规划、对于股权激励的态度等。整体了解公司人员基本情况，为公司股权激励方案的制定和实施可能性进行初步衡量。

（2）收集拟实施股权激励公司的资料和企业资信情况、经营能力、股权结构、人员构成、治理结构、行业特征等信息，在此基础上进行信息整理和分析，从公司经营的市场风险方面考察有无重大障碍影响股权激励操作的正常进行。

（3）综合研究相关法律、法规、企业政策，对公司拟设计的股权激励方向或者计划的可行性进行法律论证，寻求相应激励的法律依据。

（4）就股权激励可能涉及的具体行政程序进行调查，例如是否违反我国股权变更、国有股减持的政策法规，可能产生怎样的法律后果；是否需要经当地政府批准或进行事先报告，地方政策对同类激励方案有无倾向性态度等各方面，确保股权激励方案最终得以落地实施。

2. 调查的主要内容

专业的法律团队对拟实施股权激励的公司进行法律方面尽职调查时的主要内容如下：

（1）拟实施股权激励公司设立及变更的有关文件，包括公司营业执照、工商登记材料及相关主管机关的批复或决定文件；

（2）拟实施股权激励公司的公司章程及其修正案、议事规则及公司各方面的规章制度；

（3）拟实施股权激励公司的股权结构、股东出资及实缴情况；

（4）拟实施股权激励公司的组织机构，股东会、董事会、经理层组织设立情况以及职责规范情况；

（5）拟实施股权激励公司的主要业务、特殊资质、证照及业务经营情况；

（6）拟实施股权激励公司最近经审计的财务报告以及公司最新的财务数据情况；

（7）拟实施股权激励公司全体人员构成情况、公司高级管理人员是否持有公司股权及持股情况，以及现有的薪酬政策、激励策略和薪酬水平，包括但不限于管理人员与技术、业务骨干的职务、薪金、福利，其他人员的职务、薪金、福利等；

（8）拟实施股权激励公司现有的激励制度和绩效考核标准，实际运行的效果及存在的主要问题；

（9）拟实施股权激励公司与职工签订的劳动合同、保密协议、竞争限制协议等相关协议；

（10）股权激励的制定和实施可能涉及公司的内部决策文件，包括但不限于本公司股东会或董事会决议、上级主管部门的文件、中央及地方相关的股权激励政策等；

（11）拟实施股权激励公司实行股权激励的范围、对象、基本情况、拟实现目标及初步思路；

（12）拟实施股权激励公司对股权激励的基本要求及针对性要求，例如操作模式、实施期间、股权归属方式、激励基金的提取条件、计划的终止条件等；

（13）拟实施股权激励公司认为股权激励应关注的重点问题和可能的障碍；

（14）激励方案制定所需要的其他资料。

（三）股权激励方案设计

根据前期的公司财务、人力以及法律等各方面的调研、分析并结合公司所处的行业环境、公司未来资本运作规划、实际控制人的计划以及所欲达到的员工激励的效果，制定出公司股权激励的初步方案。该方案作为股权激励方案的雏形，会由公司实际控制人、核心股东以及相关决策机构进行决策商讨，最终商定出符合公司发展和员工需求的股权激励方案。

实践中，通常的股权激励方案的制定主要包括以下八个要素的确定：激励对象、激励模式、激励额度、激励股权的价格、激励股权及股权激励资金的来源、激励计划时间安排、激励计划约束条件、激励计划调整机制。

1. 股权激励对象

对于上市公司，《上市公司股权激励管理办法》第八条对股权激励的对象作出了规定，即激励对象可以包括上市公司的董事、高级管理人员、核心技术人员或者核心业务人员，以及公司认为应当激励的对公司经营业绩和未来发展有直接影响的其他员工，但不应当包括独立董事和监事。外籍员工任职上市公司董事、高级管理人员、核心技术人员或者核心业务人员的，可以成为激励对象。

单独或合计持有上市公司5%以上股份的股东或实际控制人及其配偶、父母、子女，不得成为激励对象。下列人员也不得成为激励对象：（1）最近12个月内被证券交易所认定为不适当人选；（2）最近12个月内被中国证监会及其派出机构认定为不适当人选；（3）最近12个月内因重大违法违规行为被中国证监会及其派出机构行政处罚或者采取市场禁入措施；（4）具有《公司法》规定的不得担任公司董事、高级管理人员情形的；（5）法律法规规定不得参与上市公司股权激励的；（6）中国证监会认定的其他情形。

对于非上市公司，法律没有明确规定，基于“法无禁止即可为”的原则，非上市公司的激励对象可以由企业根据自身的情况进行自由选择。上述关于上市公司激励对象的规定也为其提供了参考，如公司的董事、高级管理人员、核心技术人员或者核心业务人员，以及公司认为应当激励的对公司经营业绩和未来发展有直接影响的其他员工。

综上可以看出，公司股权激励的对象主要是公司员工，具体而言主要包括：（1）董事、监事（上市公司受到限制）、高级管理人员；（2）掌握核心技术、工作内容与技术研发相关的员工，例如研发总监、高级工程师、技术负责人等；（3）掌握关键运营资源、工作内容与市场相关的员工，例如市场总监、核心项目经理等；（4）掌握重要销售渠道、拥有大客户的员工，例如销售总监、区域负责人等。

同时，选择股权激励对象，不能简单地对人员进行“一刀切”，需要结合公司实际的人员情况，确定参与股权激励计划的员工的范围。在选择激励对象时要同时从岗位价值、人员素质能力水平、激励对象的忠诚度和人员对公司历史贡献和未来的发展潜力等角度进行综合的判断和评估。例如，从岗位价值角度来看，激励对象应当选择被认为有很大价值和影响的人员，其对于公司的发展起着重要甚至不可或缺的作用；从人员素质能力水平来看，激励对象应当具有可替代性弱的特点，即激励对象具有稀缺性和价值性，其工作不能被他人很快地替代，培养这样的人才需要耗费很长的时间和精力。除此之外，选择激励对象时，还要满足职级的要求，工作难易程度、责任轻重以及所需的资格条件相同或充分相似的职系的集合，企业可以运用“岗位价值评估”工具进行岗位相对价值的评估和判断，在满足股权激励的要求，各方面情形都相同或相似时，对于同等岗位的员工，应当给予同等的待遇。原则上同岗位上满足条件的员工应当全部纳入激励计划，尽量一视同仁，避免厚此薄彼，造成某些员工心理不平衡，从而产生异常心理，不利于公司形成凝聚力和向心力。

在选择股权激励计划的对象时，还应当注重划分标准的统一，进行人员划分时，被划入范围的人往往感受到被认可，能够产生激励的作用；而没有被划入范围的人，尤其是处于划分范围边缘的人，往往会产生负面情绪，这种负面情绪的积压不仅会影响相关工作的进行，还会导致公司内部员工不团结，对公司的发展造成负面影响。同时还应当注意，在划定股权激励对象的范围时，不宜过大，实践中只有很小一部分企业采用全员持股的形式。原则上并不建议企业圈定过大范围的激励对象，人人都有股份，就等于人人都没有股份，这会极大地削弱股权激励本身的作用和目的。

2. 股权激励模式

股权激励的模式一般分为两大类，即权益结算类（实股）和现金结算类（虚拟股）。权益结算类中的常用模式包括股权期权、限制性股权、业绩股票、员工持股计划等，这种激励模式的优点是激励对象可以获得真实的股权，公司不需要支付大笔现金，有时还能获得资金流入，因此有利于公司积累和壮大，同时由于激励对象获得股权需要支付金钱对价，因此会对获得的股权倍加珍视，有利于充分调动激励对象的积极性。缺点是公司股本结构需要变动，原股东持股比例可能会被稀释。现金结算类中常用的模式包括股票增值权、虚拟股权计划、业绩单元、利润分享计划等，这种激励模式的优点是收益与公司的业绩挂钩，不会影响公司的总资本和股本结构，原有股东股权比例不会被稀释，设置灵活、方便管理。缺点是激励对象的分红意愿强烈，公司需要以现金形式支付，现金流压力较大，并且激励对象注重短期利益，容易导致寻租行为的发生以及领导决策的短视化，同时由于激励对象并不能真正地取得股权，对于激励对象的激励作用有所减弱。

如上文所述，拟制定股权激励方案的公司可适用的股权激励模式多种多样，每种激励模式都有其优点与不足之处，从我国现行法律规定和实践操作来看，限制性股权、股权期权和虚拟股权激励是现在公司股权激励计划的主要模式。而现实中每个企业的情况也各不相同，不同的公司可以借鉴并改造上述模式，使其成为适合自身的股权激励方式。一般情况下，确定公司的股权激励模式时需要考量主要涉及激励对象人数、对现有股东权益的影响、公司所处的发展阶段、公司所有权的性质、公司目前的经营与财务状况等因素。同时，也正是涉及该等因素，才要求公司在制定股权激励方案前对自身进行全面的尽职调查，分析前述所涉及因素是否存在问题以及是否适宜股权激励。

3. 股权激励额度

股权激励额度包括激励总额度和个人额度。即公司准备用于股权激励的股权数额的总量和每个股权激励对象获得的股权数量。对于非上市公司的股权激励总额度，法律并没有强制性规定，公司可以根据需要自由设计，只要股东会、股东大会通过即可。对于上市公司，《上市公司股权激励管理办法》第十四条规定："上市公司可以同时实行多期股权激励计划。同时实行多期股权激励计划的，各期激励计划设立的公司业绩指标应当保持可比性，后期激励计划的公司业绩指标低于前期激励计划的，上市公司应当充分说明其原因与合理性。上市公司全部在有效期内的股权激励计划所涉及的标的股票总数累计不得超过公司股本总额的10%。非经股东大会特别决议批准，任何一名激励对象通过全部在有效期内的股权激励计划获授的本公司股票，累计不得超过公司股本总额的

1%。"该规定对于上市公司股权激励的额度进行了严格的限制，这一比例限制主要考虑到上市公司需兼顾投资者利益，过多将股本用于股权激励不利于股票的流通，同时也会稀释投资者持有该上市公司股份的权益。

除了要满足上述法律规定的要求，公司在设计股权激励总额度和个人额度时还需要考量激励对象的范围和人数、员工的收入情况，企业的注册资本、股权结构、出资情况以及企业的整体薪酬规划、企业控制权及资本战略、企业的规模与净资产等因素。

具体来说，公司在确定总额度时，应当综合考虑以下八个因素：(1) 公司的资本战略；(2) 同行业最主要竞争对手的情况；(3) 人力资本依附性；(4) 控制权安排的角度；(5) 公司的资产规模；(6) 公司其他的福利待遇；(7) 公司留存的激励股票（份）数量；(8) 激励对象每年预期的最低和最高业绩标准。以上八个因素是从公司角度出发制定期权授予额度的依据，其中资本战略、同行业对手的情况、人力资本依附性和控制权安排是最为关键的。除此之外，公司在确定股权激励总量的时候，还应当考虑所在国家对于授予额度的限制，即要满足上文中所提到的《上市公司股权激励管理办法》第十四条的规定。

在确定个人获取股权激励数量的时候，也要综合考虑以下七个因素：(1) 公司业绩对于激励对象的依赖程度；(2) 竞争企业同类人才授予数量；(3) 业绩表现、工作的重要性，即工作的可替代性；(4) 职位；(5) 在公司的工作年限；(6) 预期的期权收益与其他员工之间的差距；(7) 职称和学历。

4. 股权激励标的价格

股权激励标的价格是指激励对象为了获得激励标的而需要支付的对价。对于激励对象来说，激励标的的价格越低对其越有利。但是，激励标的的价格过低会有损股东利益。因此，在确定激励标的的价格时，既要考虑到激励对象的承受能力，也要考虑到保护现有股东的合法权益。此外，股权期权的行权方式还应当综合考虑激励对象实现业绩考核指标的程度，公司的经营状况以及盈利能力，公司拟授予全部股权数量和授予每一个激励对象的股权数量。

对于上市公司而言，《上市公司股权激励管理办法》对于其采股票期权和限制性股票这两种模式的股权激励的定价方法有明确的规定。对于限制性股票，《上市公司股权激励管理办法》第二十三条规定："上市公司在授予激励对象限制性股票时，应当确定授予价格或授予价格的确定方法。授予价格不得低于股票票面金额，且原则上不得低于下列价格较高者：（一）股权激励计划草案公布前 1 个交易日的公司股票交易均价的 50%；（二）股权激励计划草案公布前 20 个交易日、60 个交易日或者 120 个交易日的公司股票交易均价之一的 50%。上市公司采用其他方法确定限制性股票授予价格的，应当在股权激励计划中对定价依据及定价方式作出说明。”对于股票期权，《上市公司股权激励管理办法》第二十九条规定：“上市公司在授予激励对象股票期权时，应当确定行权价格或者行权价格的确定方法。行权价格不得低于股票票面金额，且原则上不得低于下列价格较高者：（一）股权激励计划草案公布前 1 个交易日的公司股票交易均价；（二）股权激励计划草案公布前 20 个交易日、60 个交易日或者 120 个交易日的公司股票交易均价之一。上市公司采用其他方法确定行权价格的，应当在股权激励计划中对定价依据及定价方式作出说明。”

《关于中关村国家自主创新示范区股权激励改革试点工作若干问题的解释》第四条规定：“非上市公司期权的行权价格以评估后每股净资产作为主要确定依据。”《国有科技型企业股权和分红激励暂行办法》（财经〔2016〕4 号）第十六条规定：“确定行权价格时，应当综合考虑科技成果成熟程度及其转化情况、企业未来至少 5 年的盈利能力、企业拟授予全部股权数量等因素，且不低于制定股权激励方案时经核准或者备案的每股评估价值。”《关于国有控股混合所有制企业开展员工持股试点的意见》（国资发改革〔2016〕133 号）规定：“在员工入股前，应按照有关规定对试点企业进行财务审计和资产评估。员工入股价格不得低于经核准或备案的每股净资产评估值。国有控股上市公司员工入股价格按证券监管有关规定确定。”

对于非上市公司而言，由于没有相应的股票价格作为基础，激励价格确定成为一个较为关键的问题，实践中一般通过以下几种方法确定激励标的的价格：净资产评估定价法、模拟股票上市定价法、市场评估定价法、综合定价法。其中：（1）净资产评估定价法是先对公司的各项资产进行评估，得出各项资产的公允市场价值及总资产价值，进而用总资产价值减去各类负债的公允市场价值总和，算出公司的净资产，再用净资产除以总股数就得到公司的股份价格。（2）模拟股票上市定价法又称市盈率定价法，是指模拟上市公司上市时的定价方法，把市盈率和预测的每股收益相乘，计算出该公司股份价格；用此种方法，需要先计算出公司的总收益，设置总股数，得出每股收益，市盈率可以参考同类上市公司上市时的市盈率。（3）市场评估定价法实际上是相对业绩评价在股份定价过程中的应用，主要思想是在定价过程中，一定要找出同业具有可比性的上市公司进行比较，从而算出本公司的股份价格。相对来说，这种方法更具有客观性和准确性。(4) 综合定价法是指综合考虑公司的销售收入、净利润和净资产，或者综合考虑有形资产价值和无形资产价值，按照不同的权重计算出公司的总价值，然后设定公司的总股数，用总资产除以总股数就是每股的价格。

5. 激励股权及收购股权的资金来源

(1) 激励股权来源

对于上市公司而言，《上市公司股权激励管理办法》第十二条规定："拟实行股权激励的上市公司，可以下列方式作为标的股票来源：(一) 向激励对象发行股份；(二) 回购本公司股份；(三) 法律、行政法规允许的其他方式。"其中，第一，采用向激励对象发行股份方式即采用定向增发的方式，在上市公司股权激励中较为常见。原因在于：采用这种方式一方面不会增加公司现金支付的压力；另一方面，尽管这种方式会对于原股东的股份产生一定的稀释作用，但是稀释比例有限，并不会导致原股东的持股比例大幅减少，影响其对于公司的控制权，并且公司可以收到激励对象认购或行权时支付的现金，公司的股本有相应的增加。第二，上市公司回购本公司股份，即公司通过二级市场，回购股权激励所需的股票数量，并将这部分股票放入库存股票账户内，根据需要从库存股票账户中提取。这种方式在实践中很少被采用，原因在于：采用回购本公司股份的方式需要现金支出，对于公司运营会造成一定的影响，操作起来也有诸多限制。《公司法》第一百四十二条对于股份公司回购本公司股份的情况有明确的规定①，由此条规定可以看出：a) 股份公司回购自己的股份用于奖励职工应当遵循以下规则：回购事项应当经过股东大会决议且所收购的股份应当

① 《公司法》第一百四十二条规定："公司不得收购本公司股份。但是，有下列情形之一的除外：(一) 减少公司注册资本；(二) 与持有本公司股份的其他公司合并；(三) 将股份用于员工持股计划或者股权激励；(四) 股东因对股东大会作出的公司合并、分立决议持异议，要求公司收购其股份；(五) 将股份用于转换上市公司发行的可转换为股票的公司债券；(六) 上市公司为维护公司价值及股东权益所必需。公司因前款第 (一) 项、第 (二) 项规定的情形收购本公司股份的，应当经股东大会决议；公司因前款第 (三) 项、第 (五) 项、第 (六) 项规定的情形收购本公司股份的，可以依照公司章程的规定或者股东大会的授权，经三分之二以上董事出席的董事会会议决议。公司依照本条第一款规定收购本公司股份后，属于第 (一) 项情形的，应当自收购之日起十日内注销；属于第 (二) 项、第 (四) 项情形的，应当在六个月内转让或者注销；属于第 (三) 项、第 (五) 项、第 (六) 项情形的，公司合计持有的本公司股份数不得超过本公司已发行股份总额的百分之十，并应当在三年内转让或者注销。上市公司收购本公司股份的，应当依照《中华人民共和国证券法》的规定履行信息披露义务。上市公司因本条第一款第 (三) 项、第 (五) 项、第 (六) 项规定的情形收购本公司股份的，应当通过公开的集中交易方式进行。公司不得接受本公司的股票作为质押权的标的。"

在1年之内转让给员工；b）收购的本公司股份不得超过本公司已发行股份总额的5%；c）还要注意回购的基数应当是发行股份而不是实缴资本；d）在回购的资金来源上，用于回购的资金应当从公司的税后利润中支出。此外，针对上市公司，依据该条第三款，应当依照《中华人民共和国证券法》的规定履行信息披露义务。上市公司将股份奖励给本公司职工而回购股份的，还应当通过公开的集中交易方式进行。

同时，《财政部关于〈公司法〉施行后有关企业财务处理问题的通知》中规定，因实行职工股权激励办法而回购股份的，回购股份不得超过本公司已发行股份总额的5%，所需资金应当控制在当期可供投资者分配的利润数额之内。股东大会通过职工股权激励办法之日与股份回购不在同一年度的，公司应当于通过职工股权激励办法时，将预计的回购支出在当期可供投资者分配的利润中作出预留，预留的利润不得分配。

对于非上市公司而言，由于无法在公开市场发行股票，所以无法采用增发股票或二级市场购买股票的方式解决用于激励的股权来源问题，因此可以采用的方式主要包括期权池预留、股东出让股份、增资扩股、股份回购。第一，期权池预留是指公司在融资前为未来吸引高级人才而预留的一部分股份，用于激励员工（包括高管、骨干、普通员工），是初创企业为解决股权激励来源普遍采取的形式。第二，股东出让股份是指由原股东出让部分股权作为股权激励标的的来源。这主要涉及股东是否有转让意愿，以及能否经过其他股东过半数同意，其他股东能否放弃优先购买权。第三，增资扩股是指公司召开股东会，经代表三分之二以上表决权的股东通过后，采用增资扩股的方式进行股权激励。行权后，公司的注册资本将适当提高。第四，关于股份回购，根据《公司法》第一百四十二条规定，公司不得收购本公司股份，但是可以将股份用于员工持股计划或者股权激励。同时应当注意的是，公司基于股权激励原因收回股权的，可以依照公司章程的规定或者股东大会的授权，经三分之二以上董事出席的董事会会议决议，且公司合计持有的本公司股份数不得超过本公司已发行股份总额的百分之十，并应当在三年内转让或者注销。

（2）股权激励资金的来源

股权激励的资金来源，是指公司在实施股权激励计划时，用来购买公司股票或股份的资金的来源。除公司或者老股东无偿转让股份外，股权激励对象需要支付一定的资金来受让该部分股权，根据资金来源的不同，可以分为以下几种来源。

a）激励对象的自有资金。根据《上市公司股权激励管理办法》和《国有科技型企业股权和分红激励暂行办法》的相关规定，上市公司、国有科技型企业不得为激励对象依股权激励计划获取的有关权益提供贷款以及其他形式的财务资助，包括为激励对象向其他单位或者个人提供担保。

就上述情况，一般来说，在实施股权激励计划时，激励对象是以自有资金购入对应的股权，在以自有资金购入的模式下，出让方与受让方签订股权转让协议并约定转让价款的支付与结算方式。但是需要注意的是，实践中，由于员工的支付能力通常不会很高，因此在没有法律法规禁止性规定的情况下，可采取一些变通的方法进行处理。例如，在股权转让中采取分期付款的方式，或在增资中采取分期缴纳出资或者由大股东提供担保的方式。

b）大股东或者公司贷款。除了上述第 a）项提到的对激励对象出资来源的限制外，非法律法规禁止的企业可以采用大股东或公司提供贷款的方式为激励对象提供资金来源。关于借款或贷款的利率，主要由大股东/公司与激励对象进行协商，一般来说，如果是以借款方式，那么利率是同时期银行的定期存款利率；如果是以贷款方式，那么利率是同时期银行的贷款利率。

c）将年终奖的一部分作为行权资金。这是非上市公司常采用的一种方法，业绩达标后，扣取年终奖的一部分行权。

d）分红作为出资来源。这是非上市公司常采用的一种方法，为解决激励对象的出资问题，在公司各股东同意的情况下，虽然激励对象未实缴出资，但是公司其他股东同意按照认缴出资比例进行分红，因此在激励对象取得相应分红后可以该等分红款项用于实缴出资。

e）提取激励基金。激励基金主要用于激励公司职工，或者作为公司管理人员履行职务的风险基金来源。因此，为了支持股权激励制度的实施，公司可以建立相应基金专门用于股权激励计划。公司从税后利润中提取法定公积金后，经股东会或者股东大会决议，还可以从税收利润中提取任意公积金用于股权激励。但是这种做法会增加公司现金流的压力，而且许多上市公司是将激励基金作为经营成本列支，还涉及税收优惠政策支持的问题，因此需要全盘予以考虑。

f）通过信托方式垫资。通过引入信托机构解决激励对象购股资金来源问题有以下三种方式：

第一，激励对象与信托公司签订贷款融资协议，由信托垫资行权，获得的奖励股票抵押给信托，用分红偿还本息，偿还完毕后信托将股票过户给激励对象。

第二，公司将资金委托给信托机构，信托机构与激励对象签订贷款融资协议，将资金贷给激励对象用于行权。当激励对象偿还本息后，在扣除相关费用和报酬后，信托机构将资金返还给公司。

第三，公司将资金委托给信托机构，并指定该资金专门用于购买公司股票，公司是委托人，公司和激励对象是共同受益人。在激励对象等待期内，信托机构是公司的股东，行使股东权利，并享有股东收益。等待期结束之后，如激励对象行权，信托机构将股票过户给激励对象；如果没有达到行权条件，信托机构出售股票，在扣除相关费用和报酬后将资金返还给公司。

需要提示的是，上市公司如果要采用上述方式，需要符合法律法规的规定；非上市公司采用上述方式的，除了需要符合相应的法律法规的规定外，还需要与激励对象和外部信托机构就相应的安排签署相应的协议文件。

6. 股权激励的时间安排

广义的股权激励的时间安排包括公司进行股权激励计划的时间确定，以及一份股权激励计划中各个相关环节的定义和时间约定。

股权激励的时间安排受公司经营状况以及员工自身的职业规划等因素的影响。制定公司股权激励方案时应当对股权激励的时间安排予以充分考虑，以防不合理的时间安排限制了公司以及公司员工的发展，使得股权激励的效果不佳。因此在确定股权激励计划时间安排时，既要考虑股权激励能够达到企业长期激励的目的，又要确保员工的激励回报，科学地选择合适的授予时机，才能充分发挥股权激励在约束和激励两方面的最大效果。除了股权授予时机的确定，股权激励方案设计中，还应当合理确定的期限主要包括股权激励的有效期、授予日、行权期、禁售期、失效日等。对其中几个概念的解释如下。

授权日：授权日又称为授予日，是指公司向激励对象授予股权激励的日期。对于上市公司来说，授予日必须是交易日；对于非上市公司来说，授权日没有法律限制，公司可以根据自己的实际情况而确定。对于上市公司来说，该限制主要是为了防止激励对象通过控制信息披露而操纵股价，因此规定了重大交易事件和重大事项发生前后一段时间内以及年报和中报披露前的一段时间内禁止授予股权激励。

有效期：股权激励计划的有效期是指整个股权激励计划的存在周期。对于上市公司，《上市公司股权激励管理办法》中明确规定：股票期权授权日与获授股票期权首次可行权日之间的间隔不得少于1年。股票期权的有效期从授权日计算不得超过10年，《关于中关村国家自主创新示范区股权激励改革试点工作若干问题的解释》第四条也作了类似的规定。《中关村国家自主创新示范区企业股权和分红激励实施办法》第十四条规定股票期权授权日与获授股票期权首次可行权日之间的间隔不得少于1年。股票期权的有效期从授权日计算不得超过5年。《国有科技型企业股权和分红激励暂行办法》（财经〔2016〕4号）第十八条第二款规定股票期权授权日与获授股票期权首次可行权日之间的间隔不得少于1年。股权期权的有效期从授权日计算不得超过5年。对于非上市公司，《公司法》并未对其股权激励的有效期作出规定。

禁售期：在股份解锁或者期权行权之后，一般会再设置一定时间的禁售期，来延长股权对激励对象的绑定效果，防止激励对象在股份解锁或行权后将股份卖掉离职。《中关村国家自主创新示范区企业股权和分红激励实施办法》第十八条对于标的股份的禁售期作出了规定，股权激励的激励对象自取得股权之日起，5年内不得转让、捐赠其股权。《国有科技型企业股权和分红激励暂行办法》（财经〔2016〕4号）第二十二条规定："股权激励的激励对象，自取得股权之日起，5年内不得转让、捐赠。"对于上市公司来说，多数公司规定的禁售期不会少于1年。并且对于高管等核心岗位售卖股份会有比较严格的要求，同时，激励对象（特别是激励对象为公司董事、高级管理人员时）禁售期后转让或授股权还应当遵守《公司法》和《证券法》的要求。对于非上市公司来说，多数企业的股权激励采用封闭管理的方式，不允许向外部员工售卖，设置禁售期的作用不是很明显，一般也不会设置很长的禁售期。

失效日：失效日是行权的最后期限，如果过了这一天，激励对象还没有行权，那么股权激励计划就作废，激励对象不能再行权。

7. 股权激励约束条件

股权激励并非给员工发福利，而是激励与约束相结合的机制，其目的是实现激励对象与公司的深度捆绑，从而实现激励对象、企业、股东三方利益的共赢。因此，在制定股权激励方案时，对于约束条件的制定必不可少。约束条件制定的恰当与否会直接影响到整个股权激励计划的实施效果。约束条件一般包括两个方面：一是禁止行为；二是业绩条件。

设置禁止行为的目的是约束激励对象的行为。使得激励对象在获取利益的同时保护、提升企业的利益和股东的利益，尤其是在企业和股东的利益与激励对象自身的利益产生冲突的情况下，禁止行为的设定能够对激励对象发挥巨大的约束作用，以维护公司的利益。一般来说，禁止行为包含两个方面的内容：一是不得损害公司的利益；二是在规定的服务期内不得离职的要求。

对于业绩条件的设定，能够使得激励对象有明确的目标，以更加积极的态度投身工作。股权激励的业绩条件分为两类：一类是对公司业绩考核，公司业绩考核指标可以公司历史业绩或者同行业可比公司相关指标作为对照依据。另一类是对激励对象个人绩效考核，激励对象个人业绩指标可以由公司依据相关的方法自行确定。对公司业绩的考核主要为财务指标，如企业净资产增长率、净利润增长率、主营业务收入增长率、净资产收益率等，企业可以选择其中几项作为考核条件。激励对象绩效考核是指公司对激励对象的行为和业绩进行评估，以确定其是否满足授予或行权条件。公司可自由确定激励对象个人绩效指标。

在设定业绩条件时，应当注意绩效考核指标设置的合理性。第一，股权激励模式及其考核业绩指标的选定，应该符合企业现阶段发展特点，盈利状况以及中长期战略目标，引领被激励者朝着正确的战略经营方向前行。第二，绩效考核指标设置的难度应当适宜。通常而言，难度越高，业绩条件越严，激励作用越明显。但二者也并非一直呈现正相关关系。当绩效考核指标过于严苛时，会使激励对象对达成绩效指标感到无望，对其自信心造成严重打击，最后使得绩效考核目标成为一个摆设，从而丧失了股权激励应当发挥的作用，甚至有时不仅无法发挥正向的激励作用，反而引发激励对象的消极懈怠心理。但是，绩效考核指标也不能设置得过于宽松，否则会由于业绩考核指标过于轻易达成，而使得激励对象丧失斗志，使股权激励计划无法发挥作用，成为为员工发放福利的工具。

8. 股权激励调整机制

股权激励设置必要的调整机制对于股权激励方案的落实具有重要作用，顺利地实施并完成公司的股权激励计划需要在股权激励方案中制定合理完善的股权激励调整机制，即股权激励可能基于各方一致同意的事项的发生，对股权激励方案产生一定影响进而发生适时的调整。如在公司股权激励方案实施中发生了资本公积金转增股份、派送股份红利、派息、股份拆细或缩股等事项，则公司应对标的股票数量、授予价格进行相应的调整。另外，股权激励方案中也应设置相应条款规定激励对象发生职务的变更、离职、丧失劳动能力、退休、死亡等情况时，则激励对象以及激励方案基于与员工签署的相关协议产生包括股权激励计划变更甚至终止的后果。

综上，股权激励是一把“双刃剑”，实施成功就可以让公司“插上腾飞的翅膀”，实施失败甚至可能给公司带来“灭顶之灾”。因此，股权激励方案的制定需要公司在遵守现行法律法规及公司章程规定的前提下，结合企业自身所处的行业、企业发展状况、公司员工的稳定性等多方面考虑，并在全面的尽职调查、分析判断后制定出适合企业的股权激励方案。

第二节 股权激励方案的实施步骤

股权激励方案设计完成后并非当然生效，也并非当然对公司员工产生效力，其实施也并非一蹴而就。因此，合法有效的股权激励方案需要企业按部就班，在包括律师、人力资源以及公司治理各方面专业人员的参与及共同努力下实施，最终将股权激励方案落实。股权激励方案的“落地”主要历经公司审批并公示、签署股权激励协议及文件、确定激励股权管理机构、设立股权激励平台、员工出资并完成工商变更登记五个步骤。

一、股权激励方案的审批及公示

股权激励方案设计完成并正式进入实施阶段之前，需经过公司由公司内部有权机关根据相关法律及公司章程由公司内部有权机关进行决策，除非公司股东或者相关方有特殊安排，通常情况下，股权激励方案应由股东会或股东大会审批通过。在这一阶段，可能涉及的法律相关文件主要包括《股东会决议》《董事会决议/执行董事决定》《总经理工作会议纪要》《授予股权（期权）协议书》《员工承诺书》《委托持股协议书》《劳动合同》《保密与竞业限制协议》等。

股权激励方案的主要目的在于激励员工，因此，股权激励方案经过股东大会或股东会审批通过后，需要予以公示，公示标志着股权激励方案正式开始实施。公示的方式可以根据最便利、普及的方式进行，书面及网站方式亦可。公示的内容包括股权激励方案及其所有的附件材料，公示期一般建议三天到五天。股权激励方案的公示，一方面能够使公司对于员工的激励情况进行公告，使得公司股权激励的机制公开透明，让企业的每一个员工了解本公司股权激励的具体内容，对股权激励的实施过程以及最终结果进行监督，增强股权激励的公信力。另一方面又能给未获得股权激励的员工一定激励，从而达到激励公司员工的目的。

二、签署股权激励协议及相关文件

在公司根据公司的股权激励方案确定了公司拟激励的员工后，公司需要将激励方案所涉及的包括激励对象获激励股权的数量、时间、价格以及业绩要求等具体条件落实各员工，因此，需要公司与员工就股权激励方案签署协议，明确公司股权激励方案实施过程中公司与被激励员工的权利义务。股权激励实际上是激励方与激励对象达成的在一定条件下进行利益让渡的协议安排，激励的方案内容要与每一位激励对象形成书面约定才会产生最终约束力。签署相关协议既是对公司员工贯彻执行股权激励方案的约束，如在激励对象离职、违纪等情形下，公司可以依据协议内容约定的方式和价格回收股权，避免公司在引入新投资者、实行新的股权激励计划时形成僵局。同时，协议也是对员工达成股权激励条件时公司应当履行对员工激励的法律保障。

具体而言，本阶段的主要工作在于律师工作，也即律师需要准备与本次股权激励相关的协议及文件资料，且在配合公司与员工具体签署协议过程中就相关的法律条文及法律后果向公司及员工予以解释。根据实践中的具体情况，公司与员工可能涉及并签署的协议及文件主要包括《股权激励管理办法》、《激励对象承诺书》、《股权转让协议》或《授予协议》或《增资协议书》、《竞业限制协议》、《保密协议》、《股权激励绩效考核办法》、《合伙协议》或《公司章程》（设立持股平台形式激励）、《委托持股协议书》、《劳动合同》等。对于股权或份额的授予或转让，通常在相关协议中约定的条款主要包括价格、数量、激励方式、业绩具体要求、员工职位计划或安排、转让或回购安排、公司及与员工两方的承诺及保证以及公司或者员工违反约定的法律后果等。

三、确定激励股权管理机构

股权激励方案的实施需要一个核心的管理团队，核心管理团队在股权激励的实施过程中就股权激励方案实施所涉事务进行管理，包括对股权激励方案与制度的改进、员工业绩考核及其他日常性事务。实践中，公司的股权激励管理机构因公司规模或者采取的股权激励方式不同而存在差异。在小规模的公司中，公司的激励股权管理机构可能由公司的董事长、经理以及相关的人事部门共同组成。而在采取设立合伙企业作为员工持股平台方式对员工进行股权激励的情况下，其股权管理机构通常为该合伙企业的普通合伙人。采取该种方式应当注意的是，实践中为了避免公司控股股东或者管理层基于普通合伙人的身份承担无限连带责任，该普通合伙人通常是由控股股东或公司管理层设立的有限责任公司。在采取设立公司作为员工持股平台方式进行股权激励的情况下，其股权管理机构通常为平台公司的股东会或董事会。

四、设立股权激励平台

根据股权激励方案中员工持股的方式，可分为直接持股和间接持股两种模式，直接持股是指员工以自己的名义持有公司股权，直接行使股东权利，实践中对于激励员工数量较少、激励方案较为简单的情况，确实存在由员工直接持有公司股权的方式进行的股权激励。但该种持股方式存在股权激励涉及员工较多，股权易发生变更以至于工商部门股权变更登记程序繁杂等一系列问题，且公司股权分散，不利于公司的集中决策和管理。所以实践中，公司更多地会采取搭建员工持股平台的方式落实股权激励，即员工不以自己的名义直接持有公司股权，而是通过他人搭建持股平台等方式间接持有公司股权。间接持股方式的优点在于，公司通过搭建员工持股平台减少主体公司股东变动的频率，保持主体公司股权的稳定性，实践操作中也会基于员工平台设立地区的不同进而可能享受特殊地区的税收优惠，从而整体上达到降低激励对象纳税成本的效果。

就员工间接持股的股权激励具体形式而言，实践中搭建的员工持股平台主要为有限责任公司、有限合伙企业等方式（见图 4 – 1）。如员工及公司股东（包括控股股东及/或实际控制人）通过出资设立有限责任公司形式搭建员工持股平台，则由员工持股平台通过受让主体公司股权或者定向增资的方式持有公司股权，有限责任公司的设立程序以及组织架构仍然需要满足《公司法》的要求。例如，有限责任公司员工持股人数应当注意仍需遵守法定的人数限制，根据《公司法》第二十四条的规定，有限责任公司由50个以下股东出资设立。对于通过有限责任公司持股的形式，持股平台公司通过设立公司章程及签署相关股东间协议或文件，规范员工股权管理，约定各方权利义务。在税务方面需要同时征收持股平台公司和个人层面所得税。如员工出资成立有限合伙企业，通过主体公司原股东受让股权，使该有限合伙企业成为主体公司的股东。在有限合伙企业层面，公司股东（包括控股股东及/或实际控制人）为了实现对持股平台的控制，可以担任合伙企业的普通合伙人。同时由于普通合伙人需要承担无限连带责任，所以通常会由创始股东设立一个有限责任公司从而达到仅承担有限责任的效果。合伙人则通过签订合伙协议，规范普通合伙人和有限合伙人，界定合伙人的权利和义务。公司股东（包括控股股东及/或实际控制人）通过有限合伙企业形式的员工激励，各合伙人可以避免双重征税，即仅在员工个人层面缴纳所得税。

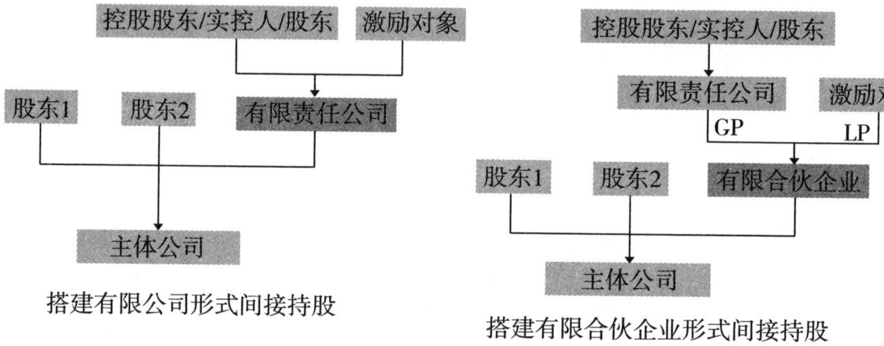

图 4－1 员工持股平台模式图

五、员工出资并完成股权变更登记

被激励对象应按照股权激励方案和所签署的股权激励相关协议或文件的安排向公司或者员工持股平台缴纳交付出资。在实务中，一般会为员工确定最晚出资时间，签订协议与最晚出资时间之间应该确定一个较为宽松的期限，使员工有充裕的时间筹集资金或办理贷款。对于无法按期缴纳出资的，如果没有特殊原因，各方可根据约定的后果或者未作约定情况下协商作出处理，如该员工是否失去激励资格、是否给予延期缴纳出资款等。

股权激励最终落实到具体员工的实质在于员工依据签署的相关协议或文件获得股权或者合伙份额对应权益，就形式而言，主要是用于激励的股权或者合伙份额已经于工商登记部门办理完毕变更登记程序。根据《公司法》第三十二条的规定，公司应当将股东的姓名或者名称向公司登记机关登记，登记事项发生变更的，应当办理变更登记，未经登记或者变更登记的，不得对抗第三人。由此可以看出，我国采用登记对抗主义，如果没有办理登记，虽然在公司内部不会影响激励对象取得股东身份，但是不能对抗第三人。因此，为了确保激励对象的权利，应当及时办理变更登记。

·第五章·
特殊性质企业的股权激励

第一节　国有企业的股权激励

国有企业在我国经济发展的历史进程和未来规划中都扮演着重要角色，增强国有企业的综合竞争力更是国有企业发展和改革的重点，其中，由于国有企业股权激励具有吸引和保留人才、调动员工积极性和创造性的重要作用，能够实质上促进国有企业健全内部治理机制与激励机制，因此也就成为国有企业改革的重要一环。同时，与民营企业相比较，国有企业也由于其特殊性而在实施股权激励时受到诸多监管，包括实施主体、激励对象、激励方式等。

一、国有企业股权激励的相关法律规定（现行有效）

发布时间	文件发布部门及名称
1999 年 9 月 22 日	中共中央《关于国有企业改革和发展若干重大问题的决定》
2005 年 12 月 19 日	国资委《关于进一步规范国有企业改制工作实施意见的通知》
2008 年 9 月 16 日	国资委《关于规范国有企业职工持股、投资的意见》
2009 年 3 月 24 日	国资委《关于实施〈关于规范国有企业职工持股、投资的意见〉有关问题的通知》
2010 年 2 月 1 日	财政部、科技部《中关村国家自主创新示范区企业股权和分红激励实施办法》
2006 年 1 月 27 日	国资委、财政部《国有控股上市公司（境外）实施股权激励试行办法》
2006 年 9 月 30 日	国资委、财政部《国有控股上市公司（境内）实施股权激励试行办法》
2008 年 10 月 21 日	国资委、财政部《关于规范国有控股上市公司实施股权激励制度有关问题的通知》
2015 年 8 月 24 日	中共中央、国务院《关于深化国有企业改革的指导意见》
2015 年 9 月 23 日	国务院《关于国有企业发展混合所有制经济的意见》
2016 年 2 月 26 日	财政部、科学技术部、国资委《国有科技型企业股权和分红激励暂行办法》

续表

2016 年 8 月 2 日	国资委、财政部、证监会《关于国有控股混合所有制企业开展员工持股试点的意见》
2016 年 10 月 31 日	国资委《关于做好中央科技型企业股权和分红激励工作的通知》
2017 年 11 月 10 日	财政部、科技部、国资委三部门《关于〈国有科技型企业股权和分红激励暂行办法〉的问题解答》
2017 年 11 月 29 日	国资委、财政部等八部门《关于深化混合所有制改革试点若干政策的意见》
2018 年 9 月 18 日	财政部、科技部、国资委《关于扩大国有科技型企业股权和分红激励暂行办法实施范围等有关事项的通知》
2019 年 4 月 19 日	国务院《改革国有资本授权经营体制方案》
2019 年 6 月 3 日	国资委《国务院国资委授权放权清单（2019 版）》
2019 年 8 月 2 日	国务院国有企业改革领导小组办公室《关于支持鼓励“双百企业”进一步加大改革创新力度有关事项的通知》
2019 年 10 月 31 日	国资委《关于印发〈中央企业混合所有制改革操作指引〉的通知》

二、国有企业股权激励的特殊之处

（一）实施条件

综合各项规则来看，国有企业原则上都是可以进行股权激励的，但是从监管角度出发，实施股权激励的非上市国有企业可分为有针对性规定明确的主体和仅有原则性规定的主体，其各自实施股权激励的条件也有不同。

1. 国有控股混合所有制企业中的员工持股试点企业

该类企业所实施的股权激励主要依据的是《关于国有控股混合所有制企业开展员工持股试点的意见》（国资发改革〔2016〕133 号，以下简称 133 号文），这一规定对其适用范围和激励方式同时进行了限制。同时根据该规定，拟实施员工持股的国有控股混合所有制企业，还需满足的条件涉及企业主营业务、股权结构、治理结构以及营业收入和利润来源等方面，具体如下：（1）主业处于充分竞争行业和领域的商业类企业；（2）股权结构合理，非公有资本股东所持股份应达到一定比例，公司董事会中有非公有资本股东推荐的董事；（3）公司治理结构健全，建立市场化的劳动人事分配制度和业绩考核评价体系，形成管理人员能上能下、员工能进能出、收入能增能减的市场化机制；（4）营业收入和利润90%以上来源于所在企业集团外部市场。

2. 国有科技型企业

该类企业所实施的股权激励主要依据的是《国有科技型企业股权和分红激励暂行办法》（财资〔2016〕4号，以下简称4号文）及其相关修订、补充、问答或政策规定等，这一规定显然是从企业的主营业务出发，通过正向激励方式刺激科技、科研的进一步发展。国有科技型企业具体是指中国境内具有公司法人资格的国有及国有控股未上市科技企业（含全国中小企业股份转让系统挂牌的国有企业、国有控股上市公司所出资的各级未上市科技子企业），具体包括：（1）国家认定的高新技术企业；（2）转制院所企业及所投资的科技企业；（3）高等院校和科研院所投资的科技企业；（4）纳入科技部“全国科技型中小企业信息库”的企业；（5）国家和省级认定的科技服务机构①。

3. 其他国有企业

除上述两类由具体规定明确的主体之外，仍有一些因股权激励实施方式、主营业务开展等不满足133号文或4号文而导致无法适用，但确有必要和意愿实施股权激励的国有企业。对于这类国有企业来说，原则上没有被禁止实施股权激励，《关于规范国有企业职工持股、投资的意见》（国资发改革〔2008〕139号，以下简称139号文）也规定了满足一定条件并经国资监管机构或国资公司批准后，允许国有企业实施职工持股。另外，对于“双百企业”来说，国务院国有企业改革领导小组办公室于2019年8月发布的《关于支持鼓励“双百企业”进一步加大改革创新力度有关事项的通知》中明确指出支持“双百企业”建立正向激励体系，“双百企业”可以综合运用国有控股上市公司股权激励、国有科技型企业股权和分红激励、国有控股混合所有制企业员工持股等中长期激励政策，不受试点名额限制。

（二）特殊要求

1. 激励对象

对于国有企业来说，允许参与股权激励的对象是受到相对严格的限制的，这种限制主要体现为形式要求（即是否必须为本企业员工）及实质要求（即是否能发挥重要作用）。

---

①《关于扩大国有科技型企业股权和分红激励暂行办法实施范围等有关事项的通知》（财资〔2018〕54号）。

就形式要求而言，133 号文和 4 号文规定必须与企业签订劳动合同，即仅本企业员工可参与激励计划。但是 139 号文则允许职工持有上一级企业股权。这也就意味着在依据 139 号文实施股权激励的情况下，职工可参与母公司的职工持股计划。

就实质要求而言，原则上考虑的是职工对企业发展的重要性，包括对企业经营、技术研发、成果转化等有重要作用的核心员工。例如，133 号文规定的"参与持股人员应为在关键岗位工作并对公司经营业绩和持续发展有直接或较大影响的科研人员、经营管理人员和业务骨干"，4 号文规定的"激励对象为与本企业签订劳动合同的重要技术人员和经营管理人员"及"股权奖励的激励对象，仅限于在本企业连续工作 3 年以上的重要技术人员"等，原则上划定了激励对象的范围，同时也可以认为明确了不能参与激励计划的对象，如外部董事、公司监事等。

2. 非上市国有企业的其他特殊规定

133 号文、4 号文均有关于非上市国有企业可用于股权激励的股本（份）总数限制。具体如下：

4 号文第十条规定，大型企业的股权激励总额不得超过企业总股本的 5%；中型企业的股权激励总额不得超过企业总股本的 10%；小、微型企业的股权激励总额不得超过企业总股本的 30%，且单个激励对象获得的激励股权不得超过企业总股本的 3%。企业不能因实施股权激励而改变国有控股地位。第十三条规定，企业用于股权奖励的激励额不超过近 3 年税后利润累计形成的净资产增值额的 15%。企业实施股权奖励，必须与股权出售相结合。单个获得股权奖励的激励对象，必须以不低于 1∶1 的比例购买企业股权，且获得的股权奖励按激励实施时的评估价值折算，累计不超过 300 万元。

133 号文规定，员工持股比例应结合企业规模、行业特点、企业发展阶段等因素确定。员工持股总量原则上不高于公司总股本的 30%，单一员工持股比例原则上不高于公司总股本的 1%；实施员工持股后，应保证国有股东控股地位，且其持股比例不得低于公司总股本的 34%。

另外，《关于中关村国家自主创新示范区股权激励改革试点工作若干问题的解释》第四条也规定了非上市公司期权授予额度，可参照《上市公司股权激励管理办法》中第十二条、第二十二条规定执行，即公司全部有效的股权激励计划所涉及标的股权总数累计不得超过公司股本总额的 10%；非经股东（大）会特别决议批准，任何一名激励对象通过全部有效的股权激励计划获授的本公司股份累计不得超过公司股本总额的 1%。

3. 国有控股上市公司股权激励的特殊规定

根据相关机构的统计数据，国有控股上市公司股权激励工具的使用率逐年攀升，在整体国有控股上市公司中的普及率从 2015 年的 9% 提升至 2020 年的 20%。其中，中央国有控股企业的股权激励普及率的增长尤其明显，在近 5 年内提高了近三倍（从 2015 年的 11% 提高到 2020 年的 30%）。

国有控股企业具有的主体特殊性使得其在实施激励计划及员工持股计划时，受到上市公司及国有企业的双重监管，对于企业而言，在实践操作中需要综合考虑、审慎判断、从严实施。

就国有控股企业实施的股权激励，同时需要符合包括《国有控股上市公司（境内）实施股权激励试行办法》（国资发分配〔2006〕175 号，以下简称 175 号文）、《国有控股上市公司（境外）实施股权激励试行办法》（国资发分配〔2006〕第 8 号，以下简称 8 号文）、《关于规范国有控股上市公司实施股权激励制度有关问题的通知》（国资发分配〔2008〕171 号，以下简称 171 号文）、《中央企业控股上市公司实施股权激励工作指引》（国资考分〔2020〕178 号，以下简称《工作指引》）等在内的国有资产监管要求。

除《上市公司股权激励管理办法》的规定外，从实施方式、实施条件、激励对象、用于激励的股本上限、股票及资金来源、定价、时间限制、业绩考核角度而言，国有控股企业的特殊规定具体如下：

（1）实施方式

根据《上市公司股权激励管理办法》，国有控股企业的股权激励方式主要也是限制性股票（包括二类限制性股票）和股票期权，但根据《工作指引》第十二条的规定，股票增值权原则上适用于境内注册、发行中国香港上市外资股的上市公司，因此原则上 A 股国有控股上市公司不能适用股票增值权作为激励方式。

（2）实施条件

根据《工作指引》，国有控股上市公司实施股权激励的，需满足以下要求：第一，公司治理结构规范，股东会、董事会、经理层组织健全，职责明确。股东大会选举和更换董事的制度健全，董事会选聘、考核、激励高级管理人员的职权到位。第二，外部董事（含独立董事）人数达到董事会成员半数以上。第三，薪酬与考核委员会全部由外部董事构成，且薪酬月考核委员会制度健全，议事规则完善，运行规范。第四，基础管理制度规范，内部控制制度健全，三项制度改革到位，建立了符合市场竞争要求的管理人员能上能下、员工能进能出、收入能增能减的劳动用工、业绩考核、薪酬福利制度体系。第五，发展战略明确，资产质量和财务状况良好，经营业绩稳健；近三年无财务会计、收入分配和薪酬管理等方面的违法违规行为。第六，健全与激励机制对称的经济责任审计、信息披露、延期支付、追索扣回等约束机制。第七，证券监管部门规定的其他条件。

(3) 激励对象

不得参加股权激励计划的对象包括：第一，上市公司国有控股股东或中央企业的管理人员担任监事的；第二，中央和国资委党委管理的中央企业负责人；第三，上市公司控股公司以外的人员担任的外部董事。

由于《工作指引》明确规定上市公司国有控股股东或中央企业的管理人员担任监事以外职务的，可以参加上市公司股权激励计划，这也在一定程度上意味着突破了股东的员工参与子公司股权激励的限制。值得一提的是，控股股东员工担任的外部董事如果参与了股权激励计划，那么将不被视同为外部董事，在这种情况下需要考虑是否会因将该等人员纳入激励对象而导致上市公司本身不符合股权激励的实施条件中对于外部董事（含独立董事）的人数要求。

(4) 用于激励的股本上限

在股权激励计划有效期内授予的股权总量，应结合上市公司股本规模的大小和股权激励对象的范围、股权激励水平等因素，在 0.1%—10% 之间合理确定。但上市公司全部有效的股权激励计划所涉及的标的股票总数累计不得超过公司股本总额的 10%。上市公司首次实施股权激励计划授予的股权数量原则上应控制在上市公司股本总额的 1% 以内。同时针对任一激励对象，175 号文规定通过全部有效的股权激励计划获授的本公司股权累计不得超过公司股本总额的 1%，经股东大会特别决议批准的除外。8 号文则没有股东大会的特别决议例外，规定在股权激励计划有效期内任何 12 个月期间授予任一人员的股权（包括已行使的和未行使的股权）超过上市公司发行总股本 1% 的，上市公司不再授予其股权。

根据《工作指引》，国有控股上市公司全部在有效期内的股权激励计划所涉及标的股票总数累计不得超过公司股本总额的 10%（科创板上市公司累计不超过股本总额的20%）。不得因实施股权激励导致国有控股股东失去实际控制权，首次实施股权激励计划授予的权益所涉及标的股票数量原则上应当控制在公司股本总额的1%以内，中小市值公司及科技创新型上市公司可以适当上浮首次实施股权激励计划授予的权益数量占股本总额的比例，但原则上应当控制在3%以内。另外，针对激励对象而言，非经股东大会特别决议批准，任何一名激励对象通过全部在有效期内的股权激励计划获授权益（包括已行使和未行使的）所涉及标的股票数量，累计不得超过公司股本总额的1%。如为实施股权激励而预留权益的，预留权益数量不得超过该期股权激励计划拟授予权益数量的20%，预留权益应当在股权激励计划经股东大会审议通过后12个月内明确授予对象，原则上不重复授予本期计划已获授的激励对象。超过12个月未明确授予对象的，预留权益失效。

（5）股票及资金来源

允许的股票来源包括发行股份（增量）、回购本公司股份（存量）及其他合规方式。而禁止的股票来源则包括仅由国有股东等部分股东支付股份或其衍生权益，以及由单一国有股股东支付或擅自无偿量化国有股权。

（6）定价

175号文规定股权的授予价格（行权价格）根据公平市场价原则确定，其中授予价格应不低于下列价格较高者：第一，股权激励计划草案摘要公布前1个交易日的公司标的股票收盘价；第二，股权激励计划草案摘要公布前30个交易日内的公司标的股票平均收盘价。8号文规定上市公司首次公开发行上市时实施股权激励计划的，其股权的授予价格按上市公司首次公开发行上市满30个交易日以后，依据境外上市规则规定的公平市场价格确定。171号文进一步明确实施限制性股票的价格不得低于前述价格的50%。

另外，《工作指引》中明确，股票期权、股票增值权的行权价格不低于公平市场价格，以及公司标的股票的单位面值。限制性股票的授予价格不得低于公平市场价格的50%，以及公司标的股票的单位面值，并且股票公平市场价格低于每股净资产的，限制性股票授予价格不应低于公平市场价格的60%。其中，“公平市场价格”按照如下方式计算：第一，境内上市公司定价基准日为股权激励计划草案公布日。公平市场价格不得低于下列价格较高者：股权激励计划草案公布前1个交易日公司标的股票交易均价，股权激励计划草案公布前20个交易日、60个交易日或者120个交易日的公司标的股票交易均价之一。第二，境外上市公司定价基准日为权益授予日。公平市场价格不得低于下列价格较高者：授予日公司标的股票收盘价、授予日前5个交易日公司标的股票平均收盘价。

（7）时间限制

175号文规定在股权激励计划有效期内，每期授予的限制性股票，其禁售期不得低于2年。禁售期满，根据股权激励计划和业绩目标完成情况确定激励对象可解锁（转让、出售）的股票数量。行权有效期为股权生效日至股权失效日止的期限，由上市公司根据实际情况确定，但不得低于3年。在行权有效期内原则上采取匀速分批行权办法。超过行权有效期的，其权利自动失效，并不可追溯行使。8号文规定行权限制期为股权授予日至股权生效日的期限，股权限制期原则上定为两年，在限制期内不得行权。

《工作指引》则明确：第一，采用股票期权、股票增值权激励方式的，应当设置行权限制期和行权有效期，行权限制期自权益授予日至权益生效日止，原则上不得少于2年（24个月），在限制期内不可以行使权益；行权有效期自权益生效日至权益失效日止，由上市公司根据实际情况确定，但不得少于3年，在行权有效期内原则上采取匀速分批生效的办法。第二，采用限制性股票激励方式的，应当设置限售期和解锁期，限售期自股票授予日起计算，原则上不得少于2年（24个月），在限售期内不得出售股票；限售期满可以在不少于3年的解锁期内匀速分批解除限售。

（8）业绩考核

根据171号文，首先，上市公司实施股权激励应建立完善的业绩考核体系和考核办法。业绩考核指标应包含反映股东回报和公司价值创造等综合性指标，如净资产收益率（ROE）、经济增加值（EVA）、每股收益等；反映公司赢利能力及市场价值等成长性指标，如净利润增长率、主营业务收入增长率、公司总市值增长率等；反映企业收益质量的指标，如主营业务利润占利润总额比重、现金营运指数等。上述三类业绩考核指标原则上至少各选一个。相关业绩考核指标的计算应符合现行会计准则等相关要求。其次，授予和行使（指股票期权和股票增值权的行权或限制性股票的解锁，下同）环节均应设置应达到的业绩目标，业绩目标的设定应具有前瞻性和挑战性，并切实以业绩考核指标完成情况作为股权激励实施的条件，包括：第一，上市公司授予激励对象股权时的业绩目标水平，应不低于公司近3年平均业绩水平及同行业（或选取的同行业境内、外对标企业，行业参照证券监管部门的行业分类标准确定，下同）平均业绩（或对标企业 50 分位值）水平。第二，上市公司激励对象行使权利时的业绩目标水平，应结合上市公司所处行业特点和自身战略发展定位，在授予时业绩水平的基础上有所提高，并不得低于公司同行业平均业绩（或对标企业 75 分位值）水平。凡低于同行业平均业绩（或对标企业 75 分位值）水平以下的不得行使。第三，完善上市公司股权激励对象业绩考核体系，切实将股权的授予、行使与激励对象业绩考核结果紧密挂钩，并根据业绩考核结果分档确定不同的股权行使比例。第四，对科技类上市公司实施股权激励的业绩指标，可以根据企业所处行业的特点及成长规律等实际情况，确定授予和行使的业绩指标及其目标水平。第五，对国有经济占控制地位的、关系国民经济命脉和国家安全的行业以及依法实行专营专卖的行业，相关企业的业绩指标，应通过设定经营难度系数等方式，剔除价格调整、宏观调控等政策因素对业绩的影响。

根据《工作指引》，实施股权激励的国有控股上市公司业绩考核指标包括：第一，反映股东回报和公司价值创造等综合性指标，如净资产收益率、总资产报酬率、净资产现金回报率（EOE）、投资资本回报率（ROIC）等。第二，反映企业持续成长能力的指标，如净利润增长率、营业利润增长率、营业收入增长率、创新业务收入增长率、经济增加值增长率等。第三，反映企业运营质量的指标，如经济增加值改善值（ΔEVA）、资产负债率、成本费用占收入比重、应收账款周转率、营业利润率、总资产周转率、现金营运指数等。中央企业主营业务上市公司，一般应当选择经济增加值或经济增加值改善值作为考核指标。债务风险较高的企业（资产负债率超过 80%），一般应当选择资产负债率作为考核指标。净利润的计算口径一般为扣除非经常性损益后归属于母公司所有者的净利润，或根据对标企业情况选择相同的口径。

对标业绩水平和企业意味着上市公司应当同时采取与自身历史业绩水平纵向比较和与境内外同行业优秀企业业绩水平横向对标方式确定业绩目标水平，具体包括：第一，选取的同行业企业或者对标企业，均应当在股权激励计划或者考核办法中载明所属行业范围、选择的原则与依据及对标企业名单。第二，对标企业在权益授予后的考核期内原则上不调整，如因对标企业退市、主营业务发生重大变化、重大资产重组导致经营业绩发生重大变化等特殊原因需要调整的，应当由董事会审议确定，并在公告中予以披露及说明。

在权益授予和生效环节，应当与公司业绩考核指标完成情况进行挂钩。业绩目标水平的设定应当结合公司经营趋势、发展战略综合确定，并经股东大会审议通过。第一，权益授予环节的业绩目标，是股权激励计划设定的分期授予权益的业绩条件，体现股东对公司持续发展的绩效考核基本要求。目标水平根据公司发展战略规划，结合计划制订时公司近三年平均业绩水平、上一年度实际业绩水平、同行业平均业绩（或者对标企业50分位值）水平合理确定。股权激励计划无分期实施安排的，可以不设置权益授予环节的业绩考核条件。第二，权益生效（解锁）环节的业绩目标，是各期授予权益在生效（解锁）时的考核要求，由分期实施方案具体确定，体现股东对公司高质量发展的绩效挑战目标。目标水平应在授予时业绩目标水平的基础上有所提高，根据分期实施方案制定时公司近三年平均业绩水平、上一年度实际业绩水平、同行业平均业绩（或者对标企业75分位值）水平，结合公司经营趋势、所处行业特点及发展规律科学设置，体现前瞻性、挑战性。行业发展波动较大，难以确定业绩目标绝对值水平的，可以通过与境内外同行业优秀企业业绩水平横向对标的方式确定。第三，分期实施股权激励计划的，各期实施方案设置的公司业绩指标和目标值原则上应当保持一致性、可比性，后期实施方案的公司业绩目标低于前期方案的，上市公司应当充分说明其原因与合理性。

4. 国有控股上市公司员工持股计划的特殊规定

非上市国有企业实施股权激励时常用的依据为《关于规范国有企业职工持股、投资的意见》《国有科技型企业股权和分红激励暂行办法》。由于上述规定明确排除了对上市国有控股企业的适用，国有控股上市公司实施员工持股计划的，需要同时符合《关于国有控股混合所有制企业开展员工持股试点的意见》（国资发改革〔2016〕133号，以下简称133号文）等国资监管规定，而且还要符合《关于上市公司实施员工持股计划试点的指导意见》的要求。

在确定如何适用的问题上，《关于上市公司实施员工持股计划试点的指导意见》中明确："非金融类国有控股上市公司实施员工持股计划应当符合相关国有资产监督管理机构关于混合所有制企业员工持股的有关要求。"也就是说，国有控股上市公司实施员工持股计划的，原则上应当按照133号文实施。而在133号文中，关于股票来源、入股价格、持股比例、时间限制均明确规定了国有控股上市公司的例外情形，即应当按照《关于上市公司实施员工持股计划试点的指导意见》予以实施，具体而言：

（1）股票来源

133 号文规定股权来源以增资扩股、出资新设为主，在规定“上市公司回购本公司股票实施员工持股，须执行有关规定”的同时也排除了“试点企业、国有股东不得向员工无偿赠与股份”这一方式，据此国有控股上市公司可采取包括回购本公司股票、二级市场购买、认购非公开发行股票等法律、行政法规允许的其他方式，而不包括国有股东自愿赠与。

（2）入股价格

133 号文中关于入股价格的特殊规定，除上述提到的“上市公司回购本公司股票实施员工持股，须执行有关规定”外，还包括“员工入股价格不得低于经核准或备案的每股净资产评估值。国有控股上市公司员工入股价格按证券监管有关规定确定”。但事实上证券监管有关规定中并未就该等情形下的入股价格作出明确规定，只不过从公平保障上市公司股东权益的角度，依据回购股份实施员工持股计划，员工入股价格应当不低于上市公司回购的价格。

（3）持股比例

关于实施员工持股计划时员工持股的总量比例要求，133 号文针对国有控股上市公司规定按照证券监管有关规定确定，即不同于非上市国有企业关于员工持股的总量比例不高于 30%，单一对象持股比例不高于 1% 的要求，国有控股上市公司实施员工持股计划时，员工持股总量比例上限调整为 10%，单一员工持股比例上限保持 1% 不变。

（4）时间限制

与持股比例的规定类似，133 号文明确国有控股上市公司员工转让股份按证券监管有关规定办理。也就是说，国有控股上市公司中以非公开发行方式实施员工持股计划的，持股期限与非上市国有企业一致，均为不得低于 36 个月，而以其他方式实施员工持股计划的，持股期限则调整为不低于 12 个月。

（三）审批程序

《工作指引》从法律层面上促进了我国企业的股权激励制度发展，为企业开展股权激励的审批工作提供了实施准则，具体审批流程如下：（1）相关公司实行企业内部决策，凭借上市公司的管理机制，由专业委员会以及董事会进行讨论后再决定是否审批通过。（2）由国有企业的股东，向其隶属的央企上报审批，并且向国资委上报相关工作，等待审核结果。（3）由公司的股东大会来通过相关决议。

三、国有企业股权激励的难点

实施员工激励是国有企业改革的重要一环，但在防范国有资产流失与员工激励之间的利益权衡下，国有企业的股权激励受到较为严格甚至“一刀切”的监管，因此在实际操作中面临着激励效果不甚理想的问题，具体而言：

1. 业绩指标要求更高

作为国有上市公司，业绩指标不仅要设定公司自身的年度增长指标，还要设定与同行业的对比指标，包括授予业绩指标要高于同行业平均业绩（或对标企业 50 分位值）水平，解除限售业绩指标要高于对标企业 75 分位值水平等。

2. 锁定期限更长

限售期和解除限售期要求至少分别是 2 年和 3 年，文化国企要求分别是 3 年和 4 年，远高于非国有上市公司分别是 1 年和 2 年的规定，面对当期快速变化的行业发展趋势和市场竞争环境，分别是 5—7 年的期限会增加方案实施的不确定性。

3. 授予价格限制

受限于国资委规定，在股权激励中股票期权的行权价格应等于或高于市场中的价格，限制性股票的价格应高于或等于市场价格的 1/2，而非国有上市公司可根据激励需要灵活设定授予价格。国有企业股权激励中的价格限制会使得计划的参与者陷入担心股票价格回落，自己投资权益受损的困境中。如果参与者以较高的价格购入股票参与股权激励计划，当股票市场价格跌落时，那么无论投资者怎样努力工作，可能都无法通过股权激励来获得收益。由此，股权激励对于激励对象而言，收益是有限度的，甚至还有可能会产生损失。这种股价限制带来的风险也极大地打击了参与者的积极性。由于风险的加大，使得国有企业股权激励的作用大大降低。

4. 缺乏完善的外部环境

首先，与西方发达国家相比，我国的股票市场发展历程很短，相关的制度体系还不够完善，具有落后性。股票市场缺乏有效性，仍然存在很多的问题，如股票市场的价格不够准确，市场信息不对称，股票价格有时受到庄家操纵。并且，股票市场缺乏完善的自我调控机制，与国际资本市场相比存在较大的差异性。在这种市场化欠佳的大环境下，我国股市极有可能会存在不公正、不合理的行为。所以国企在完成股权激励方案规划后，经常会不敢实施相关方案。调查发现有大部分国企在股权激励方案审核通过后，不予执行。还有很多国企在方案公告后放弃执行。其次，我国的股权激励制度发展历程较短，股权激励制度的法规到2006年才颁布，尽管经过了十几年的发展，国家也陆续出台一系列法规政策来促进股权激励制度不断发展，但是，仍然不可否认的是，与发达国家相比，我国股权激励制度在实践层面和法律规范层面都仍处于不断的探索和发展阶段，其本身并不成熟完善。在国有企业股权激励制度中，这些问题更是充分体现出来。

5. 首次授予数量限制

国资委规定首次授予股票总量不得超过公司总股本的1%，对于一些急需留住人才的中小型国企而言，1%的股票显然是远远不够的[①]。这种“一刀切”的规定没有考虑不同公司规模、员工人数等因素，不利于灵活设计激励方案。

6. 收益水平限制

国资委规定上市公司高管的预期收益水平不得超过其薪酬总水平的30%，全部激励对象实际收益水平不得超过其薪酬总水平的40%等，使得股权激励方案实施灵活性不能适应市场需求，一定程度上影响员工的参与积极性，削弱了股权激励的实施效果。

第二节 上市公司的股权激励

由于资源配置推动社会分工的不断细化，现代企业出现所有权与经营权分离，以上市公司最为典型。上市公司中，公司的所有权与经营权一般情况下都是分离的，股东与企业高管在利益的追求上存在严重分歧。股东不参与企业的日常经营活动，无法及时了解公司最新的动态，日常经营管理公司活动的是经理人，这就导致双方信息不对称的情况出现。在自身利益与股东利益出现冲突的时候，经理人很有可能基于自身利益最大化的考量而作出损害公司股东利益的行为。而股权激励能够使员工通过获得公司股权的形式享有一定的经济权益，让员工能够以股东的身份参与企业决策、分享利润、承担风险，从而实现员工利益和股东利益的深度捆绑。股权激励的这种作用能够解决上市公司所有权和经营权的分离所带来的一部分问题。

上市公司的股权激励虽不像再融资、并购重组能为企业带来立竿见影的效

① 中国海城曾就这一问题向国资委申请，最终得以扩大首次股权激励的规模。

果，但从长远来看，股权激励对上市公司激发创新活力、增强竞争力具有不可替代的积极作用。根据深交所统计数据，截至2020年12月31日，深市共有1171家上市公司推出1948单股权激励计划，涉及股份数量286.52亿股，近半数深市公司推出激励计划，超两成推出多期激励计划，其中主要集中于技术密集型行业。

基于上市公司牵涉利益众多和其在经济发展中的重要地位，我国法律法规对于上市公司的监管一直较为严格，同样对于上市公司股权激励也有较多的规范与管理制度。

一、上市公司股权激励的相关法律规定

发布时间	文件发布部门及名称
2014年6月20日	证监会《关于上市公司实施员工持股计划试点的指导意见》
2018年8月15日	证监会《上市公司股权激励管理办法》
2020年4月23日	国资委《中央企业控股上市公司实施股权激励工作指引》

二、上市公司股权激励的特殊之处

根据相关机构的研究显示，上市公司实施股权激励计划最常见的方式为限制性股票、股票期权与员工持股计划。

（一）实施条件

就拟实施限制性股票和股票期权的一般上市公司而言，具有下列情形之一的，不得实行股权激励：（1）最近一个会计年度财务会计报告被注册会计师出具否定意见或者无法表示意见的审计报告；（2）最近一个会计年度财务报告内部控制被注册会计师出具否定意见或无法表示意见的审计报告；（3）上市后最近36个月内出现过未按法律法规、公司章程、公开承诺进行利润分配的情形；（4）法律法规规定不得实行股权激励的；（5）中国证监会认定的其他情形。

国有控股上市公司实施股权激励的，还需满足以下要求：（1）公司治理结构规范，股东会、董事会、经理层组织健全，职责明确，股东大会选举和更换董事的制度健全，董事会选聘、考核、激励高级管理人员的职权到位；（2）外部董事（含独立董事）人数达到董事会成员半数以上；（3）薪酬与考核委员会全部由外部董事构成，且薪酬月考核委员会制度健全，议事规则完善，运行规范；（4）基础管理制度规范，内部控制制度健全，三项制度改革到位，建立了

符合市场竞争要求的管理人员能上能下、员工能进能出、收入能增能减的劳动用工、业绩考核、薪酬福利制度体系；（5）发展战略明确，资产质量和财务状况良好，经营业绩稳健，近三年无财务会计、收入分配和薪酬管理等方面的违法违规行为；（6）健全与激励机制对称的经济责任审计、信息披露、延期支付、追索扣回等约束机制；（7）证券监管部门规定的其他条件。

对于拟实施员工持股计划的上市公司，无论是否为国有控股，均无针对实施条件的明确限制。

（二）实施方式

1. 限制性股票与股票期权

根据《上市公司股权激励管理办法》，限制性股票是指激励对象按照股权激励计划规定的条件，获得的转让等部分权利受到限制的本公司股票。股票期权是指上市公司授予激励对象在未来一定期限内以预先确定的条件购买本公司一定数量股份的权利。

限制性股票在解除限售前不得转让、用于担保或偿还债务。股票期权不得转让、用于担保或偿还债务。

根据限制性股票本身的特点，激励对象不仅能够获得未来的公司发展利益，也能在取得限制性股票的同时获得参与公司决策的权利，从而能够促使激励对象为企业的长远发展付出更多时间和精力，也在很大程度上保障了人员的稳定性。而限制性股票这种方式的缺点则在于股票价值受制于市场波动等因素，可能导致激励对象支付的对价与股票价值存在较大差距，不但不能实现激励作用，反而可能导致亏损。

由于激励对象在取得期权本身时并不支付对价，也就使其拥有了是否行权的选择权，在面对市场波动、股价持续下跌等情形时，通过放弃行权反而能够避免亏损，这是限制性股票所不具备的优势。但是，股票期权在维持人员稳定性、激发工作热情这一方面不如限制性股票，如激励对象片面追求短期收益而放弃企业的长远发展机会。

2. 二类限制性股票

二类限制性股票适用于创业板和科创板，其特征在于无需提前出资，允许不设置限售期，同时大幅减少后续回购注销情形，减轻激励对象资金压力，简便公司实施流程，上市公司实施创新工具的积极性高涨。根据深交所统计数据，截至 2020 年底，共有 103 家创业板公司披露股权激励方案，采用第二类限制性股票作为激励工具的公司有61家，59家为存量公司。

3. 股票增值权

股票增值权是指上市公司授予激励对象在一定的时期和条件下，获得规定数量的股票价格上升所带来的收益的权利。股权激励对象不拥有股票的所有权，也不拥有股东表决权、配股权。在《上市公司股权激励管理办法》修订前，外籍员工开立A股账户受到限制，因此无法通过限制性股票或股票期权的方式参与公司股权激励，于是股票增值权这一方式在设计之初主要是为了满足对外籍员工的激励诉求。在《上市公司股权激励管理办法》修订后，对外籍员工股权激励的实操限制已被基本移除，而股票增值权这一方式仍因其无需实际授予股票而具有的便利性，受到上市公司的青睐。针对国有控股企业而言，根据《工作指引》的规定，仅有H股公司可以使用股票增值权作为其激励方式，境内上市的国有控股企业不能使用。

4. 员工持股计划

根据《关于上市公司实施员工持股计划试点的指导意见》，员工持股计划是指上市公司根据员工意愿，通过合法方式使员工获得本公司股票并长期持有，股份权益按约定分配给员工的制度安排。相比于股权激励，员工持股计划则要宽松很多。总体来说，员工持股计划具有“盈亏自负，风险自担，与其他投资者权益平等”的基本特征。

限制性股票和股票期权都是广义上员工持股的一种，但是由于授予方式的不同，往往将员工持股计划作为一类单独的股权激励方式。另外，由于限制性股票和股票期权有明确规定的有效期且锁定期更短，而员工持股计划既无明确规定的有效期，而且以非公开发行方式实施员工持股计划的锁定期将比一般的限制性股票及股票期权长24个月，从某种意义上来说员工持股计划更能体现“长期持有、长期激励”这一理念。

（三）特殊要求

1. 限制性股票与期权

限制性股票与期权作为上市公司股权激励最常见的方式，其监管主要体现在实施条件、激励对象、可用于激励的股本数量、股票及资金来源、定价、时间限制、业绩考核等方面。

（1）激励对象

根据《上市公司股权激励管理办法》第八条，激励对象可以包括上市公司的董事、高级管理人员、核心技术人员或者核心业务人员（包括外籍员工），以及公司认为应当激励的对公司经营业绩和未来发展有直接影响的其他员工。

同时，激励对象不应当包括：①独立董事和监事；②单独或合计持有上市公司5%以上股份的股东或实际控制人及其配偶、父母、子女；③最近12个月内被证券交易所认定为不适当人选；④最近12个月内被中国证监会及其派出机构认定为不适当人选；⑤最近12个月内因重大违法违规行为被中国证监会及其派出机构行政处罚或者采取市场禁入措施；⑥具有《公司法》规定的不得担任公司董事、高级管理人员情形的；⑦法律法规规定不得参与上市公司股权激励的；⑧中国证监会认定的其他情形。

（2）可用于激励的股本数量

上市公司全部在有效期内的股权激励计划所涉及的标的股票总数累计不得超过公司股本总额的10%，且为股权激励计划预留权益的比例不得超过本次股权激励计划拟授予权益数量的20%。

另外，对于激励对象而言，非经股东大会特别决议批准，任何一名激励对象通过全部在有效期内的股权激励计划获授的本公司股票，累计不得超过公司股本总额的1%。

（3）股票及资金来源

用于激励计划的股票来源包括：向激励对象发行股份；回购本公司股份；法律、行政法规允许的其他方式。

原则上由激励对象自行解决，上市公司不得为激励对象依股权激励计划获取有关权益提供贷款以及其他任何形式的财务资助，包括为其贷款提供担保。

（4）定价

限制性股票授予价格不得低于股票票面金额，且原则上不得低于下列价格较高者：第一，股权激励计划草案公布前1个交易日的公司股票交易均价的50%；第二，股权激励计划草案公布前20个交易日、60个交易日或者120个交易日的公司股票交易均价之一的50%。

同时，科创板和创业板中特别规定了股权激励计划草案公布前1个交易日、20个交易日、60个交易日或者120个交易日的公司股票交易均价之一的50%，但应当聘请独立财务顾问发表核查意见。

限制性股票回购价格：对出现不得实施股权激励情形负有个人责任，或出现前述不应当作为激励对象的情形的，回购价格不得高于授予价格；出现其他情形的，回购价格不得高于授予价格加上银行同期存款利息之和。

股票期权行权价格：不得低于股票票面金额，且原则上不得低于下列价格较高者：第一，股权激励计划草案公布前 1 个交易日的公司股票交易均价；第二，股权激励计划草案公布前 20 个交易日、60 个交易日或者 120 个交易日的公司股票交易均价之一。

（5）时间限制

限制性股票：有效期为 10 年，从首次授予权益日起算；但是授予日与首次解除限售日之间的间隔不得少于 12 个月，如规定分期解除限制，每期限制不得少于 12 个月。

股票期权：有效期为 10 年，从首次授予权益日起算；但是授权日与获授股票期权首次可行权日之间的间隔不得少于 12 个月。如规定分期行权的，每期时限不得少于 12 个月，后一行权期的起算日不得早于前一行权期的届满日，每期可行权的股票期权比例不得超过激励对象获授股票期权总额的 50%。当期行权条件未成就的，股票期权不得行权或递延至下期行权，并应注销对应期权。

（6）业绩考核

激励对象为董事、高级管理人员的，上市公司应当设立绩效考核指标作为激励对象行使权益的条件。该等指标应当包括公司业绩指标和激励对象个人绩效指标，其中，个人绩效指标由上市公司自行确定；公司业绩指标可以公司历史业绩或同行业可比公司相关指标作为对照依据，可以包括净资产收益率、每股收益、每股分红等能够反映股东回报和公司价值创造的综合性指标，以及净利润增长率、主营业务收入增长率等能够反映公司赢利能力和市场价值的成长性指标；以同行业可比公司相关指标作为对照依据的，选取的对照公司不少于 3 家。

2. 员工持股计划

不同于限制性股票与股票期权，员工持股计划在实施条件、激励对象和业绩考核上并无特殊规定，其中激励对象可包括全体员工，其监管主要体现于可用于激励的股本数量、股票及资金来源、定价、时间限制等方面。

（1）可用于激励的股本数量

在可用于激励的股本数量这一方面，员工持股计划与限制性股票、股票期限一致，即总数累计不得超过公司股本总额的 10%，单个员工所获股份权益对应的股票总数累计不得超过公司股本总额的 1%。同时，员工持股计划持有的股票总数不包括员工在公司首次公开发行股票上市前获得的股份、通过二级市场自行购买的股份及通过股权激励获得的股份。

（2）股票及资金来源

股票来源可通过以下方式解决：第一，上市公司回购本公司股票；第二，二级市场购买；第三，认购非公开发行股票；第四，股东自愿赠与；第五，法律、行政法规允许的其他方式。

资金来源应为员工的合法薪酬。

（3）定价

如以非公开发行方式实施员工持股计划，则发行价格不低于定价基准日前 20 个交易日公司股票均价的 90%。

（4）时间限制

每期员工持股计划的最短持股期限为不低于 12 个月，如以非公开发行方式实施员工持股计划，则持股期限不得低于 36 个月，自股票过户之日起算。

三、上市公司股权激励的难点

（一）上市公司股权激励存在的问题

1. 资本市场的有效性不高

在股权激励计划中，不少上市公司在制定业绩考核指标时，会参考市场类指标，以股价为代表，包括市场价值、市盈率等。以公司股票的公允价值作为评价企业价值增长的标准。采用市场类指标有一定的优势，例如，首先，股票市场指标是企业未来现金流的贴现值，指标值反映了市场对于企业未来的预期，所以其最大的优点在于面向未来，关注企业的长远发展。其次，其业绩评价相对简单，由股价独立决定，易于计算和确认，不易受到经理人的人为操纵。

但是，市场类指标也存在先天的劣势：受资本市场有效性影响很大，由于我国资本市场起步与西方相比较晚，因此资本市场并不成熟，还存在各种各样的问题，如我国股票市场上股票的涨跌并不完全与该企业的财务经营成果呈正相关，在股票市场上普遍存在信息不对称的情况，或者庄家操纵股票市场的现象。在这种情形下，市场指标可能难以真实反映企业价值的变化。因此，在这样的大环境下实施股权激励，难以达到企业预期的效果。

2. 业绩考核体系不完善

在业绩考核体系方面，我国上市公司存在的主要问题是业绩考核体系设计得过于单一，缺乏合理的考核标准，满足不了短期和长期的业绩考核指标，并且容易受到操纵。目前我国上市公司多采用财务指标对公司高管进行业绩考核评判，很多公司仅以一两个盈利指标来判断授予对象是否达到业绩要求，如利用净利润增长率和净资产收益率等。虽然这些指标具有容易获取、结果简单明了、可对比性强的特点，能够较为直观地反映出上市公司盈利能力的高低，但是仅仅利用这种单一指标考核业务能力未免显得太过片面。并且这些指标可以通过粉饰财务报表得以美化，并且还有可能出现管理层为了实现股权激励业绩考核的目标，做出为了短期利益忽视公司长远利益的行为，反而不利于企业的发展。

3. 股权激励方案的有效期偏短，股权激励对于企业的长期发展作用有限

上市公司股权激励制度是上市企业为了激发管理层主动承担企业责任和经营风险，通过股权利益的方式将管理层利益与公司利益结合在一起，以保证公司长久稳定发展的一种方式。但是在实际操作中，很多上市公司股权激励计划为3—5年时间（国外很多先进企业的股权激励计划行权期为10—15年），是一个中期计划，在股权激励期内对于公司发展具有加速促进作用，但是在股权激励到期后，对企业的发展速度可能有所放缓甚至维持原状，故现行股权激励计划对于企业长期发展的促进力度有限。例如，万科的第一期股权激励计划为2006年到2008年，仅仅3年的有效期，显然不符合公司长期发展的战略定位，最终也受到2007年国际金融风暴和2008年国家对地产业进行调控等多重因素的影响而以失败告终。又如，海信电器在2009年到2011年的股权激励虽然在短期内取得了良好的效果，但是在后期后劲不足，绩效短期上升后逐步回落。

4. 公司治理结构不健全

股权激励的实施效果在一定程度上也和公司内部的治理结构有很大的关系，但是现阶段我国上市公司普遍存在治理结构不健全的现象。主要表现在：内部人员控制严重，如很多上市公司实际控制人兼任企业董事长总经理等，出现治理层即管理层情形，导致股权激励有所下降；监管存在缺失，如监事的独立性不强，监事会的监督功能被弱化，使得监事会只是一个摆设，对于公司无法起到应有的监督作用；上市公司的独立董事制度不能得到应有的贯彻，独立董事缺乏独立性或不能真正起到监督的作用，难以实现公平公正。

（二）上市公司股权激励机制优化建议

1. 提高资本市场有效性

上市公司股权激励的实施效果受资本市场的运行影响，有效健全的资本市

场能够使得股权激励制度走上良性循环的道路。因此，提高资本市场的有效性对于股权激励机制充分发挥作用（尤其是对于上市公司股权激励机制发挥作用）起着重要推动作用。这就需要各个机构投资者不断加强企业的价值判断能力，积极地参与上市公司企业运营研究，同时转变其自身的投资理念。并且，还要加强股票市场价值的发现，使市场投资回归理性，加大资本市场上违规恶意炒作的查处力度，使其与企业经营状况呈现正相关。

2. 完善指标评价体系，形成科学的绩效考核体系

不同的业绩考核指标有着不同的优缺点，而且将导致经理人努力的方向不同。因此，任何一种单一的指标都不可能做到全面、科学、合理。甚至由于仅仅设置单一的考核指标而造成经理人仅仅关注公司发展的某一个方面，而偏废其他方面，从而造成激励扭曲的局面。因此，为了企业的健康发展，在制定绩效考核目标时，要明确表现公司短期利益和长期利益的考核指标，综合选用财务类指标和非财务指标，并且平衡好各个指标之间的关系，建立完善的公司业绩考核指标体系，引导经理人为公司的全方面发展做出努力和贡献。

3. 设置合适的股权激励方案有效期，短期激励和长期激励相结合，促进企业长远发展

按照具体实施状况设定相应的激励期限，适当延长股权激励的期限。同时，由于长期的股权激励效果和优势在短期内无法显现，为了避免激励期限过长而给激励对象造成心理上的负担，需要将长期激励计划与短期激励计划进行有效结合，并合理分配长短期激励比例。这样既可以使企业在短期内获得快速发展，又避免了后期激励效果不足的情形，使得企业能够在一个良性循环之下发展，促进企业更好、更稳定地发展。

4. 完善公司的治理结构

正如前文所述，公司内部的治理结构是否完善在某种程度上甚至能够决定股权激励能否顺利贯彻实施和最终的实施效果。因此，应当注重对于上市公司内部治理结构的完善，如此才能更好地规避上市公司股权激励实施中出现的各种问题。例如，增强监事的独立性，使监事真正能够起到监督作用；完善独立董事的选任制度，确保独立董事能够独立行使职权，发挥独立董事对于公司健康发展保驾护航的作用。

第三节 拟上市公司的股权激励

一、拟上市公司股权激励的相关规定

本节所述的“拟上市公司”系指已具有较为成熟的业务模式和内部治理结构，处于报告期内或距离上市“一步之遥”的公司。关于这类股权激励的现行有效规定如下：

规定名称	发文机关	生效时间
《首次公开发行股票并上市管理办法》	中国证监会	2020 年 7 月 10 日
《创业板首次公开发行股票注册管理办法（试行）》	中国证监会	2020 年 6 月 12 日
《科创板首次公开发行股票注册管理办法（试行）》	中国证监会	2020 年 7 月 10 日
《首发业务若干问题解答》	中国证监会	2020 年 6 月 10 日
《上海证券交易所科创板股票发行上市审核问答》	上海证券交易所	2019 年 3 月 3 日
《上海证券交易所科创板股票发行上市审核问答（二）》	上海证券交易所	2019 年 3 月 24 日
《上海证券交易所科创板上市公司证券发行上市审核问答》	上海证券交易所	2020 年 7 月 3 日
《深圳证券交易所创业板股票首次公开发行上市审核问答》	深圳证券交易所	2020 年 6 月 12 日
《深圳证券交易所创业板上市公司证券发行上市审核问答》	深圳证券交易所	2020 年 6 月 12 日

二、拟上市公司股权激励的特殊之处

不同于上市公司，拟上市公司股权激励有其自身的特点和要求。

1. 拟上市公司股权激励要负担更多的成本

上市公司可以通过资本市场来募集资金，分摊股权激励所产生的费用。但是目前资本市场缺少对于拟上市公司股权激励提供资金的渠道，因此，拟上市公司股权激励产生的费用，只能独自承担。目前，拟上市公司股权激励的主要资金来源为：(1) 自有资金；(2) 银行借款、抵押个人资产；(3) 向银行贷款，发行人或者股东或者其他关联方提供担保，员工提供反担保；(4) 股东向员工提供借款；(5) 外部投资者借钱，股东向外部投资者提供担保，员工可以提供反担保，也可以不提供反担保。与上市公司相比，拟上市公司股权激励要承担更多的费用。这在一定程度上加重了拟上市公司的负担，也会对拟上市公司当年的公司业绩产生一定的影响。

2. 拟上市公司股权激励的方式更加灵活

上市公司实施股权激励方案前需要向中国证监会备案。而拟上市公司实施股权激励方案前不需要进行备案，因此，拟上市公司实施股权激励方案时所需要选择的方案也就更加灵活多样。

3. 拟上市公司股权激励对象较为广泛

根据我国《公司法》的规定，有限责任公司的股东不能超过50人，股份有限公司的股东人数不能超过200人。[①] 因此，拟上市公司进行股权激励时，应当注意上述关于股东人数的限制。除此之外，拟上市公司股权激励方案对象的范围不受中国证券监督管理委员会的限制，因此，拟上市公司在激励对象的选择方面可以更加灵活自主。只要经过股东会或者股东大会决议通过，符合公司的发展需要，独立董事、监事均可以作为股权激励的对象。实践中有些公司基于发展需要，甚至将公司外部人员作为股权激励对象进行激励。但主要激励对象还是公司的管理人员和高级技术人员。

4. 拟上市公司股权激励特有的风险

首先，由于拟上市公司经理人的业绩和公司经营状况不能通过股票市场来判断，因此，必须建立衡量经理人业绩的标准。其次，由于存在外部环境和市场机制不完善等客观因素，在股权激励实施时也会出现一些法律、管理或财务风险。例如，激励不规范风险、股权稀释风险、股权纠纷风险等。这些问题如果未能妥善处置，不仅无法达到激励的目的，还会产生多余的纠纷，影响公司的持续发展。

拟上市公司股权激励的具体特殊之处如下：

---

① 《公司法》第二十四条规定：有限责任公司由五十个以下股东出资设立。《公司法》第七十八条规定“设立股份有限公司，应当有二人以上二百人以下为发起人，其中须有半数以上的发起人在中国境内有住所”。

（一）实施条件

1. 期权激励计划

根据《首发业务若干问题解答》的规定，发行人（即本章所称拟上市公司，下同）存在首发申报前制定、上市后实施的期权激励计划的，应体现增强公司凝聚力、维护公司长期稳定发展的导向。原则上应符合下列要求：

（1）激励对象应当符合相关上市板块的规定。

（2）激励计划的必备内容与基本要求，激励工具的定义与权利限制，行权安排，回购或终止行权，实施程序等内容，应参考《上市公司股权激励管理办法》的相关规定予以执行。

（3）期权的行权价格由股东自行商定确定，但原则上不应低于最近一年经审计的净资产或评估值。

（4）发行人全部在有效期内的期权激励计划所对应股票数量占上市前总股本的比例原则上不得超过15%，且不得设置预留权益。

（5）在审期间，发行人不应新增期权激励计划，相关激励对象不得行权；最近一期末资产负债表日后行权的，申报前须增加一期审计。

（6）在制定期权激励计划时应充分考虑实际控制人稳定性，避免上市后期权行权导致实际控制人发生变化。

（7）激励对象在发行人上市后行权认购的股票，应承诺自行权日起3年内不减持，同时承诺上述期限届满后比照董事、监事及高级管理人员的相关减持规定执行。

2. 员工持股计划

根据《首发业务若干问题解答》的规定，发行人首发申报前实施员工持股计划的，原则上应当全部由公司员工构成，体现增强公司凝聚力、维护公司长期稳定发展的导向，建立健全激励约束长效机制，有利于兼顾员工与公司长远利益，为公司持续发展夯实基础。在此前提下，员工持股计划应当符合下列要求：

（1）发行人实施员工持股计划，应当严格按照法律、法规、规章及规范性文件要求履行决策程序，并遵循公司自主决定、员工自愿参加的原则，不得以摊派、强行分配等方式强制实施员工持股计划。

（2）参与持股计划的员工，与其他投资者权益平等，盈亏自负，风险自担，不得利用知悉公司相关信息的优势，侵害其他投资者合法权益。

（3）员工入股应主要以货币出资，并按约定及时足额缴纳。按照国家有关法律法规，员工以科技成果出资入股的，应提供所有权属证明并依法评估作价，及时办理财产权转移手续。

（4）发行人实施员工持股计划，可以通过公司制企业、合伙制企业、资产管理计划等持股平台间接持股，并建立健全持股在平台内部的流转、退出机制，以及所持发行人股权的管理机制。

（5）参与持股计划的员工因离职、退休、死亡等原因离开公司的，其间接所持股份权益应当按照员工持股计划章程或协议约定的方式处置。

（二）审批程序

1. 公司内部审批与外部确权

对于拟上市公司来说，设立股权激励计划以及实施办法一般由股东会决定，而方案的解释和具体执行方案则往往由董事会负责决议，包括可参与激励计划的人员评审、确定，以及公布人员名单等。对于规模较大或员工股权激励较为复杂的拟上市公司而言，也可以由董事会下设的薪酬委员会负责起草计划草案及其具体执行。

对于存在财务投资人的公司而言，因股权激励存在预留股权或股份（即认缴出资未实缴），可能导致公司股权及/或实际控制人、控股股东的变化，因此从财务投资人角度而言，往往要求公司及实际控制人、创始股东如实披露，对于一些特殊安排还可能需要取得投资人的事先同意。

此外，在公司内部审批结束后，如员工股权激励涉及公司或持股平台（一般为公司或合伙企业）层面的股权/合伙份额以及出资变更的，除调整公司章程、股东/合伙人名册外，还应当办理相应的工商变更登记。

2. 交易所审查

在科创板试点注册制和创业板注册制改革之前，上市规则要求发行人需股权清晰，且控股股东和受控股股东、实际控制人支配的股东持有的发行人股份不存在重大权属纠纷。但是由于员工股权激励本身往往设置了授予员工权益的先决条件，这就导致股权归属的不确定性，故审核中一般要求上市前制定的股权激励计划必须执行完毕才能上市，或者终止该计划后再上市。

随着《科创板首次公开发行股票注册管理办法（试行）》和《创业板首次公开发行股票注册管理办法（试行）》等新的上市规则发布，以及科创板的正式落地和创业板注册制改革的推出，拟上市公司的员工股权激励获得了监管机构更大的容忍空间，此中亦包括上市前制定、上市后实施的期权计划。从上市规则本身来看，科创板和创业板要求发行人控股股东和受控股股东、实际控制人支配的股东所持发行人的股份权属清晰，最近2年实际控制人没有发生变更，不存在导致控制权可能变更的重大权属纠纷。即不再有发行人股权清晰的描述，仅对控股股东、实际控制人所持股份提出要求。

（三）实施方式

拟上市公司的股权激励一般包括期权激励和员工持股两种方式，具体实施方式及其限制详见本节第二部分“（一）实施条件”。

（四）特殊要求

公司在未执行完毕或终止股权激励的情况下首发上市的，还需要满足以下信息披露及中介机构的核查要求。

1. 信息披露

（1）期权激励计划

发行人应在招股说明书中充分披露期权激励计划的有关信息：第一，期权激励计划的基本内容、制订计划履行的决策程序、目前的执行情况；第二，期权行权价格的确定原则，以及和最近一年经审计的净资产或评估值的差异与原因；第三，期权激励计划对公司经营状况、财务状况、控制权变化等方面的影响；第四，涉及股份支付费用的会计处理等。

（2）员工持股计划

发行人应在招股说明书中充分披露员工持股计划的人员构成、人员离职后的股份处理、股份锁定期等内容。

2. 中介机构核查要求

（1）期权激励计划

保荐机构及申报会计师应对下述事项进行核查并发表核查意见：第一，期权激励计划的制定和执行情况是否符合要求；第二，发行人是否在招股说明书中充分披露期权激励计划的有关信息；第三，股份支付相关权益工具公允价值的计量方法及结果是否合理；第四，发行人报告期内股份支付相关会计处理是否符合《企业会计准则》相关规定。

（2）员工持股计划

保荐机构及发行人律师应当对员工持股计划的设立背景、具体人员构成、价格公允性、员工持股计划章程或协议约定情况、员工减持承诺情况、规范运行情况及备案情况进行充分核查，并就员工持股计划实施是否合法合规，是否存在损害发行人利益的情形发表明确意见。

三、拟上市公司股权激励的难点

1. 股权激励的对象及范围的确定

实践中，由于拟上市公司在实施股权激励时不受中国证监会的限制，因此，拟上市公司在实施股权激励计划时，激励对象的选择更加灵活自主。正如前文所述，拟上市公司基于公司发展的需要，只要经过股东会、股东大会决议，可以对独立董事、监事，甚至公司外部人员进行股权激励。但是根据《公司法》的明确规定：股份有限责任公司的股东不能超过 200 人。公司上市时，在申报实际操作中，拟上市公司要严格按照《公司法》《证券法》等相关法律法规的条款进行运作，控制股东的人数，即实施股权激励后公司股东的人数不能超过 200 人。因此，为了避免为日后公司上市制造麻烦，拟上市公司在实施股权激励时，要注意对于股东人数的控制，实施股权激励后股东的人数要控制在 200 人之内。

同时，拟上市公司实施股权激励时，还要注意激励的股份比例不能过大，结合公司的目标确定股权激励的规模，要考虑其他股东可以接受的股权被稀释的程度，不能由于实施股权激励而导致公司的实际控制权转移。还要注意通过人数及股权比例的控制，尽量减少因为股权支付对公司净利润产生过于不利的影响。

2. 需建立完善的股权激励机制

拟上市公司应当根据公司本身特有的规律并结合行业发展的情况，对比同行业和自身规模类似的其他上市公司的发展情况，参考同行业其他上市公司的财务指标和非财务指标，制定符合现阶段公司发展要求和战略定位的业绩考核目标。股权激励计划的实施，应当衡量公司自身的整体经济效益运营状况，实现公司有限资源的合理优化配置。

公司制定股权激励计划时，应当结合自身的实际情况和战略定位，分析股权激励的政策趋势，借鉴先进的股权激励经验。股权激励应当从经济利益上影响公司员工的价值取向和工作观念，激发员工投身于公司建设的热情，通过股权激励计划树立起员工的主人翁意识，增强员工的归属感，以实现公司的长足发展，使得公司的利益最大化。在股权激励计划的实施过程中，公司可以参考同行业上市公司的治理结构，成立股权激励计划专门的实施机构，推进股权激励计划的施行，负责股权激励的考核与管理等工作。确保股权激励计划实施中每一个环节的独立性、公正性，同时对股权激励的结果定期进行公示，确保股权激励计划能够在公正透明的环境下运行，增强公信力，以真正发挥股权激励计划的作用。

同时，对于没有通过股权激励计划受益的员工，公司也应当设计相应的制度或者通过相应的机制进行一定的安抚，防止该部分员工基于未能从股权激励计划中受益而心中不平衡，疏通其消极情绪。不良情绪的挤压不利于公司内部员工的团结，甚至会对公司的发展产生不利的影响。

3. 需要注意实施股权激励的时机

实施股权激励的要抓好时机。在初创阶段，公司的价值并不明显，或者是在企业遇到困难，企业发展停滞不前的时候，不宜实行股权激励。这种情形下实施的股权激励更像是公司在给员工“画饼充饥”，不但达不到股权激励的效果，甚至有可能适得其反，造成公司优质员工的流失。在公司处于拟上市阶段时，公司的价值以及未来增值空间得以体现，此时对于为公司做出过重大贡献的核心人员以及对于未来公司发展具有重要作用的成员实行股权激励，一方面是在经济上给予了员工物质奖励，另一方面也是对员工所做贡献的肯定，认可了员工的价值。此时的股权激励能够在最大程度上调动员工的积极性。

但是也应当注意，拟上市公司进行股权激励的时间不宜过晚。最好是在公司上市申报 IPO 之前就能完成，因为越是在企业 IPO 阶段的后期，实施股权激励所需要考虑的因素就会越多，比如需要考虑股份支付、突击入股、信息披露、企业上市后的市值、对于企业上市整体的影响等。

基于以上因素的考虑，第一，股权激励应当尽量在公司上市申报 IPO 之前完成，此时，不仅可以减少上市审核带来的影响，同时实操时，也相对简单和灵活，可动态调整的空间相对较大，有利于企业根据实际情况作出最佳的决定。第二，若在报告内的第一年或第二年实施，当然也需要结合企业股改的时间，最好能够在股改前或者股改时同步实施完，这一时期，存在股份支付的影响，但是在合理可控的范围内，所以如果企业确实是在这个时段内实施，则应该重点关注股权激励定价。第三，若是在报告期最后一年实施或者上市申报日 6 个月或 1 年内，则需要结合股份支付以及突击入股的影响，来决定是否实施股权激励，在这一时间段，即使实施，也是建议只授予少量股份。第四，不建议在上市申报日至上市发行日实施，因为这会涉及企业 IPO 申报材料的重新披露，会延迟企业上市的时间，牵一发而动全身，因此不建议在如此特殊敏感的时期实施股权激励，即使要进行也尽量在股权激励进行局部调整，同时也需要合理评判其必要性。

4. 完善股权激励的退出机制

股权结构不完善是拟上市 IPO 申请被驳回的一个重要原因，股权结构不清晰或过于复杂，或存在权属纠纷，或变动频繁，很容易引发利益争执，会对企业的未来发展产生不利影响。因此，拟上市公司的股权激励方案要综合考虑各方面的因素，尤其是在股权结构方面要做到权属明确，股东人数合理、背景清晰，股权变更不宜过于频繁，尤其是实际控制人 IPO 申请前两年内不能发生变动，尽可能防止因为股权过于集中或分散对公司未来的经营决策产生不利影响。

拟上市公司在上市之前进行股权激励，如果将股权实际过户给员工，当员工产生辞职、离职或辞退的情形时，对于员工通过股权激励途径获得的股权如何处理，就成为一个非常重要的问题。如果退出价格或补偿方案不能使得员工满意，则很容易产生股权纠纷。因此，在制定股权激励方案时应当进行慎重考虑，以规避或者减少相关风险带来的损失，避免产生股权纠纷影响到公司上市的进展。

5. 股权激励的成本问题

拟上市公司在股权激励中，应该合理测算股权激励的相关成本，重点关注三个问题：首先是税务的问题，在股权激励过程中会产生一系列税费，无论激励对象是自然人、合伙企业还是公司制企业，都需要在规定的时间内依照相关的法律规定足额缴税，避免由于进行了不恰当的税收筹划而对公司上市造成障碍。其次是增资价格问题，若是以增资的方式进行股权激励，则应当注意增资价格不能低于每股净资产，否则可能无法合理解释增资价格，甚至被质疑利益输送，从而为公司上市制造麻烦。最后是股份支付对于利润的影响问题，当增资价格低于合理价格时，员工取得激励股权的价格与合理价格的差异，将作为股份支付，会计核算中列为管理费用，将直接影响拟上市公司的净利润指标。

·第六章·

股权激励的常见问题

第一节 出资问题

出资是股东取得股东身份的重要方式，是享有股东权利的基本前提。如果没有按照法律规定有效出资，不但会影响投资人取得股东身份，还可能会产生一系列纠纷。因此明确出资的方式及期限是股权激励方案展开的基础环节。

在股权激励过程中，尤其需要关注出资问题，基于股权激励的特殊安排，在股权激励过程中，各方需要重点了解激励对象参与股权激励后面临的出资问题，需要对我国关于出资的有关规定有所了解。本节内容对我国关于出资问题的相关安排进行介绍，以便于公司在实施股权激励过程中引起关注，无论激励对象是作为公司的股东直接持有公司的股权还是通过有限责任公司持股平台或者有限合伙企业持股平台间接持有公司股权，都需要关注出资问题。

一、注册资本认缴制和注册资本实缴制

注册资本认缴制又叫注册资本认缴登记制，是指工商局的营业执照只登记公司所有股东认缴的注册资本总额，不强制要求提交验资报告，注册公司时将认缴的注册资本设定一定期限分段缴清，无需一开始全部缴纳。而注册资本实缴制是指公司设立时必须按照营业执照上载明的注册资本数额实际缴纳完毕。

2013 年修订的《公司法》将原有的注册资本实缴制修改为注册资本认缴登记制度（除金融行业等少数特殊企业外），即取消首次缴付比例和实缴期限要求，并同时取消验资和实收资本工商登记要求。2014 年 2 月 7 日，国务院正式印发《注册资本登记制度改革方案》，该方案的核心内容便是资本登记制度改革为认缴登记制度。

（一）改革前实缴制度的重要意义

1. 注册资本最低限额和实缴制度的不同目的

注册资本能够彰显公司的资金实力及背后的经营能力、抵御风险能力，使交易相对人能够对公司的上述特点产生预期并评估合作的可能性。经登记并公示的注册资本就如同信息不对称环境下公司向潜在交易相对人发出的信号，有助于信息公开，促进交易进行。也正因如此，因减资操作影响了债权人对公司

的本来预期，因而当公司需要减少注册资本时，应对债权人进行特别保护。依据《公司法》相关规定，债权人在特定情形下有权要求公司清偿债务或者提供相应的担保，使其本来的预期不致落空。同样，在金融业等特殊行业中仍保留最低注册资本的门槛要求，这是因为法律认为只有具备一定资金实力的企业才拥有在风险行业妥善经营的可能。

实缴制度则旨在将交易相对方对公司资金实力的预期尽快落到实处，即虽然一般性的注册资本最低限额被取消，公司甚至可能只有低至一两块钱的注册资本，但毋庸置疑的是，一旦某公司的注册资本经由登记确定，在营业执照和公示平台上可查，就会给交易相对方带来预期。因此，实缴制度旨在促成该预期与公司实际资本状态相符，或者至少能在一段时期内达成一致。

2. 两种注册资本制度的契合点

基于上文分析可知，由注册资本数额设定的预期可经由实缴制度尽快实现，共同体现了公司资本对其交易相对人的重要意义，结合公司财务和法律的基本原理，可知其原因在于资本的风险缓释作用。具体而言，公司在成立初始的全部资产均来自债权人或者股东的投入及其形态转化，前者体现为资产负债表左侧的“资产”，后者则分别体现为资产负债表右侧的“负债”及“所有者权益”，且始终满足“资产 = 负债 + 所有者权益”恒等式。由此，根据后续持续经营获益或者亏损情况的不同，所有者权益将产生增减变动，并引起资产的随同变动。由于公司需在债务到期时清偿债务，且债权人在公司陷入破产境地时优先于股东享有受偿权，因此，当公司连年亏损时，首先减少所有者权益，即股东对公司的索取权，只要所有者权益没有减为零，债权人对公司的索取权就不会受到影响。因此，公司实收资本作为所有者权益中的重要项目，就像一个缓冲垫，在公司因种种原因而亏损时先行“牺牲”，为债权人缓冲风险。即“钱多好挥霍”，资本金雄厚的公司、资产负债率较低的公司，在不危及债权清偿的前提下可供亏损的资金多，债权的安全系数相对较高。这也可以解释以下现象，即当上市公司遭遇危机、股价岌岌可危时，一则“大股东紧急注资”的公告多半能够为市场注入信心，从而稳定股价。从另一角度来看，虽然目前以下观点得到越来越广泛的认同，即依据企业的财务会计报表，分析其财务基本面、主要财务指标和重要会计科目，关注其净资产（所有者权益）动态变化，是债权人自我保护最靠得住的方法之一，但考虑到实收资本是所有者权益的重要组成部分，实收资本占资产比重大的公司风险相对较低，且非上市公司的内部财务会计资料也并非可由债权人轻易获得，因此，关注实收资本是否与注册资本相符，仍然不失为保护债权人的重要方法之一。

（二）认缴制和实缴制的区别

注册资本认缴制和实缴制这两种制度的主要区别在于：实缴登记制对出资方式和非货币出资的比例均有强制性规定，而认缴登记制中股东自行约定出资额、出资方式、出资期限等，并记载于公司章程，对一般行业的认缴资本没有强制规定。注册资本登记制度改革后简化了公司注册流程，鼓励社会资本创办企业，一定程度上弱化了工商行政部门在公司设立登记中的行政权力，充分尊重出资人的意愿，符合行政法便民、高效的现代管理理念。

但需要注意的是，注册资本认缴制，不等于可以只认不缴。根据《公司法》的相关规定，股东应当按期足额缴纳公司章程中规定的各自所认缴的出资额。股东以货币出资的，应当将货币出资足额存入有限责任公司在银行开设的账户；以非货币财产出资的，应当依法办理其财产权的转移手续。股东不按照规定缴纳出资的，除应当向公司足额缴纳外，还应当向已按期足额缴纳出资的股东承担违约责任。公司的发起人、股东虚假出资，未交付或者未按期交付作为出资的货币或者非货币财产的，由公司登记机关责令改正，处以虚假出资金额5%以上15%以下的罚款。因此，尽管公司法取消了强制性的注册资本实缴时间限制，股东仍应按照公司章程中规定的注册资本实缴时间要求按期足额缴纳其所认缴的出资，否则除需足额缴纳外，还须承担相应的违约责任以及罚款。

二、股权出资的方式

（一）相关法律规定

《公司法》第二十七条规定，股东可以用货币出资，也可以用实物、知识产权、土地使用权等可以用货币估价并可以依法转让的非货币财产作价出资；但是，法律、行政法规规定不得作为出资的财产除外。对作为出资的非货币财产应当评估作价，核实财产，不得高估或者低估作价。法律、行政法规对评估作价有规定的，从其规定。

《财政部关于〈公司法〉施行后有关企业财务处理问题的通知》第一条规定，关于以非货币资产作价出资的评估问题，根据《公司法》第二十七条的规定，企业以实物、知识产权、土地使用权等非货币资产出资设立公司的，应当评估作价，核实资产。国有及国有控股企业以非货币资产出资或者接受其他企业的非货币资产出资，应当遵守国家有关资产评估的规定，委托有资格的资产评估机构和执业人员进行；其他的非货币资产出资的评估行为，可以参照执行。

《市场主体登记管理条例》第十三条规定，股东的出资方式应当符合法律、行政法规的规定，但是，股东不得以劳务、信用、自然人姓名、商誉、特许经营权或者设定担保的财产等作价出资。

（二）出资方式

根据上述规定不难看出，股东出资是一个相对开放的规定，只要是法律法规未禁止且可以依法转让的财产均可对公司进行出资。根据出资是否需要评估，公司出资可以分为货币财产出资（不需要评估）和非货币财产出资（需要评估）两种形式。货币财产出资可以以现金、存款等方式出资，但是，对于非货币财产出资因根据财产形态不同进而区分为有形财产出资（存货、固定资产等）和无形财产出资（土地使用权、应收款项、股权、商标、专利、其他知识产权等）两种方式。具体可划分如下：

<table>
<tr><th>出资类型</th><th colspan="2">细分方式</th></tr>
<tr><td>货币财产出资（无需评估）</td><td colspan="2">现金、银行存款等</td></tr>
<tr><td rowspan="2">非货币财产出资（需要评估）</td><td>有形财产</td><td>存货、固定资产等</td></tr>
<tr><td>无形财产</td><td>土地使用权、应收账款、股权、商标、专利等知识产权等</td></tr>
</table>

（三）法律禁止的出资方式

1. 劳务

《公司法》及《市场主体登记管理条例》规定：股东不得以劳务出资，从而否认了劳务出资的可能性。但是，在知识经济时代，人力资本对于公司经营发展越来越重要。有时，人力资本的价值甚至远远高于货币资本的价值。因此，法律对待劳务出资的否定性评价有待商榷。首先，公司的持续经营离不开劳动者提供的劳务，肯定劳动者的投资主体地位有利于生产要素的竞相迸发，调动劳动者的积极性；其次，现阶段我国公司的生产经营方式日趋多元化，现实的经济生活在出资方式领域有诸多创新，允许劳务出资能够满足一些高科技公司的发展，促进商业领域的繁荣。

2. 信用

信用出资是指股东将个人的商业信用交付公司以获得股份或股权的行为。但是由于信用是一种无形的资产，具有强烈的人身依附性，因此难以评估且无法转让。由于目前我国信用体系的建设并不完善。因此，我国法律目前将信用出资排除在出资形式之外。

3. 自然人姓名和商誉

从现行法律的规定来看，为了维护公司资本的稳定，股东的出资方式需要满足可以估价并且可以转让两个条件。自然人姓名权属于人身权，不能直接体现财产内容，不能用金钱衡量并且其价值依附于特定民事主体，因此不适宜作为出资形式。商誉，虽然在现代公司的会计评估制度中，可以通过与其他资产进行对比并辅之计算公式，对商誉价值进行估算，但是商誉是和公司的经营状况紧密联系的，其不可能脱离商业主体而独立存在，只有当公司进行转让时商誉才能一并转让，因此，商誉并不满足可以自由转让的条件。综上，目前法律法规仍禁止自然人姓名和商誉作为出资条件。

4. 特许经营权

特许经营权是国家对自然人或法人从事特殊行业经营的许可。在我国，自然人和法人想要获取特许经营权必定会先经政府审核，政府对特许经营者的资质有较高要求，并且特许经营权转让需要经过政府同意。

5. 设定担保的财产

出于对设定担保的财产权能否行使不确定性的担忧，目前我国法律仍禁止以其作为出资方式。

担保财产不得出资的规定，主要是因为：以设定担保的财产进行出资，其自由转让将受到一定的限制。并且，使得公司在成立之初就呈现资本额不确定的状态，一旦抵押权人要求以抵押物行使优先受偿权将会损害到公司的财产权。

但是现行法律制度完全可以解决上述担忧：在担保人不能履行债务，担保财产被担保权人实现优先受偿权的时候，公司可以基于该股东的出资违约追究其责任，要求其补足出资。即使该股东不能补足，其他的出资人也要对此承担连带责任。如此，也就维护了公司的利益，同时也保障了第三人的权益。其他出资人承担责任之后，可以向该出资违约的股东追究责任，降低了抵押物出资给其他股东带来的风险。并且原始股东合意设立公司时，是基于彼此的信任和团结，在出资人愿意承担抵押物出资有可能带来的补足出资或承担连带责任的风险时，法律应当遵从其意思，不应当做过多的干涉。

禁止抵押物出资限制了抵押物的使用价值，本着“物尽其用”的宗旨，应当尊重相关权利人的意愿，允许抵押物出资，以适应现代市场融资的需求和经济社会的发展。

6. 瑕疵或限制性股权

股权可以作为出资方式，依据《公司注册资本登记管理规定》第六条规定，股东或者发起人可以以其持有的在中国境内设立的公司股权出资，以股权出资的，该股权应当权属清楚，权能完整、依法可以转让。出资人以股权出资，可以免予筹措大量资金，具有较强便利性，股权出资的本质是股权转让。

但是，依据《公司注册资本登记管理规定》第六条第三款的规定，已被设立质权、章程约定不得转让、应报经批准而未批准及其他规定的股权不能用作出资。

此外，股权作为出资方式时，由于其本质上属于股权转让，因此也要遵守股权转让的相关规定：

（1）对于国有股的转让，通常需要经过相关审批部门同意后方可转让。

（2）对于有限责任公司的股权转让，《公司法》第七十一条规定：股东向股东以外的人转让股权，应当经其他股东过半数同意，章程有其他限制的从其约定。

（3）对于股份有限公司的股权转让，《公司法》第一百四十一条规定：发起人持有的本公司股份，自公司成立之日起一年内不得转让。公司公开发行股份前已经发行的股份，自公司股票在证券交易所上市交易之日起一年内不得转让。公司董事、监事、高级管理人员应当向公司申报所持有的本公司的股份及其变动情况，在任职期间每年转让的股份不得超过其所持有的本公司股份总数的25%；所持本公司股份自公司股票上市交易之日起一年内不得转让。上述人员离职后半年内，不得转让其所持有的本公司股份。章程有其他限制的从其约定。

（4）对于上市公司中的股权收购，《证券法》第七十五条规定：在上市公司收购中，收购人持有的被收购的上市公司的股票，在收购行为完成后的十八个月内不得转让。

三、小结

综上，在股权激励过程中激励对象出资时需要注意上述问题。

第二节　激励股权的比例问题

所谓股权激励，主要是公司通过对目标人员授予股权或者股份的收益权，以使其有机会参与决策、分享收益、承担风险，让目标人员与公司形成紧密的互利关系，从而激励员工为公司长期发展服务的一种制度安排。对于想要实施股权激励的公司而言，激励股权的比例如何确定也是一个难以绕开的课题。激励股权的比例较高，会影响公司的大股东或实际控制人对于公司的控制权；激励股权的比例较低，又无法实现公司进行股权激励所希望达成的效果。

一、激励股权比例的限制情形

在探讨如何确定激励股权比例能够最好地实现股权激励目的前，需要先对股权激励中存在的限制加以明确，划定股权激励可操作的范围，保证股权激励架构的设计始终在有限的框架内进行。

（一）激励总量和个量的限制

股权激励的数量是指公司拟用于股权激励的股权数额，包括总量和个量两个方面。总量是指公司股东用于激励的股权在公司股权总额中的占比，即准备用来进行股权激励的股权数额总量。个量是指每个股权激励对象获得的股权数量，即分配给每一位激励对象的个体持股比例。主导总量的核心是股东的意愿，即公司股东准备用多少股权来进行股权激励，准备花多少钱来进行股权激励。主导个量的核心，除了股东意愿之外，还涉及股权激励方案的公平性和合理性。股权激励的最终效果与个体激励持股数量息息相关。除此之外，在股权激励方案中对于总量和个量进行设置时，还要考虑到企业所属产业情况、企业所处的发展阶段、企业的注册资本、股权结构、出资情况以及员工岗位数量、收入情况等因素。

目前对于非上市公司而言，法律法规未对股权激励的股权数量作出统一、明确的规定，只要股东会、股东大会通过即可。对于上市公司而言，《上市公司股权激励管理办法》第十四条规定：“上市公司可以同时实行多期股权激励计划。同时实行多期股权激励计划的，各期激励计划设立的公司业绩指标应当保持可比性，后期激励计划的公司业绩指标低于前期激励计划的，上市公司应当充分说明其原因与合理性。上市公司全部在有效期内的股权激励计划所涉及的标的股票总数累计不得超过公司股本总额的10%。非经股东大会特别决议批准，任何一名激励对象通过全部在有效期内的股权激励计划获授的本公司股票，累计不得超过公司股本总额的1%……”该规定对于上市公司股权激励的总量和个量进行了严格的限制，这一比例限制主要考虑到上市公司需兼顾投资者利益，过多将股本用于股权激励不利于股票的流通，同时也会稀释投资者持有该上市公司股份的权益。

（二）预留权益的限制

《上市公司股权激励管理办法》第十五条第一款规定：“上市公司在推出股权激励计划时，可以设置预留权益，预留比例不得超过本次股权激励计划拟授予权益数量的20%。”该规定对于上市公司股权激励中设置预留权益的比例进行了限制。预留权益作为一种长期激励方式，也是股权激励中非常重要的机制。对于上市公司预留权益的限制落实到了每次股权激励计划上，这与前述的股权激励总量限制不同，总量限制的上限10%所考察的是上市公司全部在有效期内的股权激励计划。

二、股东控制权的考量

公司实施股权激励，必定会对于公司原股东、实际控制人的原股权比例有所稀释，所以要结合原股东、实际控制人的具体诉求，保证在完成股权激励后不影响其掌握公司的控制权或正常行使权利。如果能够恰当地设置股权激励方案，那么，股权激励并不会影响到公司的控制权，反而会发挥积极的作用，使公司积累更大的财富，凝聚更多的人才，为公司的发展提供坚实的保障。但是若股权激励的方案设置不当，则会引起公司的混乱，甚至失去对公司的控制权。这也是有过很多先例的，如真功夫创始人蔡达标、雷士照明创始人吴长江、国美电器黄光裕、苹果创始人乔布斯都曾经丢掉过对公司的控制权。因此，在设置股权激励方案时，为了保持公司股权架构的稳定性和把握公司的控制权，可以从以下两个方面进行考量：

第一，对于股权架构的设计，要注意关键节点。如果在做股权激励的时候涉及所谓的“注册股”，也就是取得股份的员工是需要配合去工商局进行注册变更的，这时设置相应的激励比例就需要慎之又慎了。公司股权的几条线是拟定每一个股权激励方案时都要时刻警惕的：67%—51%—34%—10%—5%—

3%—1%，这些比例分别对应着：（1）67%：公司的绝对控制权，重大事项的决策权；如股东会修改公司章程的决议、增加或者减少注册资本的决议、公司合并、分立、解散的决议、变更公司形式的决议，都需要经代表2/3表决权以上的股东通过。（2）51%：公司的相对控制权，一般事项的决策权。股东大会作出决议，需要经出席会议的股东所持表决权过半数通过；股东向股东以外的人转让股权，应当经其他股东过半数同意。（3）34%：公司的安全控制权；对应67%绝对控制权进行设置。（4）10%：公司小股东的临时会议权，可提出质询、调查、起诉、清算、解散公司等。（5）5%：在上市公司中成为持股比例在5%以上股东后，其买卖公司股票的行为将受到一定的制约。（6）3%：临时提案权，单独或者合计持有公司3%以上股权的股东，可以在股东大会召开10日前提出临时提案并书面提交董事会。（7）1%：代位诉讼权，对于股份有限公司，在公司董监高执行公司职务时违反法律、行政法规或者公司章程的规定，给公司造成损失时，持有公司1%以上股权的股东有权直接或者间接提起诉讼。

第二，可以将投票权与公司股权相分离，在股权激励涉及"注册股"时，为了防止新进入的股东稀释自己的控制权，可以将其他股东的投票权和股权相分离。主要有以下五种体现形式：

（1）投票权委托。也即表决权代理，通过这种方式与部分股东约定，将其投票权通过协议委托给其他特定股东行使。

（2）一致行动协议。即一致行动人通过协议约定，某些股东就特定事项采取一致行动，意见不一致时，某些股东跟随一致行动人投票。

（3）有限合伙持股。在有限合伙企业中，有限合伙人只是作为出资方不参与合伙企业的经营管理。所以可以通过有限合伙企业的结构设计，使股东作为有限合伙企业的有限合伙人，通过有限合伙企业间接持有公司股权。同时让实际控制人或公司原股东担任普通合伙人。这样，就使得实际控制人或原始股东通过对有限合伙企业的控制持有公司的股权，并享有对公司的控制权；而该有限合伙企业的其他有限合伙人只享有经济收益，而不能通过有限合伙控制公司。

（4）境外架构中的ab股设计。实际上就是同股不同权制度。近些年上市的京东、陌陌都是采用这种ab股制度。

（5）创始人一票否决权。创始人一票否决权是一种消极防御措施，当创始人的股权比例低于50%，公司股东会层面作出一些重大决定时，赋予创始人一些否决权。例如，马云作为阿里巴巴的创始人，仅持有不到10%的股权，但是依然稳固地保持着对于集团的控制，可以说是管理层持股比例较低的情况下保持对于公司控制权的代表。

三、激励股权比例的业务考量

公司在设计股权激励方案、考虑需要划分公司用于激励的股权比例时，需要因每家公司的情况而论。实务中主要取决于公司所处的发展阶段、业务内在价值、长期发展战略等因素。

（一）公司的估值因素

对于公司来说，估值是能够较客观反映其于某一时点的发展状况的数据。一个公司如果盈利能力强，公司的估值就会越来越高，同样的股权所对应的财富数量就越可观，对员工的吸引力就大。相反地，如果公司的估值偏低，要让员工获得类似水平的激励，用于激励的股权比例则无疑要更高。

（二）业务条线的历史贡献

在一个业务呈现多元化的公司，由于激励股权的比例一般在全公司层面是固定的，各个业务条线之间就存在调控激励股权比例的问题，各个业务条线待分配的激励股权之间是此消彼长的态势。此时，就必须考量各个业务条线的历史贡献，虽然各个业务条线可能因其职能的差异而呈现不同的维度，但仍可以通过其业务为公司实现的效益、业务条线之间的相互关系等来进行比较。例如，业务定位是创造利润的，则直接考察其利润指标；如果定位为扩大市场的，则公司影响力的提升和品牌的塑造应该予以重点关注。

（三）公司未来的战略

股权激励的最终目的一定是服务于公司战略计划的。公司为什么要做股权激励？目的是什么？希望股权激励来帮公司解决组织当中的什么问题？这些都是公司施行股权激励的前置问题，也是设置激励股权比例时绕不开的问题。对于已经明确的公司战略方向，大胆运用股权激励的机制、不吝于分配大额的激励股权比例才能最终达成事半功倍的效果。

四、激励股权比例的岗位考量

除了从公司整体多元化的业务板块和发展战略上考量影响激励股权比例的因素外，公司往往还需要结合拟进行激励的岗位来制作股权激励方案。

（一）对岗不对人

首先，应当明确的是，股权激励是对岗不对人的。假设A公司只有两个自然人股东，每人都持有公司50%的股份，其中甲股东不实际参与公司的经营，只是单纯的财务投资人；乙股东则在公司担任总经理，负责实际运营公司。如果乙股东并不从公司获取劳动报酬，公司对其也没有其他的激励机制，那么到年底两个人均只能通过分红的方式从公司获取收益，这样显然是有失公允的。类似地，如果乙股东在公司担任总经理，但因其同时是股东，只领取与普通员工一样的基本工资，从常规的理解来说总经理为公司创造的价值肯定高于普通员工，这样做显然也有不妥。

由此，从以上的情况可以看出，股权激励的核心是缓解被激励人的岗位责任与其岗位预期的差距。但股权激励也应仅考量岗位的因素，不应该因在岗的具体人员而有所差异。

（二）考虑岗位的竞争水平

同一岗位、相同的职责，往往也会因为员工的个人能力不同，而导致其岗位的竞争力要强于其他人，根据该具体员工自身在岗位上的竞争地位，激励股权设置的比例也应当有所区分。对于一个在公司发展阶段能独当一面，管理至少几十个人的总监及负责人级别的员工，可以想象其在公司成熟甚至上市后，仍旧是可以继续带领公司前进的有价值的人才；类似的还有公司核心业务部门的技术骨干、销售骨干等能为公司的主营业务做出重大贡献的人员，其所处的岗位也是有较高竞争水平的岗位，在确定股权比例时，应当予以重点考虑。

（三）岗位员工的购买水平

公司设置股权激励方案时还应当考虑员工的购买水平。虽然被激励对象购买股权的价格可以通过工龄、业绩、服务年限等方式变相获得优惠，但这种优惠也是有条件和有限度的。当公司的估值较高，就须考虑股权比例和员工的购买能力相结合。如按照公司一年盈利500万元，现估值3000万元来计算，获得1%的股权就可能要付出30万元，这时就必须考虑并预估员工的承受能力来进行激励股权的分配和设计。

五、股权激励中的同比例稀释

在设计股权激励方案时，首先明确了上文各项限制和需要考虑的因素，接下来具体到方案的设计时，对于处理激励股权和原股东股权比例的问题，比较常用的是原股东股权同比例稀释的方法。

（一）什么是同比例稀释

所谓同比例稀释，指的是所有的现存股东都要按照相同的比例，从自己的原股份中减少一部分，新股东的股权比例就是所有现存股东减少的股权比例之和。例如，甲股东和乙股东共同持有的某公司的股权比例分别是 80%∶20%。如果要新引入一个股东丙，要给其公司 10% 的股权。按照以前传统的做法就是从大股东那里让出 10% 给这个新股东。最后三人的股权比例变为 70%∶20%∶10%。我们把这种方法叫股权转让。但是股权同比例稀释不一样，在上述案例中，按照同比例稀释的原则，股东甲要从 80% 的股权中稀释 8% 的股权给新进来的股东，乙股东要从 20% 的股权中稀释 2% 的股权给新进来的股东，最后三个人的股权比例就是 72%∶18%∶10%。这样就实现了原股东之间的股权比例保持不变。

（二）同比例稀释的优点

在股权激励架构的设计中，使用同比例稀释的方法有如下优点：一是可以避免单纯地损害大股东的利益。比如大股东持有 80% 的股权，再引入一个股东要转让大股东 10% 的股权，那么大股东自己就还剩下 70% 股权。以此类推，每一个新晋的股东都可能极大地削弱大股东的控制权，很快就把大股东变成了小股东，而现存的其他股东，只是单纯地享受了引进新股东带来的好处，却没有任何不利后果的承担。二是可以降低股份分出去的风险。假如公司占 20% 的股东拿到股份以后不实际参与公司的经营，或者没有创造应有的价值，按照以前的方法，公司还是每年都要给他 20% 的分红。如果规定同比例稀释以后，公司就可以用这种方式不断地去稀释他的股权比例。如果他表现得越来越好，公司又可以通过激励机制给他更多的股份，从而实现良性循环。

六、小结

公司施行股权激励计划要有一个整体规划：准备激励多少人，股权激励的总量是多少，需要多少资金，是采取股权转让的方式还是增资扩股的方式，如何落实等。做一个一体化的整体设计，不能靠拍脑袋决定，要综合考虑公司里持股比例的平衡，要确保原股东对公司的控制权，同时也防止员工不患寡而患不均，不要因做了股权激励而造成员工之间新的不公平。始终按照公司的长远战略，把股权激励用在为公司创造价值的关键岗位，才是正确运用股权激励，实现公司可持续发展的关键。

第三节　税收问题

企业在实施股权激励的过程中，在将股权（份）转移给员工时，无疑会涉及纳税的问题，如果操作不当，导致税负增加，股权激励的价值势必会大打折扣。那么，企业在实施员工股权激励的过程中，需要注意哪些税收问题？应当如何合理避免过高的税负？

一、不同持股主体的税负问题

员工持股的模式主要有两种：一是企业直接将相应的股权转让给员工个人，并在工商登记信息中将员工登记为自然人股东；二是考虑到有限责任公司股东人数限制、公司控制权稀释等问题，设立员工持股平台（通常为有限合伙企业）集中持股，由员工作为持股平台合伙人，享受收益。两种不同的模式所涉税负不同，具体分析如下：

1. 持股平台的税负

由于我国个人所得税制度实行综合与分类相结合的方式，对于综合所得和经营所得以外的其他所得，仍需按照各项所得税率分类征税。如果员工不直接持有股份，而代之以合伙企业形式的持股平台持股，则合伙企业的收入（通过持有被投资企业股权获得的分红除外），按照税务机关现阶段的认定，均视为“经营所得”，适用5%到35%的累进税率征税。

持股平台收入一般计收个人所得税。

根据《财政部、国家税务总局关于印发〈关于个人独资企业和合伙企业投资者征收个人所得税的规定〉的通知》（财税〔2000〕91号，以下简称91号文）第四条第一款之规定：“个人独资企业和合伙企业（以下简称企业）每一纳税年度的收入总额减除成本、费用以及损失后的余额，作为投资者个人的生产经营所得，比照个人所得税法的‘个体工商户的生产经营所得’应税项目，适用5%—35%的五级超额累进税率，计算征收个人所得税。”2018年，新修订的《个人所得税法实施条例》第六条第一款第（五）项第一目亦将合伙企业的所得归为“经营所得”税目。

同时，根据《国家税务总局关于〈关于个人独资企业和合伙企业投资者征收个人所得税的规定〉执行口径的通知》（国税函〔2001〕84 号）第二条之规定：“个人独资企业和合伙企业对外投资分回的利息或者股息、红利，不并入企业的收入，而应单独作为投资者个人取得的利息、股利、红利所得，按‘利息、股息、红利所得’应税项目计算缴纳个人所得税……”

2. 员工个人的税负

为支持国家大众创业、万众创新战略的实施，促进我国经济结构转型升级，税收政策上对员工个人持股给予了极大的优惠措施：

第一，对符合条件的非上市公司股票期权、股权期权、限制性股票和股权奖励实行递延纳税政策。

第二，对于不符合递延纳税条件的，个人从任职受雇企业以低于公平市场价格取得股票（权）的，应在获得股票（权）时，对实际出资额低于公平市场价格的差额，按照“工资、薪金所得”项目，缴纳个人所得税。

递延纳税是指在非上市公司授予员工符合特定条件的股权时，员工不需要为增加的这部分股权缴纳个人所得税，仅需在其所持该等股权转让时按照股权转让收入减除股权取得成本以及合理税费后的差额，适用“财产转让所得”项目，按照 20% 的税率计算缴纳个人所得税。

而根据财政部、国家税务总局发布的《关于完善股权激励和技术入股有关所得税政策的通知》（财税〔2016〕101 号）第一条第（二）项的规定，能够享受递延纳税政策的非上市公司股权奖励需同时满足下列条件：

（1）属于境内居民企业的股权激励计划。

（2）股权激励计划经公司董事会、股东（大）会审议通过。未设股东（大）会的国有单位，经上级主管部门审核批准。股权激励计划应列明激励目的、对象、标的、有效期、各类价格的确定方法、激励对象获取权益的条件、程序等。

（3）激励标的应为境内居民企业的本公司股权。股权奖励的标的可以是技术成果投资入股到其他境内居民企业所取得的股权。激励标的股票（权）包括通过增发、大股东直接让渡以及法律法规允许的其他合理方式授予激励对象的股票（权）。

（4）激励对象应为公司董事会或股东（大）会决定的技术骨干和高级管理

人员，激励对象人数累计不得超过本公司最近6个月在职职工平均人数的30%。

（5）股票（权）期权自授予日起应持有满3年，且自行权日起持有满1年；限制性股票自授予日起应持有满3年，且解禁后持有满1年；股权奖励自获得奖励之日起应持有满3年。上述时间条件须在股权激励计划中列明。

（6）股票（权）期权自授予日至行权日的时间不得超过10年。

（7）实施股权奖励的公司及其奖励股权标的公司所属行业均不属于《股权奖励税收优惠政策限制性行业目录》范围。公司所属行业按公司上一纳税年度主营业务收入占比最高的行业确定。

综合来看，采取有限合伙持股平台的形式实施股权激励，当期就将使持股平台产生多种所得税负担，而这种负担实际上是由员工来承担的，且后期股权处置也要适用35%的税率，股权激励的税负显然较重。而在实践中，一些企业在确定股权激励方案时并未考虑到税法的规定，在股权授予当期未申报员工的个人所得税，这也给企业带来"未依法代扣代缴"个人所得税的违法风险。按照《税收征收管理法》第六十九条，"扣缴义务人应扣未扣、应收而不收税款的，由税务机关向纳税人追缴税款，对扣缴义务人处应扣未扣、应收未收税款百分之五十以上三倍以下的罚款"，企业作为扣缴义务人，未依法代扣代缴个人所得税税款的，将面临大额罚款，还有被认定为偷税和逃税的法律风险。而员工也有被税务机关追缴大额个人所得税和滞纳金的风险。这显然与企业股权激励的初衷相去甚远。如果持股平台采取有限责任公司的形式，也一样存在类似的即期个人所得税代扣代缴问题。

二、股权（份）转让的税法问题

企业实施股权激励的股权（份）来源，有的来自股权（份）增发，有的来自大股东的低价或无偿转让，还有的来自企业的直接授予。其中，大股东低价或无偿转让的情形比较常见。如果转让股权（份）的大股东是自然人，股权（份）转让需要到企业的主管税务机关进行申报，税法问题将很快得到暴露并引发重视；如果大股东是企业，由于大股东的当期纳税申报系自主进行，遇税务稽查或评估等才会暴露出股权（份）转让中存在的税法问题。

按照我国税法，股东转让所持股权（份），应按照公允价值核算损益并在当期纳税。所谓公允价值，被投资企业为上市公司或者新三板挂牌公司的，公允价值为股份的市场价格；被投资企业不是上市公司或者新三板挂牌公司的，由于股权（份）并无明确的市场价格，公允价值不应低于被转让股权（份）所对应的被投资企业最近一期的净资产价值（对于土地使用权、房屋、房地产企业未销售房产、知识产权、探矿权、采矿权、股权等资产占比超过20%的企业，按照资产评估价值）。因此，如果股权激励所确定的股权（份）转让价格低于市场价格、相应份额的企业净资产（或评估值）的，除有合理原因之外，应当按照公允价值核算损益，并由转让方缴纳所得税。

《股权转让所得个人所得税管理办法（试行）》（国家税务总局公告2014年第67号）第十三条规定："符合下列条件之一的股权转让收入明显偏低，视为有正当理由：（一）能出具有效文件，证明被投资企业因国家政策调整，生产经营受到重大影响，导致低价转让股权；（二）继承或将股权转让给其能提供具有法律效力身份关系证明的配偶、父母、子女、祖父母、外祖父母、孙子女、外孙子女、兄弟姐妹以及对转让人承担直接抚养或者赡养义务的抚养人或者赡养人；（三）相关法律、政府文件或企业章程规定，并有相关资料充分证明转让价格合理且真实的本企业员工持有的不能对外转让股权的内部转让；（四）股权转让双方能够提供有效证据证明其合理性的其他合理情形。"根据上述规定，在股权激励前提下的股权（份）转让，如果属于本企业员工持有的不能对外转让股权（份）的内部转让，可以按照无偿或者低价来核算股权（份）转让损益，进而不交或少交相应的所得税。

但实践中，很少有企业在股权激励中适用上述例外规定。有的转让股权（份）的大股东是企业，故在自行申报环节忽略了应按照公允价值核算股权（份）转让损益；有的大股东虽然是个人，但由于市场监督管理部门并未按照《个人所得税法》第十五条第二款的规定核验完税凭证，导致相关税法问题被暂时掩盖，直到信息被交流到税务机关后收到税务机关的通知才如梦初醒。这些都给股权激励的实际效果蒙上阴影。

因此，企业在实施股权激励中要合理设计用于激励的股权来源，如果由大股东转让的，应依法核算其税负，并考虑是否具备转让价格偏低的合理理由，以及如何取得税务机关的认可。

三、股权激励的税收优惠问题

财政部和国家税务总局为了支持国家"双创"战略，先后出台了11个税务规范性文件，将股权激励主体划分为上市公司和非上市公司两类，分别给予了不同的股权激励税收优惠。

（一）上市公司的股权激励税收优惠

上市公司的相关税收优惠适用于上市公司及其分支机构员工、上市公司直接或间接控股30%以上的企业员工。具体包括：（1）股票期权，在授予日，员工不纳税，行权时购买价与市场价差额，按工资收入在12个月内纳税。行权前转让的收入按工资即时纳税。行权后转让的按财产转让所得纳税（境内上市的免征）。分红的按照红利所得纳税。（2）限制性股票，在每一批限制性股票解禁的日期开始的12个月内，员工按照工资纳税。（3）股票增值权在授予现金时，员工按照工资纳个税。（4）股权奖励在授予日起的12个月内，员工按照工资纳个税。

（二）非上市公司的股权激励税收优惠

非上市公司股权激励享受税收优惠的条件是：（1）股权激励经董事会、股东（大）会通过。（2）激励标的为境内居民企业的本公司股权，属于股权奖励的，可以是技术成果入股的其他境内居民企业股权。（3）激励对象为技术骨干和高级管理人员，累计不超过近6个月员工总数30%。（4）股票（权）期权自授予日起应持有满3年，行权起满1年，授予日与行权日时间不超过10年；限制性股票自授予日起持有满3年，解禁后满1年；股权奖励持有满3年。（5）不属于限制性行业（包括住宿、餐饮、房地产、批发、零售等非科技类）。

非上市公司股权激励具体的税收优惠内容是：（1）股权（份）期权激励，员工取得时不纳个人所得税，待转让时按照财产转让所得20%税率纳税。（2）限制性股权（份）激励，员工取得时不纳个人所得税，待转让时按照财产转让所得20%税率纳个人所得税。（3）股权奖励激励，员工取得时不纳个人所得税，待转让时按照财产转让所得20%纳个人所得税。（4）员工技术成果投资入股，员工投入当期不纳个人所得税，递延至转让时按照财产转让所得20%纳个人所得税；员工也可以选择按照5年分期缴纳非货币性资产投资产生的个人所得税。

四、小结

无论是上市公司还是非上市企业实施股权激励时，都需要在制定股权激励方案时做好税收筹划，通过相关的股权激励安排，获得税收优惠，减轻员工的个人所得税税收负担，以实现股权激励效果的最大化。

第四节 绩效考核问题

众所周知，设置股权激励制度的目的并非仅仅给被激励对象发放福利，更是使被激励对象能更高效地完成公司的任务指标，获得员工与公司共同成长的双赢结果。据此，股权激励制度的设置必然需要考虑被激励对象的业绩考核问题，也即，股权激励应当以完成特定的业绩目标为前提。

股权激励制度实施成功与否受到业绩标准设置、企业风险承担水平等内外部多种复杂影响因素的制约和限制，并且管理层股权激励究竟能否发挥其提升企业长期绩效的正向效应，很重要的一点在于股权激励契约中所体现的激励方案是否具有激励性。不科学的股权激励制度将会产生激励扭曲，不仅达不到应有的业绩提升等激励效应，反而可能会造成企业运行效率低下、人才流失等困境。因此业绩考核指标的合理设置对于股权激励制度的实施影响重大。

一、绩效考核指标的分类

从理论上而言，业绩指标的选取要兼具相关性和可靠性，以更好地平衡激励与风险，而且要从多维指标中获取能够更好地评价被激励对象努力程度的信息。目前众多的业绩评价指标大致可分为三类：会计类指标、市场类指标和非财务类指标。该三类指标着眼于不同的绩效考核点，也各有利弊。

（一）会计类指标

会计类指标是指可以用货币形式反映的相关指标，如净利润、净收益率、销售额等。会计类指标直观易操作，且可以直接反映企业的经营情况和价值变动。同时不应忽视的是，会计类指标也更容易被操纵，且会计类指标是反映企业过去的经营业绩，而股价作为预期收入的现值，则反映企业未来的盈利潜力。就该点而言，以过去一段时期的公司业绩来决定过去这段时期经营者的报酬似乎更为合理。

（二）市场类指标

市场类指标是欧美国家上市公司股票期权计划中衡量期权持有人最流行的方法，该类指标包括市场总价值、市盈率等。市场类指标反映了市场对企业未来的预期，因此市场类指标是面向未来的指标，关注企业的长远发展；同时也应当注意到，市场类指标受资本市场影响较大，企业价值和市场价值之间可能存在较大的偏差。

（三）非财务类指标

非财务类指标，顾名思义，就是难以用货币形式反映和量化的指标，如市场占有率、关键人员流失率、客户满意度等。一方面，非财务类指标一定程度上更能反映企业当前的真实情况，更加侧重企业未来的发展状况；但是另一方面，非财务类指标也带有较大的主观性，更易受到人为操控，因此实务操作中应注意相关的实操风险。

以上三类指标各自的侧重点不同，单独使用通常都难以满足股权激励制度中有效评价的目的，企业通常需结合具体情况选取其中的不同指标进行组合运用。

二、绩效考核指标的确定

有效的股权激励制度应以促使被激励人员同企业利益一致为基本导向，有效激励并约束被激励者的行为符合企业长期可持续发展目标，最大化各方权益。基于该种考量，绩效考核指标的确定应充分考虑与衡量下述几个方面的因素。

第一，股权激励模式及其考核业绩指标的选定，应能体现企业生命周期特点、盈利状况及中长期战略目标，引领被激励者朝着正确的战略经营方向前行。当前我国上市公司股权激励契约中的考核业绩指标，多选用净利润增长率与净资产收益率。然而，企业所处的经营环境千差万别，采用的战略也各有不同，千篇一律的股权激励模式及考核业绩指标选用可能并不适用于所有企业。

首先，企业的经营发展会经历相对显著的生命周期过程，而企业组织、经营及战略在不同的生命周期阶段具有不同的特点，公司治理过程中面临的问题也各不相同，股权激励并非企业每个生命周期阶段的通用妙药良方，其通常仅在企业成熟期激励效应明显。

其次，对于处在财务困境、需要扭亏为盈情境中的企业，股权激励模式并非最佳激励模式。

再次，股权激励模式及其考核业绩指标的选用应与企业战略相匹配，公司战略激进度在一定程度上影响了高管薪酬方式与业绩指标的选用：进攻型战略公司中的高管更加注重长期视角，薪酬可以股票、期权薪酬为主，而防御型战略多强调短期目标，公司业绩大多以总资产收益率等财务业绩为主。

最后，作为评价被激励对象努力工作效果的指标，股权激励考核指标的选用应能揭示企业长期业绩增长与保持核心竞争能力的战略性价值驱动因素，引领被激励对象关注能够给企业带来长期竞争优势的核心因素，体现企业中长期战略目标。

第二，考核业绩指标设置难度适宜。通常而言，股权激励制度中业绩考核指标设置难度越高，股权激励财富效应越显著；业绩条件越严，经营效率越高，越能够有效权衡激励作用和实施风险，提高激励契约的执行效果。但是，如果不能完成股权激励制度设置的业绩条件，可能对被激励对象的信心造成负面影响。股权激励契约应具有一定难度，以达到正向激励的目的，否则将成为具有福利性质的寻租工具，同时股权激励业绩条件亦不能太过严苛，不符合现实情景。

第三，考核业绩指标宜多样化，适当引入相对业绩指标、现金流量指标和非货币性指标。一方面，企业经营业绩受制于宏观政治、经济、金融、产业政策和微观业务发展成本费用控制等因素共同影响，单一的业绩考核指标极有可能忽略企业经营的多方面影响因素；另一方面，基于应计制收益的业绩标准，不管是净利润、扣除非经常损益的净利润还是营业收入，在管理者权限下都有着相当大的盈余管理动机与操作空间，易引发被激励对象的寻租行为。因此，考核业绩指标的设置不宜使用单一指标，而应采用多元化业绩指标体系，全面衡量公司层面业绩。如为了滤除行业或市场范围内管理者无法控制的风险因素，可使用相对于市场或行业总业绩或行业内对标企业业绩来衡量管理者可控的经营绩效；为了消除应计制的负面影响，基于现金流的现金收入增加额可能会辅助营业收入增长率提供更加有效的拓展市场的潜在信息。通常而言，为了突出企业核心竞争力的培养，在货币性业绩指标之外，可以引入市场占有率、客户满意度等非货币性指标。

第四，适当增加股权激励行权期限，多期股权激励方案滚动实施，适时调整激励制度的条款内容。股权激励模式自诞生以来一直作为解决股东与管理层之间代理问题的中长期激励机制而存在，国内外研究表明，股权激励效应对企业绩效的提升作用可能需要经过相当长的时间才能完全显现出来，激励有效期越长、业绩考核条件越严格、激励力度越大、激励相容的股权激励越能促进企业的长期动态增长，而激励不足、约束性不强的股权激励契约不但只存在短期效应，而且在实施后期还会出现负效应。我国目前的上市公司股权激励制度总体上存在激励短期化及福利化倾向的现象，一定程度上不利于长期股权激励效应的发挥。适当增加股权激励契约行权期限，可以充分发挥股权激励的长期业绩提升激励作用机制，有效防范被激励对象的决策短期化行为和盈余管理动机；或者设置多期股权激励方案，连续滚动实施，不仅可以相对拉长股权激励期限，还可以根据具体情境适时调整激励契约条款，充分发挥股权激励在企业不同历史时期的不同公司治理及持续业绩提升作用。

第五，在股权激励计划中选择了合理的指标之后，另外一个关键是要形成定期考核制度，严格按照股权激励计划方案中的考核内容和考核指标进行考核。定期考核可以以季度或者半年为时间单位。其中，每年年末的考核和等待期结束的考核，是必不可少，也是最为重要的。尤其是等待期满时的考核，直接关系到激励对象能否最终获得股权激励的问题，这时是股权激励计划真正发挥激励和约束作用的关键时候，严格的考核过程和科学合理的考核结果就显得尤为重要。

总体而言，股权激励制度中的绩效考核指标问题需要在合理确定绩效考核指标分类的基础上，综合选取不同的指标作为激励的评价标准，进而结合企业的具体情况、被激励对象的不同岗位等具体情形，合理设置绩效考核指标。

三、优化绩效考核体系

第一，做好工作岗位设计分析。

工作岗位分析是绩效考核的关键与基础，企业要以职位类型、岗位责任、工作方式、岗位价值、工作时间以及服务对象、工作特点以及技能要求等为基础合理分析。在工作分析中要始终遵循系统原则、动态原则、目标原则、参与原则、岗位原则以及应用性原则，强化基础原则分析，才可以构建完善岗位设计分析，进而凸显绩效考核价值与作用。

第二，完善绩效考核系统以及标准。

企业进行绩效考核系统设计过程中，要以企业的发展战略为原则，以岗位分析、任务管理以及制度确立、运行实际状况等角度为基础，根据实际状况制定符合企业战略目标的考核模式，明确业务重点，加强对个人绩效考核系统以及标准的有效衡量，通过定性、定量结合的方式设计符合企业行业特征的绩效考核目标。

在设计中要基于实际状况及时修正分析，避免绩效考核指标设计不当而造成的结果失衡等问题，对于存在的偏差设计问题进行系统分析，强化控制。

第三，制定有效的绩效考核反馈制度。

根据绩效考核的结果，定期审核管理，完善绩效考核系统，对于各种问题以及项目指标进行调整分析，保障反馈的科学性与时效性，要及时调整不符合要求与项目的考核内容。同时，公司要及时与员工沟通了解，让员工充分地了解自身的工作状况以及所处位置，根据实际状况及时调整，企业要积极主动与员工沟通，制定完善的绩效考核工作模式，使其符合公司发展的实际状况。

第四，塑造健康的绩效考核文化。

科学有效的绩效考核的实现，必须要在健康的绩效考核文化支撑之下开展，企业在实践中要根据实际状况强化、宣传、引导、构建良好的文化环境与氛围。对此，在实践中要了解绩效考核的目标与作用，强化管理，通过考核分析及时解决存在的问题，提升企业的绩效管理、完成组织目标。

四、小结

股权激励过程中的绩效考核问题不容忽视，在设计股权激励方案时需要特别注意，绩效考核可在整个股权激励的环节进行安排。

第五节　退出问题

企业实行股权激励，当然希望可以最大限度地发挥股权激励的作用，在充分激发激励对象主观能动性的同时又能够长久地维系企业与激励对象的法律关系。但实际上往往事与愿违，在股权激励的实务案例当中，可能会出现相关激励对象的离职、表现不尽如人意、违反企业规定、退休等情形，对于激励对象来说寻求激励股权的变现，即退出通道，也符合其自身的利益诉求。所以，在股权激励架构设计之初，就应当做到未雨绸缪，为未来的退出进行制度上的安排，避免因退出机制的缺位而产生纠纷或影响到股权激励的整体效果。

一、退出机制的必要性

在具体讨论股权激励退出机制之前，有必要重新审视退出机制在整个股权激励计划中的必要性。从股权激励计划的运行效率而言，能够按照制度设计者的初衷，最大限度地发挥股权激励计划的作用，保证激励对象完整地根据激励计划设置的节点为企业创造价值并享受权益当然是最理想的状态。但不可否认的是，股权激励制度本身始终存在下列一些局限性：

（一）激励计划的对价性

股权激励通过授予激励对象一定数量的股权，使得激励对象拥有管理者与所有者的身份认同感，但激励对象通过股权获得收益需要支付一定对价，一般表现在与企业约定的服务年限和业绩指标上。达到约定的兑现标准或者没有达到约定的兑现标准，及需要设定退出的机制收回激励的标的，回归股权激励的初衷。

（二）激励股权的稀缺性

对于创始人股东而言，要想保持企业的可持续发展，同时又维护自身对于企业的控制权，势必需要保留较高比例股权；同时，还要考虑预留一定比例的股权给未来的外部投资人；这样一来，用于员工持股或股权激励的部分非常有限。随着企业不断发展壮大，人员不断扩充，如果没有退出机制，会导致股权激励的蓄水池“只进不出”，很快就可能面临无股激励的境地。

（三）激励股权的流动性

以较小的风险获取较高的收益，永远是激励对象追求的目标，从而激励股权的可流动性也是激励对象可能考虑的核心问题。尤其对于有限公司而言，其股权退出通道并不通畅，不能像上市公司那样在股票二级市场直接流通，激励计划中设置合理的退出通道也就成了妥善解决流动性的关键。

（四）股权激励股权不同于“投资股”

激励对象毕竟不是真正意义上的股权投资者，所以如果激励对象入股后缺乏相应的退出机制，长期持有的激励股权就相当于股东的“投资股”，激励对象从性质上也就会演变为投资股东，与股权激励的初衷背道而驰。

股权激励计划本身有其局限性，不论是激励对象想通过股权退出获得高额收益，还是因激励对象的离职等原因而需要将其调整到股权激励的范围之外，都需要有一个确定的机制克服上述局限性并实现股权激励计划各方的目的，只有同时具备，才能真正做到股权激励的“收放自如”。

二、退出机制的要点

在明确退出机制在整个股权激励中的必要性之后，还要明确股权激励退出机制设计的重点和宗旨。

第一，在设计股权激励的退出方案时，应对企业阶段性发展规划和预期的核心员工绑定期限进行综合考虑，并进行适当的限制，确定退出前的锁定期和限制期。

第二，对于退出时的定价，设定公允的退出价格计算方式，以促使股权激励真正对员工起到激励效果，避免给员工造成“空头支票”的感觉，同时也避免激励股权的价值虚高给企业带来过高的负担。

第三，以尽可能降低激励股权回收成本和风险的方式，选择低风险的收回方式。

第四，若出现股权激励退出的触发条件，则企业应当尽快收回员工的激励股权，避免程序上的拖沓。

上述这些股权激励的重点其实也是与股权激励计划的初衷一致的，股权激励的退出机制也始终服务于企业，激发激励对象的工作热情和积极性、加强员工与企业的紧密度、增强企业核心人员的稳定性、吸引更多的优秀员工，为公司未来的可持续发展创设良好的先决条件。

三、触发退出机制的情形

关于股权激励的退出机制，从触发退出的主体来区分，可以简单分为被动退出和主动退出两种。上文所提到的激励对象因自身利益诉求而要求退出即主动退出。与之相比，被动退出相对更加普遍也更有用制度规范的意义。

（一）被动退出

被动退出主要是指触发了一些导致激励对象失权的情形，企业进行股权激励方案设计的时候一般会区分无过错退出、一般过错退出、重大过错退出，一般都匹配不同的情形。

1. 无过错退出

一般来说，激励对象因退休而离职或者丧失劳动能力而离职属于无过错退出的情形。又如，企业因为客观原因终止股权激励计划而导致激励对象退出的情形也属于激励对象无过错退出。

2. 一般过错退出

如果激励对象因不符合企业要求而被辞退，通常会把这类情形归类为一般过错退出。

3. 重大过错退出

一般有以下情形的可能被归类为重大过错退出：激励对象严重违反适用于企业的任何法律、法规或企业章程；激励对象从事任何违法行为，且受到刑事处罚；激励对象违反对企业的忠实勤勉义务或竞业禁止义务，比如从企业辞职并受雇于与企业业务有直接或间接竞争的其他企业或实体，或从与企业的关联交易中获得利益；激励对象实质违反与企业之间的任何协议，包括但不限于泄露企业商业秘密等保密信息；激励对象违反企业任何规章制度并给企业的财产、声誉或其他员工或董事造成损失、损害或伤害；激励对象有其他任何对企业业务、声誉或财务状况造成不良影响的行为等。

在被动退出过程中，一般针对无过错或一般过错退出，未成熟（未解锁）的股权可能是原始出资价回购，已成熟（已解锁）的股权是不是立即回购，或者一定时间后再回购都可以考虑，条件相对而言比较宽松，回购价格建议为保证本金加一定的收益；如果是过错退出，那么可能就是溢价回购的问题，或者涉及溢价减去赔偿损失的价格来回购。

（二）主动退出

除了被动退出，还有一个主动退出相对而言比较简单，主要是激励对象因满足一定条件，而主动提出退出激励计划。但在设计股权激励方案的时候一定不能遗漏主动退出的问题，否则将直接影响激励的效果。主动退出主要是激励对象自己要处分股权，希望变现获得收益，一般需要考虑设置合适的退出条件，例如，企业上市为唯一退出通道、完成某项并购为退出条件、允许企业内部一定程度的流通退出、由企业或者大股东兜底回购的退出机制等。可见，不同的条件实现的难度不同，相应的激励对象提出主动退出的可能性也不同，需要结合企业的具体情况和发展战略而定。

四、退出方式

对于激励对象实现退出的方式在实务中也应当根据实际情况而定，企业需要在股权激励的协议性文件中对退出后的回收方式予以规定，通常有以下方式。

（一）直接退出

直接退出也即一旦发生股权激励退出的情形，企业即立刻无偿收回对员工激励的期权。

此种方式适合通过期权或代持股方式对员工开展股权激励的企业。由于在进行股权激励时，股权仅是通过期权或代持方式授予，该股权并未真正意义上完全给予员工，因此，一旦出现员工离职等情况，企业创始人就可以直接收回期权或解除为员工的代持股关系，而减少后期因股权转让而存在的一系列问题。

（二）股权回购

股权回购的退出方式指一旦发生股权激励计划所约定的退出情形，特定的主体（企业本身或公司其他股东等）通过向员工支付一定金额，从而向员工购买此前以激励方式给予员工的股权。此种方式适用的情景较广泛，不限于期权模式或代持股模式。使用该种退出方式无疑会在一定程度上加重回购义务人的财务压力，但是由于员工在退出时可以通过回购而套现，不会给员工造成股权激励兑现遥遥无期的感受，因此激励的效果要优于直接退出的方式。

（三）员工转让股权

根据股权本身的可转让性，被激励的员工也可以把自己的股权转让给他人。这意味着企业股东会发生改变，且在不适用“股东优先购买权”的场合，这种改变在一定程度上不可控，对于企业的“人合性”是一种挑战，因此，必须在激励计划设计和与员工沟通的初期就基本确定届时转让股权给第三人的条件，挑选适合的转让人选。

五、退出定价

退出定价这一环节是直接关乎出售股权的员工可得利益的核心问题。对于上市企业或在交易市场挂牌的企业，由于其面向公开市场和普通投资者，股权价值的公允价格可以直接通过市场的客观评价而得以体现。但是，对于非上市企业而言，由于其股权的封闭性，无法通过资本市场的交易直接对股价做出客观的评价，因此，非上市企业员工在退出股权激励计划时，如何合理确定退出价格，往往会成为一个复杂的问题。一般来说，确定股权激励退出价格，有以下几个因素可以参照：

（一）以企业的注册资本定价

这种定价方式就是直接参考企业的资本额与股权比例进行定价。例如，企业注册资本是1000万元，员工持有1%的股份，那么股东回购的价格按照1万元来操作，也可以以企业实际缴纳的资本作为定价基础。

（二）以净资产价格作为定价基础

这种定价方式通常根据股权激励退出时最近一次的财务报告或审计报告上企业的净资产价格来进行定价。无论是企业的注册资金，还是实缴注册资本，都不能与企业现实的实际价值画等号，因此以财务报告上企业净资产价格作为定价基础相较而言更公平，更能体现企业在退出时点的股权价值。

（三）以第三方机构对企业价值的评估价作为定价基础

实际操作中，涉及互联网企业、科技企业类的轻资产企业，还有大量的商誉、市场份额等无形价值，净资产定价显然有一些局限性，所以评估企业价值作为股价基础最科学公允。但这种方式有一定的成本，需要支付给中介机构一定的服务费，很少有企业会为某个员工的退出做一个全方位的资产评估。

（四）以退出股权激励时最近一次的企业融资估值计算股价

对于目标是通过不断融资最终走向上市的企业而言，企业的市场价格取决于企业能够吸引融资进来，故而，融资的价格在这种情况下具有较高的参考价值，这也一般反映企业股价在市场上的认可程度。

（五）约定一个固定的金额或者固定的价格计算方式

除了上述根据企业情况建立可靠的参考系来确定退出价格，还可以约定按照特定利率进行股权增值的计算，也可以约定在一定的期限内退出。例如，具体操作按照1万元来定价，每超过1年，相应增加1万元等。

综合以上对五种方式的分析，股权激励的退出机制中没有绝对优势的退出定价方式，各种回购定价方式也已经不再是单一的应用，企业的创始人应该在充分了解企业情况和员工意愿的基础上，根据不同的员工、不同的退出原因，综合具体的方案适当加入一些变量、加权等因素，确保退出时的定价趋于公允。

六、小结

由于每个企业的股权激励方案是根据企业自身的情况进行制定，相应地，不同企业的股权激励退出机制的设置也存在较大差异性。通常情况下，一套完整的股权激励方案往往需要由几种股权激励基础模式组合而成，较为复杂，其中退出机制与股权激励的模式是密切相关、相互呼应的。

在股权激励计划中设计好退出通道、安排好退出机制，是企业和激励对象对彼此负责、对彼此尊重的一种做法，“股权无小事”，股权的一点风吹草动都可能对企业产生实质性的影响。一个相对完整的股权激励计划，除了要制度设计者精心比较具体激励方式、界定激励对象、设计行权条件外，股权激励的退出方式同样是不可或缺的重要部分。

第六节 外汇登记问题

为了规避税收等法律法规的限制，市场上的股权激励模式千变万化，但在遇到涉外股权激励问题时，则不可避免地需要进行外汇登记。那么，究竟哪些模式下的股权激励需要进行外汇登记？我国现行外汇管理法律法规对于涉及境外架构的股权激励到底有何要求？实操中应当注意哪些问题？相关规定应当如何理解与适用？本节将对此进行探究。

一、境外上市前的外汇登记

根据《国家外汇管理局关于境内居民通过特殊目的公司境外投融资及返程投资外汇管理有关问题的通知》（汇发〔2014〕37 号，以下简称 37 号文）的相关规定，境内居民（境内自然人），以投融资为目的，以其合法持有的境内企业权益出资，设立境外特殊目的公司，并通过特殊目的公司对境内开展返程投资，应向商业银行申请外汇登记。

具体而言，申请外汇登记存在以下几个方面的问题：

（一）应登记主体

按照 37 号文规定，在境外融资上市架构中，所有在境外架构中持有股份的中国籍自然人都需要办理 37 号文登记保证外汇合规，主要包括以下三类人：（1）中国企业创始人；（2）中国企业的其他中国籍自然人股东；（3）中国企业上市前的 ESOP 激励已行权员工。

（二）应办理登记时间

在境外上市搭建红筹/VIE 架构时，境内居民个人在设立境外控股公司之后，设立 WFOE 之前，应向外汇局申请办理境外投资外汇登记手续。

登记前，境内自然人需要首先成为内资公司的股东，但是该境内自然人在内资公司的持股比例不需要和其在境外作为融资主体的特殊目的公司（开曼公司最常见）中的持股比例完全一致。

（三）变更登记

境内企业只要发生股权变动，就需要办理工商登记，而 VIE 架构的企业则需要进行外汇登记。变更情况包括：当境内居民直接持股的特殊目的公司（一般为 BVI 公司）的股权结构、名称、经营期限等基本信息发生变化时；BVI 公司将其持有的开曼公司股权售出变现后分配给境内居民，该境内居民需要将收益调回境内使用时。

BVI 公司持有的开曼公司股权发生变化（即第二层变化）则无需变更登记。

此外需要注意的是，当公司存在多个创始人（境内居民），通常建议每个创始人都单独设立一个 BVI 公司。这是因为如果全部创始人在同一个 BVI 公司持股，当任何一个创始人的持股发生变化时，所有创始人都需要办理变更登记，比较烦琐。

（四）注销登记

因股权激励计划到期，或因境外上市公司在境外证券市场退市、境内公司并购重组等重大事项，导致股权激励计划终止的，境内代理机构应在计划终止后的 20 个工作日内，到所在地外汇局办理登记注销手续。

37 号文的出台使得企业办理上市前的股权激励计划的外汇登记有章可循。需要注意的是，由于 37 号文登记的前提条件是要求登记主体拥有境内权益，因此通行做法是在搭建红筹架构之前，在境内主体层面设立员工股权激励计划，让员工持有境内权益，随后在搭建红筹架构的过程中，该等员工再做 37 号文登记，将其境内权益体现在境外层面。但在实践操作中，考虑到银行对员工做 37 号文登记的尺度，以及很多公司在已经搭建好了红筹架构之后才开始考虑做员工激励，对此，市场上的变通方案包括：由大股东代员工持股；上市前授予期权，上市后行权；设立信托计划等。其中，值得注意的是以下两点：

第一，“授予期权”是否需要办理登记呢？大部分地区（如上海、深圳）的外汇部门认为，授予期权时尚未行权，因此授予期权本身不需要办理登记；但有些地区（如苏州）外汇部门认为，虽然员工尚未行权，但授予期权的行为让员工获得了相关境外权益，也需要办理登记。在此情况下，很多企业都选择上市后对员工予以激励，届时则根据《国家外汇管理局关于境内个人参与境外上市公司股权激励计划外汇管理有关问题的通知》（汇发〔2012〕7号，以下简称7号文）的规定办理。

第二，海外信托。由于海外信托具备资产分隔和保全、财富传承和分配、税务合规优化、个人信息私密性等优点而备受拟上市公司或高净值人士的青睐。其中，员工股权激励海外信托一般是拟红筹上市公司为了对公司核心员工和高管团队进行股权激励而搭建的海外信托。在该海外信托架构中，相关主体一般包括设立人（拟上市公司或其实际控制人）、受托人（信托公司）、受益人（拟被激励员工）和保护人（主要作用是对信托进行监管）。此外，信托下设一层SPV（即BVI公司），SPV可以持有设立人委托的各类资产，放入信托中的资产通常是设立人的已有股权或股票期权。

二、境外上市后的外汇登记

企业在上市后，股权激励方案中的境内员工一旦涉及行权，则需要根据7号文的规定进行外汇登记。

根据7号文的规定，参与同一项境外上市公司股权激励计划的个人，应通过所属境内公司集中委托一家境内代理机构统一办理外汇登记有关事项，并应由一家境外受托机构统一负责办理个人行权、购买与出售对应股票或权益以及相应资金划转等事项。

境内代理机构应是参与该股权激励计划的一家境内公司或由境内公司依法选定的可办理资产托管业务的其他境内机构。

（一）应办理登记时间

根据7号文的规定，目前外汇局仅受理已在境外证券交易场所上市的境外企业的股权激励计划。因此，企业须在境外证券交易所上市之后再办理7号文登记。

（二）应办理登记主体

参与境外上市公司股权激励计划的境内个人。

（三）变更登记

因股权激励计划到期，或因境外上市公司在境外证券市场退市、境内公司并购重组等重大事项导致股权激励计划终止的，境内代理机构应在计划终止后的20个工作日内，持书面申请、原股权激励计划登记证明和其他相关证明材料到所在地外汇局办理股权激励计划外汇登记注销。

企业在上市后，股权激励方案中的境内员工一旦涉及行权，则均需要进行外汇登记。然而，不同于 37 号文主要适用于上市前的股权激励计划的外汇登记，7 号文主要适用于企业上市后股权激励计划的外汇登记。

（四）具体登记方法

参与同一项境外上市公司股权激励计划的个人，应通过所属境内公司集中委托一家境内代理机构（以下简称境内代理机构）统一办理外汇登记、账户开立及资金划转与汇兑等有关事项，并应由一家境外机构（以下简称境外受托机构）统一负责办理个人行权、购买与出售对应股票或权益以及相应资金划转等事项。

参与股权激励计划的员工可以将其个人外汇储蓄账户中自有外汇或人民币等境内合法资金作为股票认购资金参与股权激励计划，委托境内代理机构到境内银行统一办理外汇登记、账户开立及资金划转与汇兑等有关事项。

通过外汇流动，汇至境外托管银行并由一家境外机构统一负责办理个人行权、购买与出售对应股票或权益以及相应资金划转等事项。

在激励计划到期以后，参与计划的员工向境外资产托管的机构下达出售交易的命令，境外代理机构通过银行将资金汇入专用外汇账户，同时境内代理机构按原有币种结算收益，汇入参与计划员工的个人账户中。

（五）结汇

境内个人在境外上市公司股权激励计划项下调回的收益，根据参与计划的个人自身意愿，可以保留现汇，也可以选择结汇。境内个人如选择保留现汇，则资金调回境内代理机构的境内专用外汇账户后，由境内专用外汇账户开户银行根据 7 号文的要求，将现汇划转至境内个人的外汇储蓄账户，境内个人按照个人外汇储蓄账户的有关规定管理和使用。境内个人如选择结汇，则资金调回境内代理机构的境内专用外汇账户后，由境内专用外汇账户开户银行根据 7 号文的要求，按境内代理机构指令将收益资金结汇后划至境内个人人民币账户，或划至境内代理机构人民币账户用于缴纳股权激励项下税款。

境内个人以其外汇储蓄账户中自有外汇参与股权激励计划的，资金调回后对应本金部分应划回境内个人外汇储蓄账户，不得由境内代理机构代为结汇。境内个人通过境内代理机构统一购汇参与股权激励计划的，资金调回后对应本金部分，由境内代理机构持 7 号文规定的材料在银行统一为境内个人办理结汇，并将结汇所得资金分别划入对应的个人境内人民币账户。

根据7号文规定，参与同一项境外上市公司股权激励计划的个人，应通过所属境内公司集中委托一家境内代理机构统一办理外汇登记有关事项，并应由一家境外受托机构统一负责办理个人行权、购买与出售对应股票或权益以及相应资金划转等事项。

三、小结

如果股权激励过程汇总涉及跨境情况或者环节，股权激励的各参与主体应当特别关注外汇登记的有关问题，防止出现违法违规的情况。

第七节　激励对象为境外自然人问题

随着中国市场对外开放程度逐渐扩大，中国企业聘用外籍员工的现象越来越普遍，同时人才也越来越成为企业发展的重要资源，因此如何吸引包括外籍员工在内的人才对于企业而言越发重要。

通常情况下，股权激励的对象都是境内的自然人。如果被激励对象是境外的自然人，是否会和境内自然人的激励制度存在差异呢？事实上，尽管证监会在2018年颁布了第148号令（《关于修改〈上市公司股权激励管理办法〉的决定》）、央行和国家外汇管理局联合发布了银发〔2019〕25号文（《境内上市公司外籍员工参与股权激励资金管理办法》），为股权激励中境外主体的激励问题提供了基本的政策依据，但在股权激励制度实际开展过程中仍可能面临某些制度层面的障碍。以上市公司股权激励制度为例，股权激励的对象不论是境内自然人还是境外自然人，都必须满足三个条件：持有在A股市场开立的股票账户、持有中国的银行账号、三方存管。在现行制度下，前述三个条件在具体执行过程中仍可能面临诸多不确定性。

一、现行制度内容

（一）明确境外自然人可参与境内上市公司股权激励

此前，仅有中国境内的主体才符合开立证券账户的主体资格，而《关于符合条件的外籍人员开立A股证券账户有关事项的通知》将开立证券账户的主体扩大到“符合规定的外国人”，并明确“外国人申请开立证券账户的具体办法，由证券登记结算机构制定，报中国证监会批准”。此外，《境内上市公司外籍员工参与股权激励资金管理办法》也明确了外籍员工可参与境内上市公司的股权激励。因此，在制度层面而言，外籍员工亦可开立证券账户。

（二）境外自然人的出资可以使用人民币或者外币

《境内上市公司外籍员工参与股权激励资金管理办法》第六条规定，“境内上市公司外籍员工参与股权激励所需资金，可以来源于其在境内的合法收入，也可以来源于从境外汇入的资金”。因此，境外自然人参与股权激励的资金来源不再局限于人民币，也可以是合法的外币。

（三）境外自然人收益转账出境原则上不受外汇管制

根据《外商投资法》第二十一条的规定，外国投资者在中国境内的出资、利润、资本收益、资产处置所得、知识产权许可使用费、依法获得的补偿或者赔偿、清算所得等，可以依法以人民币或者外汇自由汇入、汇出。此外，《境内上市公司外籍员工参与股权激励资金管理办法》第七条规定，银行审核业务登记凭证后，依据国家外汇管理局资本项目信息系统相关控制信息表的内容，为境内上市公司或其外籍员工办理入账或结汇入账手续。因此，外籍员工获得的收益转到境外通常不受外汇管制，但需按照相关规定履行国际收支申报流程。

（四）明确了外籍员工参与股权激励的流程手续

《境内上市公司外籍员工参与股权激励资金管理办法》明确了境内上市公司的外籍员工参与股权激励时应当履行的手续及流程，如办理参与股权激励登记的部门及所需材料、办理汇出或购汇划转所需的材料种类、股票期权未行权等情形下资金退回境外所需材料等。前述规定为境外自然人参与股权激励计划提供了全流程指导，相较于此前的政策文件具有更强的实操性。

二、面临的实操障碍

（一）银行账户开立

前述政策文件明确了外籍员工可以开立相关银行账户，解决了主体资格问题，实属进步。但根据中国人民银行的相关规定：开立银行账户一定要本人亲自拿着身份证明文件的原件到银行柜台办理开户并激活，或本人到当地的中国大使馆办理公证委托后，受托人到银行帮忙开立银行账户，但后期的激活还是需要本人亲自到银行柜台办理。但在实际操作中，境内上市公司的境外员工并不一定在中国境内办公，因此该项要求在之前外籍员工不可以参与国内的股权激励时没有问题，但是在现在政策已经支持外籍员工参与中国的上市公司股权激励的相关制度下，该规定与国家鼓励资本市场发展的背景不相符合，可能导致较多境外员工无法完成账户开立手续，为外籍员工参与境内企业股权激励计划设置了障碍。

针对该问题，可尝试在实际操作中事先与银行沟通，确认银行能否接受在相关开户材料及承诺函齐备的情况下由公司代为办理开户业务的操作方式。由上市公司提供与股权激励相关的公告文件并作出相应的承诺，提供参与人员清单并附带参与人员相关证件以及本人签名的银行要求的文件，由上市公司到银行批量办理开户，开好户后这些账户保持未激活状态，确保可以收钱，由此产生的经济后果由上市公司承担。

（二）外汇管理局业务备案

《境内上市公司外籍员工参与股权激励资金管理办法》第五条规定，境内上市公司外籍员工参与股权激励的，境内上市公司应当在对股权激励计划进行公告后的30日内，持相关材料至公司所在地国家外汇管理局分局、外汇管理部办理外籍员工参与股权激励登记。因此，该条规定给上市公司规定了“30日”的时间限制。而在实务操作中，30日的时间对于公司而言可能捉襟见肘。比如，外汇备案时必须提供外籍员工的护照号码，境外员工在其本国的身份证号码通常不被接受；但是由于上市公司因为信息保密原则的限制，相关事项需要在董事公告后才通知涉及的员工，而外籍员工可能之前并无护照需求，根本无护照或者护照刚好到期，所以境外员工必须分批去办理护照。因此，能否在30日内办理完毕前述手续将面临较大不确定性。

对于该问题，考虑到各地外汇管理部门的窗口要求可能存有差异，因此建议与公司当地的外汇管理部门事先进行充分沟通，尝试通过主动申请延期等可被当地窗口接受的方式予以妥善解决。

（三）三方存管问题

三方存管通常指证券公司客户证券交易结算资金交由银行存管，由存管银行按照法律、法规的要求，负责客户资金的存取与资金交收，证券交易操作保持不变。三方存管遵循“券商管证券，银行管资金”的原则，将投资者的证券账户与证券保证金账户严格进行分离管理。该种操作在境内主体中的实施已经比较成熟，但是在境外员工涉及股权激励而进行三方存管操作时，可能面临障碍。

潜在的障碍在于，外籍员工可能无法在境内开立银行账户，或开立后无法被激活，导致无法与券商进行三方存管业务对接。针对该问题，建议针对具体的证券公司进行沟通协商，确认在目前的政策环境下证券公司能否接受在银行账号尚未激活的情形下办理三方存管业务。

总结而言，目前境外员工参与境内上市公司股权激励已具备初步的政策及制度支撑，但在实操层面尚面临某些具体细节的障碍。尽管全国层面的制度文件相对明确规定，但鉴于窗口尺度可能在短时间内存在较大波动，因此建议公司在具体操作境外员工股权激励事宜时与相关部门、窗口保持积极沟通，实时掌握政策动态变化。

（四）证券账号的开立问题

参与员工股权激励的员工分为三类人群，涉及国内生活的居民个人、外籍个人、国外生活的居民个人。前两类群体只要资料准备齐全，开立证券账户没有问题，而对于第三类人员，由于他们在国外只有居留权，仍持有中国居民身份证，按照中国证券登记结算有限责任公司的规定，不接收符合境内开户资格的人员申请开户，只能通过券商开立证券账户。但是又由于这类人群生活在国外，情况特殊无法回国即无法到国内证券公司开立股票账户，故其股票账户开立存在一定的障碍。

外籍员工在境内中国证券登记结算有限责任公司开立股票账户时，除提供境外员工证件外，还要填写《证券账户开立申请书》及《境外投资者证券账户自律承诺书》，这两份文件的签名仍然要与证件上的签名一致。这里需要注意的是，无论签名怎么样，申请文件表格中的投资者姓名一定要与银行开立申请表中的姓名保持一致，否则无法开立证券账户，也无法进行三方存管。同时，申请文件表格中的证件有效期和出生日期也要与员工证件保持一致，否则中国证券登记结算有限责任公司在审核材料时将以材料不符合退单。

三、小结

在股权激励过程中，如果公司为上市公司的，针对激励对象为境外自然人的有相关规定，法律法规并不禁止境外自然人作为激励对象，但是在实际操作过程中会存在一些操作环节便利的问题。因此，如果涉及股权激励对象为境外人士的，需要提前与有关办理机构做好沟通，防止出现无法办理有关手续的情形。

第八节　继承问题

激励股权作为一种财产性权利，在期权类型的股权激励过程中，因一般的实际行权期远滞后于股权激励方案签署的时间，在行权期间一系列意外情况的发生都可能最终影响激励股权的权利归属。在一系列可能发生的情况中，因人类自身的生老病死而产生的继承问题，又是一个难以绕开的问题，在制定股权激励方案时应当予以充分考虑。

鉴于股权本身涉及记入股东名册或登记的环节，股权是否实际变更也就实际影响着股权本身的归属，在继承发生时的权属情况和处理方式也是不同的。

一、已经实际取得并完成变更登记的股权的处理

根据《民法典》第一千一百二十二条第一款的规定："遗产是自然人死亡时遗留的个人合法财产。"遗产一般包括：收入，房屋、储蓄和生活用品，林木、牲畜和家禽，文物、图书资料，著作权、专利权中的财产权利等。公司股权作为一种无形物，自股东向公司出资后即根据公司的章程享有分红权、表决权等权能，可以被划分为一种财产性权利，应当作为可以被继承的合法财产。

此外，《最高人民法院关于适用〈中华人民共和国公司法〉若干问题的规定（四）》第十六条规定："有限责任公司的自然人股东因继承发生变化时，其他股东主张依据公司法第七十一条第三款规定行使优先购买权的，人民法院不予支持……"《市场主体登记管理条例》第二十四条规定："市场主体变更登记事项，应当自作出变更决议、决定或者法定变更事项发生之日起30日内向登记机关申请变更登记。市场主体变更登记事项属于依法须经批准的，申请人应当在批准文件有效期内向登记机关申请变更登记。"依据上述有关规定，在公司章程没有例外规定的情况下，自然人股东死亡后，其合法继承人可以继承股东资格，公司应当依照规定申请变更登记。可见，如果股权一经授予被激励的员工个人的，不仅在性质上符合遗产的特征，在实际的操作过程中，对于继承人继承股东身份并进行变更登记并无疑义。

综上，对于员工已经实际取得股权并完成变更登记后员工死亡的，其已经获得的股权应当视为其合法财产，由其合法的继承人予以继承。这一点在陈某

珍与北京某建投资集团有限公司股东资格确认纠纷一案中，人民法院旗帜鲜明地给予了肯定。①

但是，按照此种规则设计，对于非上市公司来说，则忽略了其仍须保障“人合性”的特点：首先，激励股东被授予股权往往是由于其作为公司的员工，对于公司做出了特殊贡献或者与公司关于劳动期限、竞业禁止、绩效等有特殊约定作为条件而取得公司股权，即激励股东取得股权是基于其“特殊的身份”，其股权的来源与初始股东有着很大的不同。其次，若无特别约定，按照上述法律规定，当激励股东去世后，否认其他股东的优先购买权，则会使得激励股东的合法继承人直接对激励股权予以继承。但由于非上市公司尚处于发展阶段，并不成熟、完善，不少基于继承激励股权而取得股东身份的新股东可能无益于公司的长期发展，如此一来，则使得公司的股权结构趋于不稳定，有损于公司的“人合性”。因此，在股权激励的设计方案中，尤其是非上市公司在对由于激励股东死亡而发生继承的相关制度进行设计时，应当通过章程或者另行约定的方式为特定股东的退出确立实质上的优先购买权的行使规则，或者是在股权激励方案中直接明确特定情形下公司对激励股权予以回购的相关条款，以此来保障公司股权结构的稳定性，保障公司的“人合性”。后文还将对此进行更进一步的阐述。

二、尚未实现行权所对应的股权的处理

对于尚未满足行权的条件或尚未达到行权期限的部分股权，因其尚未满足进行股权登记的条件，所以员工在去世时尚未登记为股东或取得登记股东同等的财产性权利，而仅是取得了一个期待权，期待未来按照股权激励方案的内容将其登记为公司股东并享有相应财产性权利的一个合法期待，这个期待通过股权激励方案或公司章程等形式确定下来，受到法律的保护。但很显然，这种期待权往往是专属于员工个人自身的，不具有可继承性，期待权并不能直接作为遗产进行继承。

但是，从股权激励机制本身的目的出发，给予激励对象以股权本身就是一

① 参见陈某珍与北京某建投资集团有限公司股东资格确认纠纷二审民事判决书，北京市第二中级人民法院（2017）京02民终3042号。本院认为部分摘录如下：“在付某文于2013年6月8日去世后，在某建投资公司章程对股东资格继承的问题并未作出规定且付某文的另外三位继承人放弃继承付某文股权的情况下，陈某珍依法有权继承归属于付某文的出资额55.42万元。”

种物质上的许诺，若因发生了意外情况，如免职、退休、死亡、丧失民事行为能力等客观原因而事实上免除了公司原先应当负担的授予激励对象股权的义务，将会严重影响股权激励方案本身的可操作性，尤其对于其他员工会产生广泛的示范效应，未来向其他员工推行同样的股权激励计划时将影响激励的效果。因此，对于还没有给付到位的股权，公司都会尤其慎重，并事先在股权激励方案中予以明确。

三、股权激励计划对于激励股权继承应做的事先准备

作为公司来讲，鉴于股权本身是一个具有财产价值的无形物，且用于激励的股权数量也是有限的，公司往往也不希望因员工的去世和继承过多影响股权激励方案的整体实施，对于对应部分的股权尽早明确是否需要行权，抑或将对应份额返回股权激励池中等待未来由他人行权。

由此，在股权激励方案中，公司应当对于涉及继承情况下的行权方式进行进一步明确的规定，从方案制定上一般包括：（1）强制失效；（2）有限行权；（3）明确回购条件。

首先，如果公司对于“人合性”有严格的限制，不希望员工的继承人通过继承激励股权成为公司股东的，可以对相应激励股权进行除权限制，直接在激励计划中约定未行权的对应部分无效。例如，在上市公司龙某光电的股权激励计划中就约定：“激励对象因免职、退休、死亡、丧失民事行为能力等客观原因与企业解除或者终止劳动关系或聘用关系时……当年未达到归属时间限制和归属条件的，原则上不再归属，并作废失效。”①

其次，也有公司设置“有限行权”的条款，按照员工去世的时间，根据全年的行权额度进行折算，允许继承人对部分的股权行权。例如，泸州某窖公司的激励计划中就约定了：“激励对象因死亡、不受个人控制的岗位调动与公司解除或终止劳动关系的，激励对象最近一个解除限售期所对应的限制性股票仍按原定的时间和条件解除限售，解除限售比例按激励对象在对应业绩年份的任职时限占全年时间的比例确定。”②

---

① 参见《龙某光电2021年限制性股票激励计划（草案）》，巨潮资讯网 http://static.cninfo.com.cn/finalpage/2021-09-28/1211165281.PDF，最后访问日期：2021年10月7日。

② 参见《泸州某窖股份有限公司2021年限制性股票激励计划（草案）》，巨潮资讯网 http://static.cninfo.com.cn/finalpage/2021-09-27/1211161872.PDF，最后访问日期：2021年10月7日。

最后，公司回购相应的股权也是一种常见的措施，即直接在股权激励方案中设置员工在去世后，公司将股权价值按照一定标准折算为货币金额，一次性支付给继承人，这可以有效避免员工去世后，迟迟无人向公司主张行权，也没有继承人明确表示放弃，而导致对应股权“空置”的情形发生。例如，在上市公司中钢天某公司的股权激励计划中就约定：“激励对象正常调动、退休、死亡、丧失民事行为能力时……尚未达到可行使时间限制和业绩考核条件的不再行使，由公司按授予价格加上中国人民银行公布的定期存款利率计算的利息回购注销。”①

四、小结

公司的股权激励是一个非常复杂的系统工程，在实施股权激励计划时，公司一般会对激励对象的任职期限、工作业绩、股权授予年限和行权期间等做出一系列限制，但也不应该忽视激励对象死亡时的处理。遇到员工行权前即发生继承的情况，在确定对应股权是否可以行权、按照何种规则行权的问题上，在股权激励方案中可以根据公司的具体情况进行约定，不宜一概而论。公司应当充分考虑到自身的需要、继承人行权和公司回购的相应成本，以及公司对于股权归属的偏好等各项因素，综合考虑后，对于员工去世后尚未行权部分的股权作出细致的制度安排。

第九节　无偿赠与问题

股权激励的常见模式包括：股票期权、限制性股票、虚拟股票、业绩股票/股份、股票增值权、账面增值权、员工持股计划等。在选择股权激励模式时应当考虑激励对象是否需要付出对价。在上述激励模式中，无偿的股票期权、股票增值权、账面增值权、虚拟股权都是不需要对价的。也有公司会与员工签订股权赠与合同或者无偿股权转让合同，约定由公司股东附条件地向员工无偿授予激励股权。而所附的条件，通常是从股权激励的目的出发来设定的，包括设

---

① 参见《中钢天某首期限制性股票激励计划（草案）》，巨潮资讯网 http://static.cninfo.com.cn/finalpage/2021-09-25/1211145853.PDF，最后访问时间：2021年10月7日。

定服务期、绩效目标、业绩承诺等。在上述无金钱对价获得公司股权的情况下，股权激励是否属于赠与？在激励股权变更登记完成前，公司是否能基于单方赠与从而任意撤销对员工的赠与？便是实践中经常产生的争议。

一、司法实践对无偿赠与问题的观点

在柴某生与李某辉股权转让纠纷案中①，最高人民法院认为："柴某生和李某辉签订了《关于股份出让的有关规定》，约定柴某生将股份无偿转让给李某辉，但李某辉应在雪某特公司服务五年，即双方通过签订合同建立了附条件的赠与关系。""柴某生上诉请求依据合同法可以行使撤销权的观点成立，但由于李某辉已经履行了赠与所附条件约定的大部分服务时间之义务，其请求撤销全部赠与的主张，本院不予支持，对李某辉服务时间未满足部分对应的股权，本院准许其撤销赠与。"

在方某诉兰某股权转让案②中，双方争议焦点为关于《股份转让协议书》的性质，是赠与合同还是股权转让合同。对此，二审法院认为：赠与是将自己的财产无偿给予受赠人，受赠人表示接受赠与的合同，赠与合同原则上是实践性合同，赠与人在赠与财产转移之前可以撤销赠与。而本案中，双方签订合同名称即为"转让"，同时对生效时间、违约责任作出了明确约定，并无任何"赠与"的表述。方某在与金某翔公司存在关联关系的深圳金某翔公司任职，其主张基于股权奖励无偿受让股权具有一定的事实基础，兰某主张股份转让协议为赠与意向缺乏事实和法律依据，法院不予支持。股份转让协议是当事人真实意思表示，内容未违反法律法规的禁止性规定，应属有效，双方均应依法履行。

在李某哲与陈某确认合同无效纠纷案中③，双方的争议焦点在于《股权赠与协议》是否有效。二审法院认为：关于合同性质，不能仅凭合同的名称予以确定，而应根据合同所涉法律关系结合合同实际履行情况进行判定。本案中，陈某自天某湖俱乐部成立以来一直担任总经理职务，负责天某湖俱乐部的日常经营管理，而签订《股权赠与协议》时李某哲持有天某湖俱乐部40%股份，其股权收益与天某湖俱乐部职业经理人的经营管理成果密切相关。陈某系具有天

---

① （2009）民二终字第43号。
② （2016）京01民终5896号。
③ （2018）苏民终768号。

某湖俱乐部所经营的高尔夫球场运营经验的职业经理人，李某哲给予陈某一定的天某湖俱乐部股份能够将陈某的收益与其经营管理天某湖俱乐部的成果相挂钩，激励陈某在天某湖俱乐部长期服务，提高其工作的积极性和能动性。因此，虽然涉案《股权赠与协议》名为赠与协议，但该协议并非一般意义上的赠与合同，而更多体现的是等价有偿的股权激励合同的性质。李某哲将其5%的天某湖俱乐部股份给予陈某，实际上并非没有对价的“无偿赠与”，而是涉案《股权赠与协议》所约定的“管理奖励”，即李某哲给予陈某5%的天某湖俱乐部股权的对价是陈某担任天某湖俱乐部的职业经理人并提供长期服务。

在赵某与杨某合同纠纷案中①，双方主要争议焦点为该《股份赠与协议》是否属于赠与合同，上诉人是否有权撤销该合同。二审法院认为：赠与合同的最主要特征是无偿性和单务性。赠与虽然可以附义务，但所附的义务不得改变赠与合同的无偿性质，所附的义务与赠与的标的相比较，应当是微小的，当事人并不以该义务为对价的。如果所附的义务构成赠与的对价，则改变了合同的无偿性，即使当事人在合同上写有“赠与”的字样，也不属赠与合同。另外，如果赠与是以所附的义务的履行为条件，或者赠与的目的是取得所附义务的履行，并且该赠与与所附的义务的履行之间具有法律上的关联，则也可以否定该合同的单务性，该合同不属赠与合同。

二、股权激励下“股权赠与协议”性质的认定

对于员工基于股权激励无偿取得的股权是否能认定为股东单方赠与的股权，取决于股东与员工签订的“股权赠与协议”的性质。如果“股权赠与协议”的性质是赠与合同，根据《民法典》的规定，除法定情形外，赠与人在赠与财产的权利转移之前可以撤销赠与。相反，如果“股权赠与协议”的性质是股权转让合同，合同签订后对双方具有约束力，公司就无权任意撤销对员工授予激励股权的行为。

根据本章第一部分的案例介绍，从法院的裁判说理内容可以看出，法院对于无对价股权激励合同的性质存在从赠与合同向非赠与合同的转变，但是无论是按照赠与合同还是非赠与合同处理，法院的处理还是肯定了合同约定的效力以及员工的合法权利，从这一点可以看出法院裁判态度的实质一致性。在最高

① （2018）粤03民终21747号。

人民法院的案例中，虽然法院在形式上认为无对价的股权激励属于赠与合同，但通过援用附条件赠与的解释路径，限制了赠与合同撤销规则的适用，实质上还是认定股权激励不属于赠与合同。

赠与合同是无偿的单务合同，受赠人是纯获利益者，即赠与人无偿将其财产赠与受赠人，无须为接受赠与支付相应的对价。而股权激励中的“股权赠与合同”往往会设定授予员工激励股权的相应条件，公司授予员工激励股权的目的正是要求员工在公司工作一定的年限或完成相应的绩效。员工取得股权要履行相应的义务，实际上是员工为了获得激励股权所支付的对价，从此层面上看，所谓的“股权赠与协议”实质上是一种双务合同，合同双方都享有一定的权利，负有一定的义务。

员工在公司工作一定的年限或完成相应的绩效是为了履行股权激励下“股权赠与合同”的义务，这一点在北京市第一中级人民法院发布的公司类纠纷案件十四大典型案例“方某诉兰某股权转让案”中法院的评论中得到印证，法院评论道：“《公司法》对股权转让是否需存在对价及对价的具体形式并未作出限制性规定。股权转让合同中的对价既可以是金钱，也可以是其他实物、服务或知识产权等。对于合同中约定无偿转让的，也应结合股权转让双方的协议文本、交易意图、交易背景等因素综合认定合同性质，不应直接认定为赠与合同。实践中普遍存在公司通过股权激励计划，由员工免费获得本公司或关联公司股权的情况，应认为，该计划的实质是通过给予员工除工资薪酬以外的报酬来换取员工服务，因此，不应认定为赠与。”

综上，虽然在股权激励下，有时会采用“赠与”等词汇，但是应当认定其实质上并不属于赠与合同，而是股权转让协议，是双务合同。在此情形下，双方就应当受到股权转让协议的约束，则转让方就无权任意撤销其授予员工激励股权的行为。

三、小结

从上文的分析中，可以看出公司以签订“赠与协议”授予员工激励股权的方式，将面临员工离职时无法妥善收回激励股权的风险。因此建议公司在设置股权激励方案时审慎考虑，结合公司自身情况和需求，选择适合的股权激励方式。

此外，在制定股权激励方案时还应当注意，避免无对价取得股权给激励对象带来的消极懈怠心理，主营电子商务的易某网曾走过一条看上去标准的“硅谷之路”：公司员工刚过试用期便有幸能够得到公司的股票期权，几乎每个人都免费得到了公司股票期权，加之员工无需自己出资，让员工产生了免费的就没有价值的感觉，激励效果大打折扣。因此，股权激励模式下切不可滥用无金钱对价取得股权，要让激励对象感受到股权的来之不易，应当倍加珍惜，如此才能发挥股权激励挽留人才，捆绑公司利益与员工个人利益的作用。否则，股权激励的方案就只是纸上谈兵，员工不买单，激励效果甚微，甚至为公司未来的发展埋下隐患。

·第七章·

股权激励的常见争议

第一节 代持争议

股权代持系指实际出资人与名义股东间达成合意，由实际出资人出资，名义股东代实际出资人在股东名册上显名，代为履行股东权利义务的一种股权或股份处置方式，在商业实践中较为常见。股权激励计划实施过程中也经常面临股权或股份代持的问题，实践中可能引发相关争议。本节拟从股权代持的原因、效力等角度，结合相关案例对股权激励中的代持问题进行初步分析。

一、股权代持的原因

实务操作中，股权或股份代持的原因种类繁多，大致的常见情形有如下几类：

（一）规避法律、法规的强制性规定

我国现行法律法规对股东持股比例、股东人数上限、关联交易表决程序、高管的同业竞争、股权或股份的转让等方面进行了限制，如《公司法》第一百四十一条规定发起人持有的本公司股份自公司成立之日起一年内不得转让。因此在前述情况下，投资者可能会通过股权代持来规避法律责任与风险。

（二）投资者身份特殊

当投资者具备国家公务员、事业单位人员、国有企业领导、上市公司股东、证券从业人员等特殊身份时，其投资行为会因身份或职业而受到一定程度的限制，不方便作为其他公司的股东在股东名册上显名。例如圣某环保发行人设立时，朱某煊（实际控制人之一）在国有企业任领导职务，短时间内不便直接持有发行人股份，因此由亲属连某旻和蔡某华代持。

（三）关联交易避嫌

基于商业上的考量，企业经营者需要成立多家以经营者为实际控制人的公司来运作，此时为了避免形式上的关联性，避免构成关联交易，企业经营者会委托员工或其他第三人代为持有其他公司的股权。

（四）提高决策、登记等方面的效率

公司股东人数众多，在公司决策方面必然会面临众口难调的问题，严重影响公司决策效率；此外，在一些需要股东亲自到场确认或签字确认的事项上，由于股东人数众多，难以聚集，也会导致程序难以推进。因此，为了提高公司决策效率、便于工商登记，公司往往会通过股权代持来避免其中烦琐的程序问题。例如，北京零某有数数据科技股份有限公司于2006年实施员工持股计划，安排主要管理层员工持股。张某、陈某丽、周某古等11名主要管理人员参与了员工持股计划。由于参与人数较多，为便于公司管理及办理工商登记手续的便捷性，持股员工取得的股权均不进行工商实名变更登记，而是全部委托给袁某代为持有，并由袁某代为行使相关股东权利。

（五）以股权代持的方式进行借款担保

该种情形实质系股权让与担保，以代持股权的方式为实质上的借款提供担保。该种操作方式在实务中较为常见。

（六）预留期权池

企业早期创始团队在进行股权架构设计时，往往会预留期权池，用于激励核心成员或对公司贡献较大的员工。这部分预留的股权一般会由大股东或其他股东代为持有，相应的表决权也由代持股股东代为行使。

二、股权代持中各方之间的法律关系

（一）隐名股东与名义股东之间的法律关系

该种法律关系仅涉及两方主体，所以如果两者出现争议，只要能证明两者存在股权代持关系，则实际股东的出资至少应从债权角度得以确认（尽管实务中该种代持关系的证明也不乏争议）。而在实务中，对实际股东而言股东身份在某些时间段往往比因代出资产生的债权更为重要。在实际股东要求确认股东身份的问题上，有人认为应根据股权代持合同中的相关约定进行判断，如果合同中明确约定实际股东为真正股东并享有股东权益、承担相应股东义务和责任，则应认定实际股东为真正股东。

（二）实际股东、名义股东与公司之间的法律关系

该种法律关系涉及有限公司的人合性及公司的稳定性。有观点认为，如果实际股东隐瞒身份，名义股东按照实际股东的意志出面行使股东权利，在公司

和公司其他股东对实际股东和股权代持事项并不知情的情况下，为维系公司法律关系的稳定和保护其他股东的利益，不应鼓励确认实际股东的股东身份。相反，若公司其他股东知晓实际股东的存在，此时公司稳定性、人合性一般不受影响。

（三）实际股东、名义股东与公司外第三人之间的法律关系

在该种法律关系中，实际系第三人权利与公司名义股东或实际股东之间权利的对抗，常见情形如名义股东因其自身对外负债而被其债权人执行代持的股权、名义股东将被代持股权擅自出让等。此时鉴于法律关系相对复杂，一般需要个案中对双方之间的权利义务进行评判，以衡量哪一方的权利应优先得到保护。

三、股权代持的潜在风险

（一）股权代持协议被认定为无效，实际出资人投资收益受损的风险

原《公司法》第五十二条以及目前《民法典》均规定了合同无效的诸多情形，《最高人民法院关于适用〈中华人民共和国公司法〉若干问题的规定(三)》第二十四条第一款对股权代持协议的效力作了进一步阐释："有限责任公司的实际出资人与名义出资人订立合同，约定由实际出资人出资并享有投资权益，以名义出资人为名义股东，实际出资人与名义股东对该合同效力发生争议的，如无法律规定的无效情形，人民法院应当认定该合同有效。"其中涉及股权代持问题，可能因"损害社会公共利益"等情形而被认定为无效。合同无效后涉及的仅仅是清算、返还等问题，届时实际出资人将无法基于代持协议取得股东身份（而实务中名义股东主张否认合同效力时往往系因标的公司股权具有较高价值)，实际出资人的投资收益将受到较大负面影响。

在（2017）最高法民申2454号民事裁定一案中，最高人民法院认为：本案所涉代持协议无效，但协议虽认定为无效，仅属于"不能返还或者没有必要返还的"情形，故杨某国要求将诉争股权过户至其名下的请求难以支持，但杨某国可依进一步查明事实所对应的股权数量请求公平分割相关委托投资利益。

因此，股权代持协议被认定无效后，司法实践中实际出资人将难以取得股权，仅可请求名义股东返还出资款，并请求名义股东折价补偿其受到的损失。但前述折价补偿仅仅是依据公平原则对投资收益的分割，而非依据代持协议取得投资收益。

（二）因名义股东自身原因导致代持股权被保全或被执行的风险

实务中，名义股东可能自身对外负担债务，而公司股权或股份通过公开渠道通常较易查得，因此债权人对名义股东代持的股份或股权保全或直接强制执行属于较为常见的情形，此时实际出资人和名义股东债权人之间的权利保护将出现冲突。

在（2019）最高法民再45号民事判决中，最高人民法院认为：本案所涉股权代持关系虽真实有效，但其仅在双方之间存在内部效力，对于外部第三人而言，股权登记具有公信力，隐名股东对外不具有公示股东的法律地位，不得以内部股权代持关系有效为由对抗外部债权人对显名股东的正当权利。故皮某作为债权人依据工商登记中记载的股权归属，有权向人民法院申请对该股权强制执行。

《公司法》第三十二条第三款规定："公司应当将股东的姓名或者名称向公司登记机关登记；登记事项发生变更的，应当办理变更登记。未经登记或者变更登记的，不得对抗第三人。"因此，名义股东与实际出资人之间的代持事宜属于二者的内部问题，在实际出资人依法转为公司的股东之前，无权以内部的协议约定对抗外部善意债权人对名义股东的正当权利。

（三）因名义股东滥用股东权利导致股权被转让、质押的风险

名义股东作为记载于公司股东名册及工商对外公示的权利人，对外可对被代持的股份进行处分。若名义股东滥用名义上的股东权利（尽管该种滥用可能违反股权代持协议），可能导致被代持的股份或股权被交割给第三人，或被设定权利负担。此时该种处分行为是否有效涉及实际出资人与第三人之间的权利对抗问题。

在上海市第二中级人民法院于2017年发布的股权代持纠纷典型案例中，"宋某诉王某、李某请求确认股权转让合同无效纠纷案"的裁判要旨为："隐名股东在依法显名之前，其股东身份和权益并不被外人所知。在此情况下，显名股东擅自以转让、设定质押或者以其他方式处分股权时，当受让的第三人无从知晓显名股东与隐名股东之间的股权代持关系时，按照善意取得原理，善意第三人可以获得受让的股权（或行使质权）。"

《最高人民法院关于适用〈中华人民共和国公司法〉若干问题的规定（三）》第二十五条规定："名义股东将登记于其名下的股权转让、质押或者以其他方式处分，实际出资人以其对于股权享有实际权利为由，请求认定处分股

权行为无效的，人民法院可以参照民法典第三百一十一条的规定处理。名义股东处分股权造成实际出资人损失，实际出资人请求名义股东承担赔偿责任的，人民法院应予支持。”因此，法院系参照“善意取得”制度的规定对名义股东处分被代持股份的行为进行处理，如果受让人为善意完成交易，虽然实际出资人可以请求名义股东承担赔偿责任，但不能认定转让或质押等处分行为无效。

四、小结

股权代持天然附随一定的法律风险，如果商业安排上最终决定采取股权代持的操作模式，首先应谨慎选择合作伙伴，其次应确保股权代持协议的有效性，最后需审慎考量与潜在第三人之间的权利冲突问题。其中关于代持协议的有效性问题，应考察所在行业等相关行业监管法规或法律的强制性规定；关于与第三人之间的权利冲突问题，建议通过股权代持协议严格约定双方的权利义务，明确约定相关的违约责任，提高违约成本，同时可根据具体业务操作方式决定是否采取将代持股份质押给实际出资人等方式以降低风险。

在股权激励领域，根据目前的相关规定及操作口径，股权代持的操作方式通常存在一定风险。如《关于国有控股混合所有制企业开展员工持股试点的意见》（国资发改革〔2016〕133 号）、《国务院国有资产监督管理委员会关于规范国有企业职工持股、投资的意见》（国资发改革〔2008〕139 号）、《国有科技型企业股权和分红激励暂行办法》（财资〔2016〕4 号）等文件虽然并未对股权代持作出明确的规定，但《首次公开发行股票并上市管理办法》第十三条规定“发行人的股权清晰”；《科创板首次公开发行股票注册管理办法（试行）》和《创业板首次公开发行股票注册管理办法（试行）》规定“控股股东和受控股股东、实际控制人支配的股东所持发行人的股份权属清晰”；且证监会及交易所在其举办的保代培训中也多次强调不允许存在股份代持，需要申报前予以清理。

因此，在股权代持的操作模式下，可能涉及名义股东擅自处分被代持股权、代持协议被认定为无效等相关法律风险，且标的公司上市过程中可能涉及被代持股份的清理工作，届时可能需要核查持股员工名单、各持股员工的出资资金来源、代持协议等真实的持股情况（包括代持发生的时间、人数、代持原因和数量、实际出资人）等情况。因此，股权激励过程中若涉及代持问题，应审慎制定代持方案，避免潜在风险。

第二节 行权争议

一、概述

所谓行权，就是股权激励的对象根据股权激励方案的约定，在将来某一时期内行使方案所约定的内容的行为。一般股权激励方案所约定的内容是：授予激励对象以一定的价格买入一定数量股权的权利，同时对激励对象在购股后再出售股票的期限作出规定。

在行权的阶段，最容易引发公司和员工双方的争议。在员工行权过程中会遇到诸如员工是否有行权资格、如何选择行权方式、行权期限、行权价格、转让行权权利和行权不能的救济等一系列问题。本节拟从司法实践的角度出发，厘清上述这些问题在实务过程中都是如何定性和裁决的，以给股权激励方案的拟定和实施提供帮助。

二、行权资格常见争议

在股权激励方案中公司都会与员工约定诸如“乙方为甲方的职工，可以享受甲方的第二期股权激励”“乙方作为职员，接受甲方的工作考核，在通过公司对职员的考核时方可接受上述股权激励”等内容。由此，员工可以按照股权激励方案行权的基础和前提是员工与公司之间存在有效的劳动关系，若发生员工辞职、公司解聘等情况，则不再满足行权的条件，自然无法行权。在王某芬与岑某清股权转让纠纷①一案中，人民法院查明岑某清已于2020年3月从第三人匹某扣公司离职，据此认定岑某清行权的基础已丧失。

除了激励对象在行权时应当满足是公司的员工这样直观的、形式上的行权资格条件外，公司还可能对员工的实质工作情况进行评价，从而作为另一方面的行权资格的限制性条件。例如，在孟某、美某集团股份有限公司劳动争议一案②中，公司就主张因激励对象孟某“作为原美某集团工程部长，对工程串标

① 上海市徐汇区人民法院（2020）沪0104民初14273号。

② 广东省佛山市中级人民法院（2018）粤06民终4636号。

承担次要责任，对工程重大经济损失及多名下属严重违规违纪承担主要管理责任，对孟某取消所有股票期权行权资格”。人民法院经二审审理后认为，依据《上市公司股权激励管理办法》第二条的规定，股权激励是指上市公司以本公司股票为标的，对其董事、监事、高级管理人员及其他员工进行的长期性激励；员工未能尽到忠实、勤勉义务，因其主观过错给公司造成严重的经济损失时，公司有权依据追责机制以及激励计划的规定，取消员工的行权资格。

由此可见，在员工行权时，并不因员工与公司签订了在先的股权激励方案而天然享有行权资格，由于股权激励计划具有持续性的特点，这就要求员工在行权时也要满足行权资格形式上和实质上的要求。

三、行权期限和行权价格常见争议

在解决股权激励方案中有关行权资格的问题后，员工需要遵循一定的限制进行行权，这种限制一般体现在时间维度上和价格维度上。

就行权的时间维度而言，公司向激励对象授予期权等的，一般会预先向其提供奖励计划和授予通知等文件，确定员工知晓了本次触发激励方案的具体内容，同时也作为时间维度上的触发机制，员工需要在股权激励方案确定的合理期限内主张行权，且这个期限是不能因员工的主观意志轻易变更的。在蔡某纲与塞某锐思半导体技术（上海）有限公司劳动合同纠纷一案中，公司在签发给员工的《2013 股票计划》《股票期权授予通知》等文件中写明，“期权承授者可在其作为雇员、顾问或董事的连续状态终止后三十（30）天内的任意时间行使股票期权”。事实上，股票期权操作网站在取消蔡某纲的期权之前也将相关通知两次发送给蔡某纲自行注册的邮箱，蔡某纲未能及时查阅，由此导致的后果应由其自行承担。最终人民法院判决蔡某纲就公司赔偿其因丧失股票期权而减少的劳动报酬的主张不能成立。

就行权的价格维度而言，在股权激励方案中更偏向于商业逻辑的考量而非法律原理的规范。从员工行权的角度看，行权的时间点越靠后，说明股权激励方案的目的贯彻得越彻底，相应的行权价格就应当设置得越丰厚。结合公司的经营战略、激励对象的职务、股权激励的目标，为了避免公司资产的构成与业务模式的复杂度导致单纯使用净资产定价存在准确性、公正性的偏差，除了参考行权当时的股价等基础数据外，一般也会参考销售收入增长率、净利润收益率的增长率、应收账款周转率的增长率等数据作为行权价格的调整因素，以充分发挥方案的激励作用。

但需要注意的是，由于行权价格一般在股权激励方案或其他在先签署、确认的文件中都会有专门的条文进行规范，一旦确定，员工在价格维度上的任意性也有限。从法律原理上来说，股权激励方案本质上也是一个契约，遵循“契约必守”的基本原则，即使员工事后认为行权的价格偏低或存在严重不合理性，往往也只是在监管层面会引发关注，如证券交易所可能会要求上市公司详细说明股票期权行权价格的定价依据、期权行权价格低于《上市公司股权激励管理办法》第二十九条中规定的行权价格的原因及合理性等；但在人民法院审理股权激励争议时，并不会过多对当事人之间的行权价格进行调整，也不涉及商业逻辑和商业价值的评价。

四、无法行权的救济

在员工的行权过程中，行权受阻也是常见的问题之一。或许会存在公司恶意阻挠行权条件达成或额外增加行权条件妨碍员工行权的情况，例如，在石某雷与上海书某投资管理有限公司、彭某辉其他与公司有关的纠纷一案①中，员工石某雷要将所持期权转化为注册股权，需至少满足三个条件：（1）石某雷通过书某公司年度考核；（2）期权行权经书某公司股东会决议通过；（3）期权行权前石某雷职务最低为教研组长。但是经人民法院查明，书某公司通过出具《考核结论》，不正当地阻止石某雷通过考核，《考核结论》本身并非约定的行权条件之一，书某公司以《考核结论》作为拒绝石某雷行权的理由，系违约行为，在一定程度上导致石某雷的合同目的无法实现，书某公司仍应就其违约行为向石某雷承担相应的赔偿责任。在石某雷案中，人民法院参考了石某雷可获得的期权回购款并结合因协议提前终止，致石某雷无法继续履行后续协议所造成的可得利益损失及其他损失，综合确定了石某雷的损失金额。

无独有偶，在沈某峰与北京搜某科技发展有限公司劳动争议一案②中，除了董事会未作出决议外，员工已经符合了申请期权的其他要求。虽然授予期限并没有在聘用合同中规定，但公司仍以董事会长期未能就授予作出决议为由，试图对抗员工的期权申请。人民法院认为“董事会进行股权期权的授予期限虽在《聘用信》未进行明确约定，但该授予期限应有一定的边界，公司不能以董事会一直

---

① 上海市徐汇区人民法院（2017）沪0104民初10378号。

② 北京市海淀区人民法院（2016）京0108民初28398号。

未作出最终决议而对抗劳动者权利行使”，并且“在双方劳动合同已履行过半的情况下，董事会仍未对股票期权授予作出最终决议，导致双方间权利义务的严重失衡，搜某科技公司应承担未能对沈某峰进行股票期权授予的过错责任”。

此外，在深圳市静某抗衰老生物科技股份有限公司与晏某合同纠纷一案[①]的审理中，静某公司主张晏某在协议履行期间存在旷工等违反劳动合同的情形，明确表示不同意给予晏某股份。虽然静某公司的这一主张未获劳动仲裁员的认可，但晏某与公司在行权的问题上差异巨大，晏某也显然难以按照协议确定的价值经过评估、股权变更等一系列繁杂的手续后变现股份价值并主张价款。基于现实情况的考量，一审和二审法院都对晏某提出的直接支付对价的情况予以了支持，而具体的对价标准则参照双方约定的赠与期权的价值，由法院根据公平原则，酌情予以确定。

从以上几个案例可见，员工的行权方式往往也已经事先在股权激励方案中进行了约定。但由于拟定或签订股权激励协议时预设的情景与行权时的实际情况相去甚远，更毋宁提到股权变更的手续往往还需要员工、公司及股东等各方的密切配合，实践操作中的不确定性很大，此时员工能够通过诉讼程序寻求法律上的救济。

五、小结

股权激励创设，旨在建立企业与员工之间的利益共同体，激励员工积极工作并贡献个人最大价值，以达到企业与员工双赢的目的，可以说行权的过程是整个股权激励方案的核心，也是员工实现权益的最终目标。但由于当前市场上股权激励模式众多，且各企业实际操作情况纷繁各异，相关行权争议所属范畴众多，相关案件需根据个案情况具体分析，从股权激励的目的、性质、授予的条件、与劳动合同关系、行权的条件等多方面入手论证，争取使案件走向符合自身预期，维护自身合法权益。

---

① 广东省深圳市中级人民法院（2018）粤03民终7355号。

第三节　离婚对于股权激励的影响

近年来，一些互联网企业创始人或高层管理人员的婚姻状况常常受到舆论的关注，其实除了八卦本身之外，这些企业高层的婚姻变动对企业股权结构乃至企业经营的影响才是投资者关注的重点。那么，对于接受公司股权激励的高管、员工而言，离婚对他们的股权激励究竟有何影响？如何才能有效避免离婚对员工自身利益、公司利益的影响呢？

根据《民法典》及《最高人民法院关于适用〈中华人民共和国民法典〉婚姻家庭编的解释（一）》（以下简称《婚姻家庭编解释（一）》）的相关规定，夫妻在婚姻关系存续期间所得的“工资、奖金、劳务报酬；生产、经营、投资的收益”等均归夫妻共同所有。那么，是否员工在婚姻关系存续中获得的股权激励均属于夫妻共有财产？离婚会给员工股权激励带来什么影响？本节将结合相关案例进行分析并提出相应的风险防范建议。

一、离婚案件中的股权激励权属认定

当股权激励计划遇到离婚问题时，不同的情形下法院裁判观点如下：

观点一：

认定股票期权奖励是否为夫妻共同财产的起算点应为归属取得日期，一方婚前归属取得的股票应为婚前个人财产。未上市公司的股票期权，不具备分割条件，法院不作认定处理。

案情概要：从2006年2月开始，阿里巴巴集团控股有限公司分每个月归属1/48股，分四年归属，共给予赵某阿里巴巴集团控股有限公司的股票期权共1600股。赵某与余某甲登记结婚时，赵某已取得公司股票期权1100股。2011年10月，该公司收回560股，至2014年9月公司上市时，赵某持有公司股票计1040股。余某甲在离婚诉讼中要求分割赵某持有的1040股股票。另外，余某甲亦要求分割赵某持有的蚂蚁金融服务集团的股票期权，双方对该股票期权的真实性存在争议。

法院观点：阿里巴巴集团在股票归属后并由员工缴纳相关税款后，员工即取得阿里巴巴集团股票，因此，此笔财产是否认定为夫妻共同财产的起算点应为归属取得日期。赵某在双方结婚登记前归属取得的阿里巴巴集团公司股票1100股应认定为个人财产。余某甲的分割请求不予支持。赵某在蚂蚁金融服务集团的股票期权，因蚂蚁金融服务集团至今尚未上市，不具备分割条件，本案对该部分事实不作认定处理。

观点二：

对于婚前授予婚后归属的限制性股票，确定分割比例时应考虑任职一方对取得股票奖励贡献大的实际情况；对于婚后授予婚后归属的限制性股票，应按夫妻共同财产分割。限制性股票处于禁售期的，从公平合理保障双方当事人权益的角度，可不进行实际分割，待符合转让条件后再行处理。

案情概要：阿里巴巴集团分别于2011年、2012年、2013年基于年度奖励授予张某甲共计5200股集团限制性股份单位RSU，分别分四年以25%归属。2014年9月，张某甲在IPO出售项目中以68美元/股的价格出售1000股，目前持有1450股。张某甲妻子王某在离婚诉讼中，要求分割婚后至庭审开庭时，张某甲共归属取得的阿里巴巴集团股票2450股。阿里巴巴集团RSU在性质上可以理解为作为境外上市公司的阿里巴巴集团根据其相关股权激励计划以及阿里巴巴集团和员工签署的相关协议约定，在相关员工满足为其旗下公司或关联公司提供服务满一定年限及其他条件后授予员工一定股票的一种员工激励机制。

法院观点：由于案涉阿里巴巴集团股票的取得确实与张某甲的年度工作表现等直接相关，考虑到张某甲贡献大的实际情况，将2011年3月婚前授予而婚后归属的600股酌情确定张某甲享有367股，王某享有233股；其他婚后授予婚后归属的股票对半享有。张某甲于2014年9月出售的1000股分割分出售款予王某。考虑到目前张某甲持有的阿里巴巴集团员工股票仍处禁售期，解禁会对股票价格产生重大影响，而双方一审、二审中均未提供折价分割应扣除相应税金的具体计算方法，故从公平合理保障双方当事人权益的角度，对张某甲目前持有的1450股不进行实际分割，双方可待符合转让条件后另行处理。

观点三：

一方婚前入职，持续工作至婚后，婚后因连续工作满一定年限而取得的公司股票期权奖励，分割时应考虑到股票期权奖励的来源、取得的条件等因素。

案情概要：施某自2001年3月入职上海某程商务有限公司。2008年7月，施某、庄某登记结婚。2010年1月，施某因工作满八年获得公司股票期权奖励，其名下在美国美林证券账户内在2013年6月28日净资产价值10510.79美元，后施某将股票出售，2015 年 12 月 2 日总价值为 0 美元。现庄某在离婚诉讼中要求对半分割施某获得的公司股权奖励婚后部分。

法院观点：施某获得的公司股票期权奖励，系婚姻关系存续期间取得，考虑股票期权奖励的来源、取得的条件，酌情予以分割。故判决该股权奖励归施某所有，施某给付庄某分割款人民币 6000 元。

观点四：

一方在婚姻关系存续期间取得的公司股票期权奖励，虽为企业对职工本人的奖励，但该奖励具有财产价值，应认定为夫妻共同财产，由此取得的股息红利亦应认定为夫妻共同财产。分割时考虑到股票期权的特殊性，股票期权可归职工一方所有，由职工一方给付另一方折价补偿款。

案情概要：2007 年 12 月，杨某某与屈某某登记结婚。2011 年 1 月，屈某某就职的吉林市龙某电气股份有限公司根据其业绩及表现，给予屈某某 10 万股期权奖励。屈某某于 2012 年获得分红 8000 元（2011 年红利），2013 年 1 月获得分红 10000 元（2012 年红利）。现杨某某在离婚诉讼中要求对半分割上述 10 万股股份及 2011 年、2012 年股息分红。

法院观点：10 万股期权虽然为企业奖励职工本人的，但依据公司出具的证明材料（屈某某在公司入股 10 万元），此 10 万股期权奖励具有 10 万元的财产价值，且屈某某业绩未达到要求时，单位并未收回而且每年予以分红，故此应认定为夫妻共同财产予以分割。同时考虑到此种期权的特殊性，应归屈某某所有为宜，但屈某某应给付杨某某 5 万元；红利 18000 元系夫妻共同财产，由屈某某给付杨某某红利款 9000 元。

观点五：

公司授予职工一方的股票期权因未及时行权而作废的，法院不予分割。已归属的限制性股票系以存托凭证方式发行的，法院可以按照存托凭证所代表的股票价值予以分割。

案情概要：殷某与姚某于 2006 年 8 月登记结婚。2010 年 8 月软某动力控股有限公司向职工姚某售予股票期权 40000 股。根据诉讼离婚时查询到的开盘价，该期权价值是 20 万元。另外，2011 年 8 月公司授予姚某 1028 股限制性股票单位。殷某要求上述股权奖励作为夫妻共同财产予以分割。

法院观点：按照公司授予股票期权时所签订的协议，姚某于 2013 年 5 月离职时有 2 万股已经归属于姚某，另 2 万股则作废，归属的 2 万股因姚某未依约在30天之内行权业已作废。故，法院认为案涉期权均已作废，不予分割。关于姚某取得的限制性股票单位，离职时有25%即250股归属，剩余的在其离职时作废。其中250股卖了80股用于缴税，剩余170股相当于17个存托凭证，按照2014年1月15日闭市价每个存托凭证5.2美元，共价值88.4美元，应作为夫妻共同财产予以分割，姚某应给付殷某财产折价款44.2美元。

观点六：

婚姻关系存续期间取得的股票期权及其带来的收益属于夫妻共同财产，职工一方未经另一方同意，将取得的股票期权全部放弃是故意损害另一方利益的行为，应赔偿另一方的损失。

案情概要：马某、朱某于2004年4月登记结婚。朱某系公司高级管理人员，2004年5月、2005年1月公司分别授予朱某股票期权5000股（每股行权价5.50美元，行权到期日为2014年4月）、12000股（每股行权价15.55美元，行权到期日为2015年1月）。股票期权被授予后，至马某起诉离婚之日，对已可行权部分，朱某未曾行权。2007年二人经法院判决离婚，法院对股票期权未予处理。2011年11月，朱某向公司提出书面声明放弃上述股票期权。2012年2月，公司因终止在美国证券市场上市交易等事由，注销了已发行、未行权的全部股票期权，股票期权统一转化为取得现金的权利（每股股票期权的现金权利为20.675美元减去行权价）。后，马某提起离婚后财产纠纷诉讼，要求分割上述股票期权利益。

法院观点：诉争的股票期权是公司授予员工在一定时期内按约定的价格购买本公司股票的权利，是一种有财产性权益的债权，虽然在未行权或注销回购时其价值难以确定，但价值的高低或暂时的不确定性不能否定其财产性权益的属性，因此股票期权及其带来的收益可以作为离婚时夫妻共同财产分割的标的。

在离婚判决已明确认定股票期权的情况下，朱某未经马某同意，将取得的股票期权以“个人原因”申请全部撤销，是故意损害马某利益的行为，对此朱某有过错，故无论公司作出何种“依规处理”，朱某均应赔偿马某的损失。

通过以上典型案例，可以看出，司法实践中一般是根据婚姻关系存续期间与期权取得的时间、行权的时间对比不同情形来确定是否为夫妻共同财产：婚前取得、婚前行权的，已经行权部分为婚前个人财产；婚前取得、婚后行权的，已行权部分根据具体行权的条件来计算共同财产的范围；婚后取得、婚后行权的，属于夫妻共同财产；婚后取得、离婚后行权的，行权部分根据具体行权的条件来计算共同财产的范围。而对于尚处在禁售期的股权，法院均不予处理，需要等待禁售解除后再次向法院请求予以分割。

二、离婚案件中的股权分割方式

根据《婚姻家庭编解释（一）》第七十二条规定，夫妻双方分割共同财产中的股票、债券、投资基金份额等有价证券以及未上市股份有限公司股份时，协商不成或者按市价分配有困难的，人民法院可以根据数量按比例分配。

尽管前述案例基本都是法院将股权/股份折价后分配，但实践中也不乏直接分割股份的案例。

案情概要：合肥睿某科技股份有限公司于2011年成立，陈某1持有合肥睿某科技股份有限公司的30%股份；合肥星某通信股份有限公司于2002年成立，陈某1持有合肥星某通信股份有限公司的12334390股股份，持股比例为32.4589%。2016年9月25日，合肥星某通信股份有限公司作出一份《公司控股股东向部分小股东出让股份的决议》，内容为：公司控股股东陈某1、张某决定共同出让76万股股份对徐某平、陈某杰、刘某胜三位股东进行股权激励，其中陈某1出让385721股。后因陈某1股份被冻结，2016年11月22日，合肥星某通信股份有限公司作出一份《关于“公司控股股东向部分小股东出让股份的决议”的补充协议》，内容为：陈某1向徐某平、陈某杰、刘某胜三位股东作出承诺，待陈某1名下的股份解冻后，将按2016年9月25日决议的决定，将其名下的385721股股份转让给徐某平、陈某杰、刘某胜三人。该385721股股份占合肥星某通信股份有限公司的股份比例为1.0151%。

法院观点：如果已有股东会决议，明确载明特定股东向其他人转让特定份额股权，则该部分股权属于已被确定的须转让的股权，应当予以扣除。扣除该部分股权的剩余部分，属于夫妻双方共有（各50%）。期权转让的协议/决议必须已经生效，且有明确的转让股份主体、受让主体、份额、转让条件。如果具备以上要素，则在满足转让条件时，此部分股权属于已经确定转让的股权，从而要从转让股东的股权份额中扣除，剩余的部分方为夫妻共同财产，应依法予以分割。最终法院判决，陈某1持有的合肥睿某科技股份有限公司的30%股份由赵某与陈某1各持有一半。陈某1持有的合肥星某通信股份有限公司的32.4589%股份，扣除其须向其他股东转让的1.0151%股份，剩余31.4438%股份由赵某与陈某1各持有一半。

而在实操层面，公司通常会通过持股平台（合伙企业）进行，由被激励员工持有有限合伙企业的份额，再由该合伙企业持有公司股权。此种情况下，由于员工不直接持有股份公司的股票，并不能直接分配数量，并且由于合伙企业人合性的特殊要求，需要参照《合伙企业法》关于份额转让的规定进行析产。具体地，根据《婚姻家庭编解释（一）》第七十四条，人民法院审理离婚案件，涉及分割夫妻共同财产中以一方名义在合伙企业中的出资，另一方不是该企业合伙人的，当夫妻双方协商一致，将其合伙企业中的财产份额全部或者部分转让给对方时，按以下情形分别处理：（1）其他合伙人一致同意的，该配偶依法取得合伙人地位；（2）其他合伙人不同意转让，在同等条件下行使优先购买权的，可以对转让所得的财产进行分割；（3）其他合伙人不同意转让，也不行使优先购买权，但同意该合伙人退伙或者削减部分财产份额的，可以对结算后的财产进行分割；（4）其他合伙人既不同意转让，也不行使优先购买权，又不同意该合伙人退伙或者削减部分财产份额的，视为全体合伙人同意转让，该配偶依法取得合伙人地位。

但是该条适用的前提是，“当夫妻双方协商一致，将其合伙企业中的财产份额全部或者部分转让给对方时”。如果夫妻双方协商不一致，也就是不直接享有合伙企业份额的一方，不想转让份额只想要对应价值款的，按照相关司法机关的意见，会针对不同情形分别处理：如果双方能就合伙企业的出资及相应收益达成一致意见的，按照双方一致同意的价值进行分割；如果达不成一致意见的，法院会委托专门的评估机构进行评估，再计算不是合伙人的一方应当获得的折价款进行分割。

三、小结

当股权激励计划遇到离婚问题时，无疑会冲击公司原有的对员工的激励计划，尤其是在公司有上市计划或激励对象为公司高管时。有鉴于此，我们初步提出以下风险防范建议：

第一，谨慎选择激励对象。提前谨慎考虑选取的激励对象的婚姻状况及家庭稳定情况，避免因激励对象的选取不当导致对公司造成不利影响。

第二，修改公司章程、完善合伙协议。充分利用合伙协议、公司章程的特殊约定空间，确定实控人、被激励对象个人的家庭在进行激励计划时已经充分知晓相关权利义务，并签订一致行动协议。比如合伙人之间份额转让的限制性条款、入股方式等技术细节，需根据企业具体诉求，在文件中进行落实。

第三，合理利用各种辅助性工具进行安排衔接。比如利用婚前财产协议、婚内财产协议、配偶知情函等工具，以及设置违约条件、责任、纠纷解决机制等条款，将风险限定在可控范围。

第四节　强制回购操作和合法性问题

股权的退出机制是股权激励制度中的常见安排，即被激励对象在特定条件下（如被激励对象离职或退出，或未达到约定的相关条件等）需要将股权返还公司或其他相关主体。该种安排通常在公司章程或者相关股权激励协议中加以体现，由此在实务中引发了前述安排的合法性问题等相关讨论。

一、关于公司章程规定强制回购的合法性问题

目前的实务操作中，在被激励对象在有限责任公司直接持股或在有限责任公司型持股平台间接持股的情形下，部分公司采取在公司章程中直接规定公司在特定情形下有权强制回购股东股权。实务中对于前述类似规定的合法性问题曾引发争议。

（一）相关法律规定

《公司法》第一百四十二条规定："公司不得收购本公司股份。但是，有下列情形之一的除外：（一）减少公司注册资本；（二）与持有本公司股份的其他公司合并；（三）将股份用于员工持股计划或者股权激励；（四）股东因对股东大会作出的公司合并、分立决议持异议，要求公司收购其股份；（五）将股份用于转换上市公司发行的可转换为股票的公司债券；（六）上市公司为维护公司价值及股东权益所必需。"

《最高人民法院关于适用〈中华人民共和国公司法〉若干问题的规定（二）》第五条规定："……当事人协商同意由公司或者股东收购股份，或者以减资等方式使公司存续，且不违反法律、行政法规强制性规定的，人民法院应予支持……"

需要注意的是，上述规定系针对股份有限公司回购股份的规定，目前在公司法中暂无对有限责任公司就股权激励情形下回购股份的相关规定。但另一方

面，相关法律规定也并未禁止有限责任公司在章程中规定公司有权回购股东的股份。基于“法无禁止即自由”的一般原则，只要强制回购约定不违反法律、法规强制性规定，该股权回购的约定即为有效。

（二）司法实务观点

目前的司法实务中，多数法院倾向于认为在有限公司章程中关于股权激励特定情形下强制回购股权的规定有效，主要理由是一方面公司法等相关法律并未作出禁止有限公司收购股东股份的规定，另一方面该种规定系基于保护有限公司人合性的考量，并未损害股东合法权益。部分司法判例汇总如下：

序号	审理法院	案号	裁判观点
1	最高人民法院	（2015）民申字第2819号	有限责任公司可以与股东约定《公司法》第七十四条规定之外的其他回购情形。《公司法》第七十四条并未禁止有限责任公司与股东达成股权回购的约定。本案的“公司改制征求意见书”由申请人签字，属于真实的意思表示，内容上未违背公司法及相关法律的强行性规范，应属有效。
2	安徽省高级人民法院	（2018）皖民再88号	公司章程及章程修正案系经过股东会表决通过并经股东签字确认，应视为股东真实的意思表示，股东要求确认公司章程条款无效缺乏法律依据。公司章程关于公司解除其与股东劳动关系后，股东资格丧失后股权的转让及公司收购股权有事先约定，实质是为保证公司的人合性，并不违反法律法规禁止性规定，没有损害股东的合法权益，合法有效。
3	陕西省高级人民法院	（2014）陕民二申字第00215号【指导案例】	国有企业改制为有限责任公司，其初始章程对股权转让进行限制，明确约定公司回购条款，只要不违反公司法等法律强制性规定，可认定为有效。有限责任公司按照初始章程约定，支付合理对价回购股东股权，且通过转让给其他股东等方式进行合理处置的，人民法院应予支持。

续表

4	江苏省高级人民法院	（2019）苏民再62号	公司法原则上禁止股份有限公司回购本公司股份，但同时亦规定了例外情形，即符合上述例外情形的，公司法允许股份有限公司回购本公司股份。本案中，扬某公司章程亦对回购本公司股份的例外情形作出了类似的规定，并经股东一致表决同意，该规定对扬某公司及全体股东均有法律上的约束力。《公司法》第三十七条、第四十六条、第一百七十七条、第一百七十九条，已明确规定了股份有限公司可减少注册资本回购本公司股份的合法途径。

二、关于股权激励协议中的强制转让股权的约定

在公司与被激励对象签订相关协议时，可约定在特定条件下（如被激励对象离职或股权激励条件未能解锁等）需将被激励对象的股权或财产份额转让给特定主体，同时明确若被激励对象不予配合转让的，则公司有权强制转让。

（一）相关法律规定

1.《公司法》第七十一条规定："有限责任公司的股东之间可以相互转让其全部或者部分股权。股东向股东以外的人转让股权，应当经其他股东过半数同意。股东应就其股权转让事项书面通知其他股东征求同意，其他股东自接到书面通知之日起满三十日未答复的，视为同意转让。其他股东半数以上不同意转让的，不同意的股东应当购买该转让的股权；不购买的，视为同意转让。经股东同意转让的股权，在同等条件下，其他股东有优先购买权。两个以上股东主张行使优先购买权的，协商确定各自的购买比例；协商不成的，按照转让时各自的出资比例行使优先购买权。公司章程对股权转让另有规定的，从其规定。"

2.《合伙企业法》第四十九条规定："合伙人有下列情形之一的，经其他合伙人一致同意，可以决议将其除名：（一）未履行出资义务；（二）因故意或者重大过失给合伙企业造成损失；（三）执行合伙事务时有不正当行为；（四）发生合伙协议约定的事由。对合伙人的除名决议应当书面通知被除名人。被除名人接

到除名通知之日，除名生效，被除名人退伙。被除名人对除名决议有异议的，可以自接到除名通知之日起三十日内，向人民法院起诉。”

（二）司法实务观点

有限公司的股权激励既可以在有限公司层面进行，也可以通过有限合伙企业进行，但鉴于有限公司和有限合伙的法律适用存在区别，因此股权的强制转让及财产份额的强制转让存在一定程度的区别。在有限公司层面，基于《公司法》第七十一条第三款等相关规定，通常认为股权激励协议中关于强制转让的约定合法有效。在有限合伙层面，基于《合伙企业法》第四十九条等规定，合伙协议中可以约定被激励对象离职等情形下经其他合伙人一致同意可将被激励对象除名，并按照约定价格支付财产份额转让价款。目前司法实务中多数法院认为前述通过股权激励协议约定或者合伙协议规定的方式确立的强制转让条款合法有效。

三、关于强制转让的程序

（一）确立关于强制转让的依据

此处所称依据通常指公司章程的约定或股权激励文件的约定等，不论依据的形式为何，实务中均需注意将触发回购的情形、回购价格、款项支付时间、相关义务的履行主体等内容细化、完善，以确保强制回购的可执行性。

（二）回购条件触发后行使回购权利

在回购情形触发后，若能够与被回购对象达成一致，则建议在具体转让股权或财产份额时另行签订相关协议予以明确，以避免后续争议。若无法与被激励对象达成一致，可尝试通过提起诉讼等方式请求法院判决被激励对象履行转让义务。

此外，如果相关文件中约定在回购情形触发后需要履行相关内部审议程序（如作出相关决议等）方可强制回购股权或财产份额，届时还应当按照该等约定履行相关内部程序，以避免程序瑕疵。

（三）履行强制回购的后续程序

在股权强制回购情形下，根据《公司法》第一百四十二条等规定，公司收购本公司股份后应当在法定期限内转让或注销。有限责任公司原则上同样不能自持股权，因此在强制回购股权后也应当及时履行转让或注销手续。

此外，在股权强制回购手续履行过程中还会涉及税费缴纳、履行工商变更登记手续等，实务操作中应当全面关注强制回购全流程的手续种类，并根据相关机关的要求履行完备的手续。

四、小结

鉴于上述内容，建议在股权激励回购中注意如下事项：

（一）合理确立强制回购的依据

为避免股东退出时无法主张回购，应当在前期于公司章程或相关交易文件中明确约定或规定强制回购的条款，并对强制回购的触发情形、回购义务人、回购价格、价款的支付时间及支付方式、回购的具体流程等予以细化和确认，以确保后续的可执行性及可操作性。

（二）审慎选择强制回购的具体方式

相对于公司直接回购股权的方式，股权或者财产份额转让的方式具有一定的优势。该优势体现在一方面不需要办理后续的转让或注销的法定手续，省却履行复杂减资程序的成本；另一方面也可以在一定程度上掌控新加入股东或合伙人的主体范围，对于维护公司或合伙企业的人合性具有一定优势。

第五节　股权激励关系涉及纠纷的定性

一、问题提出

随着股权激励模式的推行，越来越多的公司会与对公司经营业绩和未来发展有直接影响的员工签订股权激励协议。通常情况下，股权激励协议是公司与劳动者，在双方签署劳动合同后基于合意另行签署的协议。但是实践中也不排除以劳动合同形式约定的股权激励，那么在该种情况下股权激励协议发生争议时，该如何认定其法律属性存在争议。笔者在检索相关案例时发现，股权激励的相关纠纷中，争议双方的主要矛盾焦点集中在股权激励属于合同纠纷还是劳动纠纷。因此后文笔者将从股权激励的请求权基础入手，分析以劳动合同形式约定的股权激励的效力。

二、问题解析

（一）股权激励纠纷属于劳动纠纷还是合同纠纷

司法实践中，法院对于股权激励案件的定性存在不同观点。一种观点认为股权激励下的纠纷，属于劳动争议纠纷。而另一种观点则认为，股权激励纠纷是平等主体之间的一般商事纠纷。对于股权激励性质的认定将影响法律适用和举证责任的分配，以及司法程序的适用。因此，了解股权激励纠纷的案件定性及相应的审判规则对于合理实施股权激励计划具有必要性。在司法实践中，主要存在两种观点，第一种观点认为股权激励纠纷属于劳动纠纷，持有该观点的法院认为：首先，股权激励法律关系是劳动关系的重要组成部分，其以劳动合同关系为基础。其次，股权激励的行权条件以劳动关系的存续为基础。最后，股权激励计划一般作为薪酬计划的一部分，因此，股权激励纠纷应属于劳动争议纠纷。第二种观点认为股权激励纠纷属于一般的商事纠纷：第一，股权激励合同是基于股东与公司之间的关系订立的，应视为平等主体间的民事合同关系。第二，股票期权激励不属于劳动法意义上的工资。

在探究股权激励合同法律关系的属性时应从股权激励的主体、客体以及权利义务关系入手。首先，股权激励的主体为公司与激励对象，《公司法》第一百四十二条规定，公司可以在用于员工持股计划或股权激励的情况下收购本公司股份。《上市公司股权激励管理办法》第八条对股权激励的对象作出了明确的规定，包括“上市公司的董事、高级管理人员、核心技术人员或者核心业务人员，以及公司认为应当激励的对公司经营业绩和未来发展有直接影响的其他员工，但不应当包括独立董事和监事”。股权激励的客体包括公司向激励对象授予股票或股票期权，股权激励收益的实现途径主要是股东分红或股权转让的收益等。而股权激励的主要权利义务包括股票或股票期权的授予与行权。股权激励计划或者股权激励合同中包含的内容主要是股权转让的份额、对价、行权条件以及其他相关权利义务，简化来看核心的交易就是期权的行权、失权或者股票、股权的转让。此外，激励对象获得公司的股东身份后，有权依据公司法及公司的章程行使股东权利并履行股东义务。

多数法院在认定股权激励纠纷的性质时，根本的判断标准在于股权激励合同的权利和义务是否体现了劳动关系的内容，并综合考虑了当事人的身份、薪酬结构等因素。当事人明确约定股权激励属于劳动合同的内容，并将股权激励所得约定为劳动报酬的，或虽未明确约定，但排除股权激励所得后，劳动合同中约定的薪酬水平显然低于同等岗位及任职条件等情形的，股权激励所得可以认定为劳动报酬，当事人因股权激励发生的纠纷属于劳动争议，应适用劳动仲裁前置程序。

综上所述，激励对象获得的股权激励是建立在劳动关系的基础上，实现股权激励的利益也与劳动关系密切相关，但劳动关系与合同关系这两种法律关系的产生、消灭以及相应的权利义务均存在差异。北京朝阳区人民法院认为股权激励纠纷从法律关系结构上更符合合同纠纷的性质，因此，宜按照普通民事合同纠纷予以处理，但其中涉及股东身份及股权转让的权利义务，还应当适用公司法的规定。

（二）因劳动关系解除引发的股权激励退出

若激励对象的劳动关系解除或终止，企业是否有权强制要求其转让激励股权以及如何确定退出对价，这也是实践中一个较为突出的矛盾点。针对这个问题审判机关有两种不同的观点。苏州市中级人民法院认为①法院尊重双方的意思自治，协议安排的退出机制和方式只要不违反法律法规的禁止性规定即可。所以，如果双方在相关协议中明确约定了员工离职时需要根据协议标准转让激励股权的，约定条件成就时，企业有权强制要求转让。但与之不同的是南京市中级人民法院在处理相类似案件时认为②：虽然该公司的股东均应受公司章程中“股随岗变”规定的约束，但该章程只是笼统地规定了“股随岗变”，而并没有对股权的转让价格、期限、方式、程序等退出机制作出具体约定；仅凭公司章程，并不能构成一个完整的股权转让合同，不足以确定股东自离职之日起即已丧失了股东资格；股东对其所有的股权享有议价权和股权转让方式的决定权，在双方未就该两大事项协商一致的情况下，该股权的强制转让约定无法实际履行，股权仍应属于原权利人员工。从上述两个判决结果截然相反的案例可以看出，对于员工离职后的股东资格的维持与否及股权退出对价，法院更倾向于尊重劳资双方的自主约定，认定事前或者事后双方达成的约定或协议有效。

三、小结

公司在实施股权激励时，往往会同时约定激励股份回收的情形，如激励对

---

① 苏州市中级人民法院（2017）苏05民终5673号。

② 南京市中级人民法院（2013）宁商终字第1337号。

象辞职、被辞退或者劳动合同期满没有续签劳动合同等情形，并以事先约定的价格回购激励股份。在劳动者被辞退这种情形下，如双方就激励股份的回收发生争议，产生了双重法律关系上的争议，一是劳动者与用人单位因股权激励产生的民事法律争议，二是劳动者与用人单位的劳动争议，便不能单纯适用商事法律规则，而需结合我国劳动法律规则来综合判断。同时根据检索到的案例可知，法院对劳动关系解除后股权激励关系退出的认定依据为劳动者与公司之间基于合意签署的协议，故而在为公司制定股权激励计划时，应着重厘清劳动关系与股权管理制度相衔接的体系，参照股权激励的行权期限、解锁条件等因素，在相关股权激励计划及协议中对行权条件、限制条款及退出机制等进行妥善安排，合法合理地对激励对象提出相应的限制，增加股权激励实施风险的可控性，避免争议发生时处于被动地位。

第六节　以劳动合同形式约定的股权激励的效力

实践中，有些实施股权激励制度的企业往往会在劳动合同或股权激励合同中约定，公司高管等股权激励对象在获得股票后的一定期限内不得离职，如果离职，则要以支付违约金的方式向公司承担违约责任，违约金的计算方式一般为股票市价减去发行价再乘以认购股数。若股票上市时与发行时存在较大价差，则在由此种股权激励合同引发的纠纷中，公司的诉讼请求往往是高额的违约金。

不同于服务期满后兑现、需要行权，激励对象才能获得实际利益的股权激励，此类股权激励先兑现，再约定在一定条件下收回劳动者已经实际享有的利益，合同中一般订有服务期与激励利益享有绑定的条款，如果违反服务期等劳动关系中的权利义务，激励对象就要失去已经获得的利益。由此在给激励对象一定利益的同时，意图限制激励对象的择业自由，以经济利益给激励对象戴上了无形的手铐，因此实务中又将此类合同称为“金手铐”股权激励合同。那么，这样一种给员工加上一副“金手铐”的劳动合同或股权激励合同，效力究竟如何？企业给员工附加的高额违约金是否会得到司法机关的支持？企业真的可以通过这副“金手铐”束缚住员工吗？本节将对此展开讨论。

一、股权激励方案中常见的员工违约责任

公司在起草股权激励计划时，针对员工可能的离职行为、违规违纪、违反

保密及竞业限制等行为，一般会为员工设定相应的义务，若员工违反，则要求员工承担相应的违约责任。

针对员工的违约行为，企业通常会在股权激励方案中为员工设定以下违约责任：(1) 强制回购员工股权；(2) 以事前约定的价格回购激励对象已行权的股权；(3) 返还持股期间获得的分红；(4) 返还出售激励股权获得的收益；(5) 承担经济赔偿及违约金。

二、股权激励协议中设定的违约条款效力

违约条款的效力往往取决于股权激励合同的性质，因为劳动合同项下一般不会允许企业对员工设置违约责任，但实践中，对于具体违约条款的效力仍需结合股权激励模式、具体条款表述、案件实际背景等情况综合研判，不能以偏概全。

(一) 强制回购员工股权的条款

《公司法》对于公司回购股份有着严格限制，仅在《公司法》第七十四条规定了有限责任公司的异议股东股权回购请求权，表明公司可在特定情形下被动回购股权。

另外，2019 年发布的《最高人民法院关于适用〈中华人民共和国公司法〉若干问题的规定（五）》第五条规定：“人民法院审理涉及有限责任公司股东重大分歧案件时，应当注重调解。当事人协商一致以下列方式解决分歧，且不违反法律、行政法规的强制性规定的，人民法院应予支持：（一）公司回购部分股东股份；（二）其他股东受让部分股东股份；（三）他人受让部分股东股份；（四）公司减资；（五）公司分立；（六）其他能够解决分歧，恢复公司正常经营，避免公司解散的方式。”

由该规定或可推论出，企业与员工之间，在不违反法律、行政法规的强制性规定的前提下，可以自行约定股权回购事宜，这一约定合法有效。

例如，在杨某泉、山东鸿某水产有限公司请求公司收购股份纠纷案中，最高人民法院认为：关于鸿某公司对再审申请人的股权进行回购是否合法的问题。申请人于 2004 年 1 月成为鸿某公司股东时签署了“公司改制征求意见书”，该“公司改制征求意见书”约定“入股职工因调离本公司，被辞退、除名、自由离职、退休、死亡或公司与其解除劳动关系的，其股份通过计算价格后由公司回购”。有限责任公司可以与股东约定《公司法》第七十四条规定之外的其他

回购情形。《公司法》第七十四条并未禁止有限责任公司与股东达成股权回购的约定。本案的“公司改制征求意见书”由申请人签字，属于真实的意思表示，内容上未违背公司法及相关法律的强行性规范，应属有效。故鸿某公司依据公司与申请人约定的“公司改制征求意见书”进行回购，并无不当。

（二）以事先约定价格（按照或低于每股净资产）受让激励对象已行权的股权

在员工触发股权激励的负面退出的情况下，为达到对员工的惩罚目的，股权激励方案中会事先约定由大股东或其指定的第三人受让员工退出股权的价格，一般不高于退出时公司的每股净资产价格。

实践中的观点认为，员工行权后，已实际持有相应的股权，应当享有对应的股权权益。以低于每股净资产的价格进行转让的，有违公平原则。但是，《公司法》并未对股权转让价格进行限定，实务中也多采取股权转让价格依双方之间意思自治原则处理。更何况，在股权激励案件中，员工获得股权系基于满足公司的激励条件，具备股权激励的资格，方能获得激励股权，其获得时的价格也是基于特殊的身份从而可以较低的价格获得股权，并未参照公司的市值进入。在员工因自身原因导致触发股权激励的负面退出情形，不再具备激励资格的，以低价退出，同时也获得员工认可的，那么在不违反法律的强制性规定的前提下，应当合法有效，未违反公平原则。

例如，在广州丰某电池新技术股份有限公司、黄某林股权转让纠纷案中，广州市中级人民法院认为：关于股份回购的价格，根据《股权激励管理规定》约定，股份回购价格为每股净资产金额的50%。根据丰某公司、黄某林、汤某斌提供的丰某公司2017年度报告显示，每股的股东所有者权益为4.6848元，其50%为2.3424元。因此，汤某斌应支付给吴某霞的12900股股份的回购价款合计为30216.96元。

（三）返还持股期间获得的分红

为达到惩罚违约/违规员工的目的，部分公司股权激励方案设定了返还持股期间获得的分红的条款。

但是，出售激励股权获得的收益分红权属于股东基于公司股东的资格和地位所享有的请求公司向自己分红的权利，在员工尚未丧失激励资格前，依其合法获得的股东资格获得分红收益，在并无明确约定的前提下，如要求返还，可能有违股权激励之目的及诚信原则。同时，在公司主张返还分红前，公司已通过股东（大）会对利润分配方案的议案进行了审议，并获得审议通过后执行，如要求员工返还分红，则可能与公司的生效决议产生矛盾。

在前述广州丰某电池新技术股份有限公司、黄某林股权转让纠纷案中，广州市中级人民法院认为：《股权激励管理规定》约定股东离职的，公司可回购其受让的激励股份及其产生的收益，对于该条款中所述的“收益”是否包括回购前已分配的股份分红，该管理规定并未作进一步的约定，属约定不明确。结合股权激励的目的，且受让股东在完成工作任务，其业绩在获得公司决策机构肯定后，已依公司决议获得了股权对应的分红，利益已分配完毕，丰某公司现要求激励股权股东返还收益，有违股权激励之目的及诚信原则，一审判决不予支持处理正确。

（四）返还出售激励股权获得的收益

对于员工离职后的违约行为，如违反竞业限制约定的，股权激励方案中可以设立该种违约情形及违约责任条款。鉴于员工离职后已处分了获得的股权，则公司可考虑要求该违约员工返还出售激励股权获得的收益。

员工在职期间，同样应当遵守保密及竞业限制等约定。如公司的股权激励方案中可设定员工在职期间可以通过转让方式出售获授予的股权并获得收益的，除协议另有约定外，该笔财产属于公司对激励对象的符合激励条件的赠与，受协议约定的保密和竞业限制的约束。激励对象通过股票期权激励计划从公司获得财产性收益，公司也可相应地对其提出要求。

例如，在网某股份有限公司、余某合同纠纷案中，广州市中级人民法院认为：涉案《C－140 号协议》《B－201 号协议》是网某公司、余某的真实意思表示，内容亦未违反法律、行政法规的禁止性规定，应属合法有效，双方均应遵照履行。余某取得涉案限制性股票的对价之一是要受《保密与不竞争协议》条款的限制。现余某离职博某公司后，即于次月入职腾某公司，并负责同类型业务的工作，该行为已经违反了《保密与不竞争协议》第 3.1 条第（a）款的约定，根据上述协议约定，网易公司有权要求余某返还已行权的限制性股票单位价值。

（五）承担违约金

股权激励实施后，因激励对象违反协议约定提前离职而发生纠纷，可否要求员工承担违约金，实务中有较大分歧。有观点认为：员工与公司之间存在劳动关系，股权激励系基于劳动关系建立的，应当受到《劳动法》《劳动合同法》

的约束，不应当超出劳动相关法律的规定设定违约金条款。但也有观点认为：员工持有股权后，则与公司形成了股东与公司之间的关系，应当适用民商事法律的规定，以意思自治为原则，违约金条款可以对违约员工产生约束。

在司法实务中，上述两种观点均有相应案例予以支持。

例如，上海市第二中级人民法院审理的钟某光与上海东某载波微电子有限公司劳动合同纠纷案。2015 年 8 月 11 日，东某载波与钟某光签订《劳动合同书》一份，约定钟某光在东某载波处任数字设计副主任工程师，同日，东某载波、钟某光以及案外人陈某某签订《协议书》一份，约定：钟某光承诺自 2015 年 1 月 1 日起至 2017 年 12 月 31 日止（即最低服务期限）将保持与东某载波或东某载波及其关联机构建立的劳动合同法律关系，并按照约定期限付出劳动；东某载波通过陈某某按《协议书》附件《特殊待遇预付约定书》向钟某光预付特殊待遇（包括现金待遇及股票待遇）作为钟某光履行最低服务期限之对价；钟某光在最低服务期限届满前出现单方面解除或终止与东某载波或东某载波及其关联机构签订的劳动合同或个人提出不再续订劳动合同，包括但不限于擅自离职、违反竞业限制等情形的，钟某光应当全额返还案外人陈某某已向其给付的特殊待遇。

对此，上海市第二中级人民法院认为：民事活动应当遵循诚实信用原则。我国现行劳动法律规范并未就用人单位与劳动者约定提供特殊待遇、服务期等事项作出强制性规定。东某载波与钟某光及案外人陈某某先后签订的两份《协议书》及《特殊待遇预付约定书》系各方真实意思表示，且不违反现行法律法规，应属合法有效，对各方均具有约束力。根据上述协议约定，钟某光需在承诺的期限内与东某载波保持劳动关系，并按照约定付出劳动，如若违反，则钟某光应当全额返还陈某某给付的特殊待遇。钟某光上诉称双方之所以签订上述协议，实际是因其职务晋升后薪酬未得到提升，故而所谓的特殊待遇其实是劳动报酬的组成部分，然对此并无确凿证据证实。钟某光作为具有完全民事行为能力的个人，对自身权益完全有能力依法维护，其上诉主张显然缺乏依据。

而在孙某君与深圳市富某娜家居用品股份有限公司合同纠纷案中，深圳市中级人民法院作出不同的认定，深圳市中级人民法院认为：富某娜公司提交的《承诺函》是《深圳市富某娜家居用品股份有限公司限制性股票激励计划（草案）》的变通与延续，孙某君作为股权激励对象，自愿向富某娜公司出具，表示愿意接受相关约束。虽然孙某君与富某娜公司存在劳动合同关系，但双方之间的劳动合同关系与孙某君购买富某娜公司限制性股份形成的股权关系，属于两个独立的、不同性质的法律关系，有着不同的权利义务内容。

孙某君在富某娜公司上市后三年内离职，《承诺书》约定的对孙某君股份投资收益进行限制的条件已经成就，孙某君应依约将被限制的部分收益（即“违约金”）返还给富某娜公司。

综上，在司法判决中，股权激励纠纷被认定为民商事纠纷（如合同纠纷）还是劳动争议，可能影响违约金条款效力是否获得支持。若被认定为民商事纠纷，则通常会支持违约金条款；若被认定为劳动争议，则通常不会支持违约金条款（关于认定为民商事纠纷或劳动争议的具体区别，详见上一节内容）。

违约金的条款设置需结合因股权激励协议确认的双方关系。我们应当注意到，股权激励方案与对员工的激励模式、授予权利和收益与业绩考核的结合程度等，会在一定程度上影响法院对股权激励纠纷适用法律关系的认定。公司在制定股权激励方案时，应当注意在实践中的这种差异，并可根据股权激励的目的和对激励股权的处置方案等对违约金条款进行设计。在设计股权激励制度时，企业可以考虑从以下几个角度进行设计：

1. 淡化股权激励与劳动关系的关联，尽量将股权激励与绩效、考评等脱钩。

2. 明确参与股权激励计划的员工范围，如将股权激励计划的参与对象限制在企业高管或核心技术人员。

3. 在股权协议中将股权激励定性为员工自愿参与的激励计划，而非劳动报酬的一部分。

4. 在条件允许的情况下，通过协议安排关联公司授予员工股权期权。

三、小结

股权激励协议一般由主导实施股权激励的公司拟写，协议条款虽大多属于意思自治，但不能任意设定，仍应当在法律法规的框架内设定，否则存在条款无效或者无法发挥条款设定时预计的效果的情况。

公司在进行股权方案设计时，应当特别关注股东资格与劳动关系、劳动合同的履行的结合紧密程度。如涉案纠纷根据股权激励方案的设计条款被认定为劳动争议的，那么公司主张与员工在股权激励协议下约定的退出机制及违约责任等，可能被法院认定为无效或无法作为审判依据。

第七节　股权激励中服务期条款的效力

一、服务期条款的含义

在劳动法领域，所谓服务期是指劳动者因接受用人单位提供的特殊待遇而承诺必须为用人单位服务的期限。根据《劳动合同法》和《上海市劳动合同条例》等规定，这种特殊待遇一般指专业技术培训。

用人单位与劳动者约定服务期主要是出于保护用人单位权益的目的，避免劳动者在享受了用人单位提供的特殊待遇之后任意离职。类比到股权激励的安排中，服务期即员工在股权激励行权前后，必须为公司提供服务的期限，否则公司将无偿收回或者有偿回购所授予的股权，而有偿回购的价款也往往不会考虑股权溢价，以此来限制员工的任意离职行为。在法律上，服务期仍然属于当事人的约定条款，原则上是当事人意思自治的范畴。例如，福建顶某软件股份有限公司的《股权激励计划草案》中规定："所有激励对象必须在公司授予限制性股票时和本次激励计划的考核期内与公司（含子公司）具有聘用或劳动关系。"

为了更好地实现绑定人才的目标，在实施股权激励的时候，公司常常会设计相应的服务期条款，要求激励对象承诺在企业服务更长的时间，如果激励对象在服务期内离开公司，则会对股份的回购设置更低的价格。

二、隐含服务期条款

除了前述在股权激励计划中写明了服务期条款的情形外，另有一种"隐含服务期"的条款，在实务中也并不少见。2021 年 5 月，财政部就发布了 5 个有关股份支付准则的应用案例①（以下简称应用案例），集中解决了实务中普遍存在争议的问题，其中就包含了对于"隐含服务期"条款的界定。应用案例中关于"以首次公开募股成功为可行权条件"，财政部的意见认为："根据股权激励

① 参见中华人民共和国财政部会计司网站，http：//kjs. mof. gov. cn/zt/kjzzss/srzzzq/gfzfyyal/，最后访问日期：2021 年 10 月 25 日。

计划的约定，甲公司员工须服务至甲公司成功完成首次公开募股，否则其持有的股份将以原认购价回售给实际控制人。该约定表明，甲公司员工须完成规定的服务期限方可从股权激励计划中获益，属于可行权条件中的服务期限条件。”

至此，关于服务期的概念，应当以字面含义为基础，再适当扩展。对于行权设定确定服务期限或设定其他类似时间条件的，均可以归类为服务期条款。

三、服务期与禁售期的区别

所谓禁售期，一般指的是上市公司股票首次公开发行后一定时期内，上市公司非流通股东不得在二级市场销售所持的股份，其主要目的是上市公司为了避免非流通股集中出售时，瞬间扩容对市场带来的下跌压力，保障股票上市后一段时间内的股价。“禁售”的概念在《公司法》中也有体现①，此处的“禁售”系基于防止公司发起人利用公司设立谋取不当利益，并通过转让股份逃避发起人可能承担的法律责任的考量。

股权激励中，在股份解锁或者期权行权后，一般会再设置一定时间的禁售期，来延长股权对激励对象的绑定效果，防止激励对象在股份解锁或行权后将股份卖掉走人。对于上市公司来说，对高管等核心岗位售卖股份会有比较严格的要求；又由于上市公司的股份售卖遵循二级市场交易的规则，激励对象在退出的价格上仍然得以保留股份的公允价值，所以一般在这些股权激励计划中不设置统一的服务期条款，而是通过设置更长的禁售期等方式实现对激励对象更长期的绑定，激励对象对于更长禁售期也并没有太大抵抗性。对于非上市企业来说，多数企业的股权激励方案采用封闭的管理模式，不允许向外部员工售卖，不存在市场上公开竞价的过程，所以设置禁售期的作用则大打折扣，一般也不会设置很长的禁售期。

从实际的效果上讲，禁售期主要目的在于稳定上市公司股价。反观服务期，其目的是将人员与公司实现深度捆绑，一方面，保证股权激励最大化激发员工潜力，为公司做出贡献；另一方面，也是为了防止道德风险的发生，避免员工

---

① 参见《公司法》第一百四十一条规定：“发起人持有的本公司股份，自公司成立之日起一年内不得转让。公司公开发行股份前已发行的股份，自公司股票在证券交易所上市交易之日起一年内不得转让。公司董事、监事、高级管理人员应当向公司申报所持有的本公司的股份及其变动情况，在任职期间每年转让的股份不得超过其所持有本公司股份总数的百分之二十五；所持本公司股份自公司股票上市交易之日起一年内不得转让。上述人员离职后半年内，不得转让其所持有的本公司股份。公司章程可以对公司董事、监事、高级管理人员转让其所持有的本公司股份作出其他限制性规定。”

利用股权激励方案套现后离开，总体而言是一个以“人”为中心的制度安排。两者在制度效果上，都表现出将对象（股份、员工）与公司进行绑定，但是制度目的和安排都有所区别。

四、股权激励方案中服务期条款的效力

如前所述，在法律上，服务期仍然属于当事人的约定条款，原则上是当事人意思自治的范畴，服务期条款的效力在关于股权激励方案的履行发生争议时，一般不会被人民法院所否认。但如果发生激励对象提前离职的情况，其是否仍受到股权激励中的服务期条款及有关所谓“违约条款”的约束则存在争议。

在曹某与深圳市富某娜家居用品股份有限公司合同纠纷一案（以下简称曹某案）中[①]，深圳市中级人民法院认为：“（案涉）限制性股份是由激励对象（高级管理人员及主要业务骨干）自愿认购的、转让受到公司内部一定限制的普通股。此种激励计划有利于增强富某娜公司经营团队的稳定性及工作积极性，增进富某娜公司与股东的利益，不违反法律强制性规定，是合法有效的。”由此，人民法院并未否认服务期条款本身的效力。

但是，在曹某案中，当案涉股权激励计划终止后，公司仍采用由激励对象出具《承诺函》的方式继续对激励对象进行约束。法院认为：该《承诺函》实为原限制性股票激励计划回购条款的变通和延续，体现了激励与约束相结合原则，激励对象按照《承诺函》向公司支付“违约金”后所能获得的利益仍为激励对象违反承诺日上一年度经审计的每股净资产价。《承诺函》继续对提前辞职的激励对象所能获得的股份投资收益予以限制，并不违反公平原则，是合法有效的。这里所谓的《承诺函》可以被理解为前文所述的隐含服务期条款，从条款效果上是对原服务期条款的延续，只要反映了员工的真实意思表示的，也对于员工有约束力。此时，若激励对象提前离职，依然可能受到股权激励中服务期条款的约束。

由此可见，对于服务期条款的效力问题，人民法院遵循当事人意思自治的原则，原则上不会过多地干涉；但在类似“承诺函”“违约条款”等隐含服务期条款的审查上也严格遵循服务期条款的审查标准，对于隐含服务期条款的效力遵照服务期条款，仍然需要从条款要件入手，进行严格的论证和分析。

---

① 广东省深圳市中级人民法院（2013）深中法商终字第2088号。

五、无偿股权激励协议的效力与服务期条款

在实践中，还存在许多以无偿赠与方式对员工实施股权激励的方案，此时公司与员工双方通常会签订无偿股权激励协议，同时对于员工的服务期进行约定。此时，若无偿股权激励协议没有明确约定其合同性质的情况下，根据目前的司法实践，一般不将无偿股权激励协议的性质认定为无对价的赠与合同。例如，在王某聪与丘某强合同纠纷一案①中，厦门市中级人民法院认为："根据《合同法》第一百八十五条（现为《民法典》第六百五十七条）规定，赠与合同为典型无偿单务合同，受赠人为纯获利益者，赠与人并不能从受赠人处取得任何财产代价，但本案讼争《协议书》中已约定丙方（丘某强等三人）同意给予乙方（王某聪）一定的股权补偿和激励的前提是王某聪应丘某强等三人之邀担任三某丝公司董事会秘书并负责三某丝公司股东大会及董事会具体日常事务等相关工作，即王某聪对此应承担相应合同义务。根据该《协议书》所约定的权利义务，讼争《协议书》应属三某丝公司股东给予公司员工的补偿合同。故讼争《协议书》并不符合法律规定的赠与合同特征，丘某强对此上诉主张本院不予采纳。"

由此，在上述案件中，激励对象承担合同义务，也即存在类似服务期的条款，亦无证据证明其存在违约行为，且公司上市的协议目的业已实现，故法院认定该协议为公司股东与高级管理人员之间的股权激励合同而非赠与合同。当事人也就可以依据股权激励合同主张公司承担相应的法律义务、兑现其股权利益。

六、小结

实务中，有的股权激励计划中会明确规定服务期限和服务期条款，也有的股权激励计划会通过对员工主动离职附加"违约条款"或其他惩罚性的安排达到隐含服务期的效果，但总体来看，法院原则上还是不否认上述服务期或隐含服务期条款的法律效力，服务期系当事人意思自治的产物。但实务操作或个案研判中，股权激励方案可能设计得更为复杂，或者出现在一些非典型的股权激励安排当中，需要综合条款的目的、性质、要件等多方面来进行定性，而后再考虑其效力问题。

---

① 福建省厦门市中级人民法院（2016）闽02民终1929号。

第八节　股权激励协议中约定的域外管辖的效力

一、问题的提出

股权激励计划正在成为越来越多企业为实现吸引和激励人才，改善公司治理结构，吸引私募股权融资，提高市场竞争力等目的而采用的手段之一。当涉及股权激励相关法律争议发生时，案件具体管辖的确定就成为争议解决的第一步。为避免股权激励相关争议发生时各方对于管辖问题产生不必要的纠缠，不少企业在与员工订立股权激励协议时会对此进行明确。尤其是随着我国国门进一步打开，越来越多的成功企业赴国外上市融资，其境内关联公司多会以境外上市公司之股权作为激励授予员工，该种情形下的管辖问题因具有涉外因素而重要性越发凸显。那么，在股权激励相关协议中约定域外管辖的效力如何呢?

事实上，该问题的答案取决于“股权激励相关争议是否属于劳动纠纷”的判断。下文将首先梳理我国有关股权激励约定域外管辖的现行法律规定，并结合实践中法院对此类案件的裁决，回答本节所提出的问题。

二、我国涉及股权激励约定域外管辖的现行法律规定

如果将股权激励争议认定为劳动纠纷，那么就应当适用《劳动争议调解仲裁法》的有关规定。该法第五条对劳动争议纠纷作出了仲裁前置的规定，并于第二十一条明确:“劳动争议仲裁委员会负责管辖本区域内发生的劳动争议。劳动争议由劳动合同履行地或者用人单位所在地的劳动争议仲裁委员会管辖……”结合《劳动法》第二条的规定，我国境内企业实施股权激励计划发生争议的，当股权激励争议被定性为劳动争议纠纷时，劳动仲裁程序是争议解决必经的第一阶段，当事人在股权激励协议中约定域外管辖的，约定无效。

如果将股权激励争议认定为与公司有关的纠纷，主要是股东资格确认纠纷，那么就应当适用《民事诉讼法》第二十七条的规定，股权激励涉及“确认股东资格、分配利润、解散等纠纷”的，由公司住所地人民法院管辖。当股权归属于境内公司，当事人对于域外管辖之约定因域外法院与案件不具有实际联系而无效。当股权归属于境外公司，人民法院可以依据《最高人民法院关于适用

〈中华人民共和国民事诉讼法〉的解释》第五百三十二条的规定，在被告提出管辖异议时裁定驳回原告起诉，并告知其向更方便的外国法院提起诉讼，此时当事人约定的域外管辖之效力就应当由域外法院作出裁决。因此，在股权激励争议被认定为与公司有关的纠纷的情形下，当事人对于域外管辖之约定的效力通常不会得到我国法院的承认。

如果将股权激励争议认定为合同纠纷，那么在管辖问题的处理上，法律适用问题会稍显复杂。对于具有涉外因素的股权激励争议的法院管辖问题，《最高人民法院关于适用〈中华人民共和国民事诉讼法〉的解释》第五百三十一条规定："涉外合同或者其他财产权益纠纷的当事人，可以书面协议选择被告住所地、合同履行地、合同签订地、原告住所地、标的物所在地、侵权行为地等与争议有实际联系地点的外国法院管辖。根据民事诉讼法第三十三条和第二百六十六条规定，属于中华人民共和国法院专属管辖的案件，当事人不得协议选择外国法院管辖，但协议选择仲裁的除外。"此外，《民事诉讼法》第二百七十二条规定，对在我国境内没有住所地的被告因合同纠纷而提起诉讼的，可以由合同签订地、合同履行地、诉讼标的物所在地、可供扣押财产所在地、侵权行为地或者代表机构所在地人民法院管辖。

也就是说，当股权激励争议被定性为合同纠纷时，当事人可以书面协议选择与争议有实际联系的外国法院管辖。该种情形下，在股权激励协议中约定的域外管辖应当视为有效约定。同时，我国现行法律规定并未限制当事人约定域外仲裁机构的管辖。因此，域外仲裁管辖之约定也应当被认定为有效。

综上，股权激励协议中的域外管辖约定并不当然有效或者无效，该约定的效力与股权激励争议本身的性质有关。通常情况下，只有当股权激励争议被认定为合同纠纷时，当事人约定的域外管辖才有可能被认定为有效，但其约定的管辖法院应当与案涉争议有实际联系，否则该约定也将被认定为无效。值得注意的是，根据《最高人民法院关于适用〈中华人民共和国民事诉讼法〉的解释》第五百三十一条的规定，如果当事人签订的股权激励协议并不具备涉外因素，那么其约定域外法院管辖应当是无效的。

三、司法实践中法院对股权激励协议中约定域外管辖效力的认定

在股权激励争议被认定为劳动纠纷的情况下，法院对约定域外管辖之效力认定存在不同判断。

观点一：股权激励引起的纠纷，当事人约定域外管辖有效。

在张某与北京大某知行科技有限公司劳动争议一案中，一审法院引用双方签订的《期权协议》所约定的“公司、被授权人及被授权人根据本期权协议第9条的受让人同意任何因通知、计划，或本期权协议引起的或与之有关的诉讼、起诉或法律程序应当在香港处理，且应提交至香港有管辖权的法院”，裁定该院对于本案无司法管辖权。

此外，在宋某勇与成都西某云杉科技有限公司劳动争议一案中，一审法院查明当事人约定因《股权激励计划股票期权协议》产生的争议交由香港国际仲裁中心仲裁，因此该法院在判决书中裁定因该协议产生的纠纷不由法院管辖。

观点二：股权激励引起的纠纷，当事人约定域外管辖无效，管辖权归属于我国。

在美某公司与包某婷等劳动争议一案中，虽然法院因包某婷未在存在约定管辖的协议上签字无法认定双方就股票期权事宜存在约定管辖，但法院就管辖权问题作出进一步阐释说明。北京市第一中级人民法院认定《美某公司－2011年股权激励计划－股票期权授予协议》选择的管辖地区并不符合《最高人民法院关于适用〈中华人民共和国民事诉讼法〉的解释》第五百三十一条的规定，与本案没有关联性。

同时，法院并没有采纳美某公司“香港地区有管辖权的法院管辖显然更为方便，应当适用不方便法院的规定裁定驳回包某婷的起诉”的上诉意见。法院指出，本案涉及中华人民共和国公民包某、中华人民共和国法人三某科技公司的利益，相关案件事实发生在中华人民共和国境内，若案件由其他地区法院审理，则不利于包某参加诉讼及有效保护包某的利益。而且，上述股票期权的条件成熟及通知行权阶段亦均发生在境内，由境内的人民法院管辖审理更加方便。故本案并不适用《最高人民法院关于适用〈中华人民共和国民事诉讼法〉的解释》第五百三十二条的规定。

综合本节第二部分对于我国现行法律的整理可知，若股权激励争议被认定为劳动纠纷，则应当由我国法院管辖。尽管实践中出现了劳动争议当事人约定域外管辖被法院认定为有效的情形，但是法院的此类裁判有待商榷。根据我国现行法律规定，劳动争议应当由我国法院管辖，当事人约定域外管辖的，该约定应当被认定为无效。

在实践中，不少法院在认定股权激励相关争议时，偏向于将此类争议归属于合同纠纷，比较具有典型意义的是搜某控股有限公司与孙某云合同纠纷案。最高人民法院在其裁定中指出："本案纠纷涉及的是合同履行争议，不是物权纠纷中的有价证券权利争议，不应适用物权冲突规范的规定。"根据前文对于我国现行法律规定的梳理可知，在争议被认定为合同纠纷的前提下，当事人在其签订的股权激励协议中约定与案涉争议有实际联系的域外法院或是域外仲裁机构进行管辖的，约定有效。

可惜的是，笔者未能检索到法院将股权激励争议认定为合同纠纷且案件当事人因协议约定域外管辖而提出管辖异议的案件。但通过本节第二部分的分析可以推知，被认定为合同纠纷的股权激励争议，当事人约定了与争议有实际联系的域外法院或仲裁机构管辖的，该约定有效。

综上，部分法院在对股权激励争议作出裁判时，考虑到双方当事人在签订股权激励协议时设定的权利义务并非劳动法上内容、劳动者在协议签订时是否具有主动性、劳动者的身份和薪酬结构以及双方权利义务核心内容是否对等等多方面因素，最终将部分股权激励争议认定为合同争议纠纷。在该种情形下，当事人在股权激励协议中所约定的域外管辖，无论是诉讼还是仲裁，都应当认定为是有效的。

此外，需要指出的是，经过笔者的检索，尚未发现股权激励争议被认定为与公司有关的纠纷且当事人基于约定管辖而提出管辖异议的案例。实践中绝大部分与股权激励相关的争议都被划入劳动纠纷或者合同纠纷中。因此，本节不就被认定为与公司有关的纠纷的股权激励争议约定域外管辖之效力的司法实践进行总结和分析。

四、小结

在我国的司法实践当中，当涉及劳动者与企业之间有关股权激励的争议时，法院通常都会要求当事人先向人事争议仲裁委员会提起仲裁。同时，为了最大限度地保护劳动者的合法权益，法院也会更倾向于将此类争议归属为劳动争议纠纷，从而应当经过我国劳动争议仲裁委员会的仲裁，应由我国法院进行管辖。但随着此类案件数量的累积，越来越多的法院认识到股权激励争议与一般劳动人事争议相比所具有的显著独立性，因此开始将股权激励相关争议认定为合同争议纠纷，这就为当事人约定有效的域外法院管辖提供了更大的可能性。

股权激励协议中域外管辖之效力并非绝对有效或者无效，最终还是要基于法院对案件性质的判断。另外，目前我国法律还没有明确规定约定域外仲裁的效力如何。因此，当事人在签订股权激励协议时，可以选择约定域外仲裁作为争议解决方式。

需要明确的一点是，上文讨论的各类约定管辖的情形均是建立在案件具有涉外因素的基础之上。对于无涉外因素的股权激励协议是否能够约定域外仲裁管辖的问题，虽然我国法律并未就此作出明确规定，但在不具有任何涉外因素的案件中，当事人约定域外仲裁的，根据最高人民法院在（2012）民四他字第2号复函中的观点，应当认为约定无效，因为中国法律没有规定当事人可以将不具有涉外因素的争议交由境外仲裁机构或者在中国境外临时仲裁。而在不具有涉外因素的案件中，当事人约定域外管辖的，也会因域外法院与案件不具有实际联系而最终导致约定无效。

第九节　股权激励下股东资格确认纠纷

在学理中，股权激励是指公司通过对员工分享公司利润的方式，对劳动者所拥有的自身剩余价值予以挖掘，而让特定的劳动者持有公司的部分股权的行为。①随着我国市场经济的快速发展，股权激励作为一种有效的激励手段，成为公司对员工进行内部管理的选择之一。但随着越来越多的公司选择将股权激励制度作为公司的内部管理方式，以及股权激励模式的选择多样化，股权激励相关纠纷也层出不穷，其中股东资格确认纠纷类案件内容主要是股权激励对象要求法院确认自己具有公司的股东资格。

在股东资格确认纠纷中，首先需要明确员工与公司之间因股权激励纠纷引发的股东资格确认纠纷案件并不属于劳动争议的范畴，依法不需要劳动仲裁程序前置，之后的争议焦点往往集中于下述两项问题：一是股权激励协议的性质认定；二是取得股东资格的要件。

一、股权激励协议的性质认定

关于第一项问题，股权激励协议的性质认定。作为人民法院审理股东资格

---

① 参见郭春福：《股权激励机制研究》，浙江大学出版社2014年版，第4页。

确认案件的基础，若员工以股东资格确认之案由提起诉讼，人民法院首先应当按照《最高人民法院关于适用〈中华人民共和国公司法〉若干问题的规定（三）》第二十二条的规定要求员工举证证明其向公司出资或继受取得公司股权。[①]当员工主张其系通过公司的股权激励计划取得公司股权的，人民法院对于协议文本的性质认定应当从协议双方签署相关协议的背景、身份以及双方承担的权利义务等方面进行考量。除此之外，如公司能够提供《股权激励计划备忘录》《股权激励计划草案》等股权激励制度文本，人民法院也应当进行恰当审核。例如，部分公司与员工之间签订的《股份赠与协议》，虽然使用“赠与”一词，但结合协议约定的内容，员工根据协议并非只享有权利不承担义务，而公司也并非只承担义务不享有权利，双方的权利义务是对等的，故并不符合赠与合同的特征，应认定为公司与高级管理人员之间的股权激励协议而非赠与合同。综上所述，若经过一系列判断，公司股权激励制度文本系出于员工与公司双方的真实意思表示，且不违反国家法律法规的效力性强制性规定，并且经过有关双方权利义务的条件判断不属于赠与合同，那么公司的股权激励制度文本将依法成立并生效。若员工满足股权激励制度规定的行权条件，则其可以依法行权。

二、取得股东资格的要件

在确定股权激励协议性质及类型的前提下，判断股权激励对象是否可以据此取得股东资格，主要可以从以下几个构成要件进行考量：（1）股权激励制度相关协议是否已经生效。（2）员工是否履行股权激励制度项下规定的义务。（3）是否已经履行取得股东资格所必要的程序要件。

首先是对相关协议是否生效的判定。相关协议生效的情况自不待言，但若员工入职即与公司签署激励股权相关协议，然而由于公司的原因，如公司尚未达到股权激励制度中所规定的业绩或规模条件，致使股权激励制度的相关协议尚未生效，员工据此主张确认股东资格的，法院不予支持。若因股权激励制度相关协议未能生效导致员工的相关权利受到损失的，员工可另行主张要求公司赔偿损失。潘某泽与福建省雾某灵环境科技有限公司股东资格确认纠纷一案即

---

① 《最高人民法院关于适用〈中华人民共和国公司法〉若干问题的规定（三）》第二十二条规定：“当事人之间对股权归属发生争议，一方请求人民法院确认其享有股权的，应当证明以下事实之一：（一）已经依法向公司出资或者认缴出资，且不违反法律法规强制性规定；（二）已经受让或者以其他形式继受公司股权，且不违反法律法规强制性规定。”

属此类情形。[①]在该案中，雾某灵公司向潘某泽发布《关于首轮股权激励办法的通知》，该通知上所载明的公司估值、总股本、股权分配，均与雾某灵公司当时在工商登记机关记载的情况不符。对于这一情况，雾某灵公司认为该通知仅是讨论稿和规划，应根据实际情况将《关于首轮股权激励办法的通知》视作附条件的民事法律行为。法院亦认为，根据《民法通则》第六十二条规定[②]，雾某灵公司至今尚未符合《关于首轮股权激励办法的通知》上所载明的条件，故《关于首轮股权激励办法的通知》未能生效，潘某泽基于未生效的《关于首轮股权激励办法的通知》要求确认其股东身份，依法不予支持。而《关于首轮股权激励办法的通知》未能生效是否导致潘某泽的相关权利受到损失这一问题，潘某泽可另行提起诉讼以主张该权利。

其次是判断员工是否履行股权激励制度项下规定的义务。部分股权激励制度文本要求员工在公司内持续履职，方可持续作为公司股东，针对这一义务，股权激励制度文本可能表述为对于离职股东股权的限制性规定，如规定为“离职股东的股权原则上应由公司回购或转让给其他股东”。那么，在此种情形下，虽然员工客观上已满足行权条件，可以确认股东身份，但因离职而须将其享有的公司股权按照股权激励制度的约定由公司回购或转让给其他股东，法院将判决不支持员工提起的此类股东资格确认纠纷之诉，该种裁判倾向于尊重双方的意思自治，协议安排的退出机制和方式只要不违反法律法规的禁止性规定即可。在张某媛与北京尚某跨考教育科技有限公司股东资格确认纠纷一案中，一审法院与二审法院都做出了相同的判断，认为由《股权激励计划备忘录》《股权激励计划草案》所确立的相关公司股权激励制度系签署双方的真实意思表示，且不违反国家法律法规的效力性强制性规定，合法有效，张某媛及尚某公司均应受此约束。有关合同文本中已然确认授予激励对象的股权仍应保留在公司现有股东名下，且张某媛已经从尚某公司离职，按《股权激励计划草案》规定，离职股东的股权原则上应由公司回购或转让给其他股东。故张某媛要求确认其系尚某公司股东缺乏依据，法院不予支持。[③]然而，在此类情形中，公司可能概括

---

① 参见（2016）闽0502民初2287号判决书。

② 《民法通则》第六十二条规定：“民事法律行为可以附条件，附条件的民事法律行为在符合所附条件时生效。”现为《民法典》第一百五十八条规定：“民事法律行为可以附条件，但是根据其性质不得附条件的除外。附生效条件的民事法律行为，自条件成就时生效。附解除条件的民事法律行为，自条件成就时失效。”

③ 参见（2016）京0108民初4118号判决书、（2017）京01民终9370号判决书。

表达为“股随岗变”，但离职股东的股权具体如何转让，以什么价格转让并没有进行特别约定，且在相关协议中也未含有“股东资格自然丧失”或“不再享有股东权利”等类似的表述，则不足以确定股东自离职之日起即已丧失了股东资格。这样的裁判倾向与《公司法》所赋予股东的股权自由转让的法定权利相一致。虽然股东应受“股随岗变”规定的约束，但由于股东对其所有的股权仍享有议价权和股权转让方式的决定权。在该两项内容双方未能协商一致或通过诉讼以公允方式予以明确的情况下，股权强制转让无法实际履行，即不当然产生权利变动的法律后果，其对应的权利仍应属于员工。

最后是对于是否履行取得股东资格所必要的程序要件的检验。股权激励协议本质上属于股权转让或增资行为，因此，员工取得股东资格需要满足《公司法》所规定的程序要件。但法院在认定是否满足取得股东资格的程序要件时，并非严格遵循必须作出股东会决议或书面征求其他股东意见的传统路径，法院可以综合股权激励对象在实质上享有股东权利、履行股东义务的事实，综合其他股东知情且无异议等情况，在没有相反证据得以推翻的情况下通过推理认定员工已满足取得股东资格的程序要件。在杨某与周某、唐某、张某强等股东资格确认纠纷一案中，[①]公司主张员工并未履行涉案《股份赠与协议》所赋予的义务，未实际取得公司4%的股份。法院认为，在《股份赠与协议》系签订后，员工作为股东参加了公司的股东会，实际领取了公司的股东分红，公司也实现了年度盈利和收入1000万元的阶段性目标，应当据此认定双方已实际履行了《股份赠与协议》，员工已实际取得公司4%的股份。另外，根据公司2015年、2016年、2017年的股东会会议纪要，员工均作为股东参与了股东会会议，公司其他股东并未对此提出异议，应视为对公司将股权转让给员工的行为予以认可。

通过向员工授予公司股权的形式，员工股权激励制度架构起了实现员工与公司分享发展成果，共担经营风险的桥梁。股权激励以股权为纽带，把管理、技术、资金、资源等价值创造方凝聚在一起，鼓励核心成员和骨干员工最大限度服务于企业的发展，提升企业的核心竞争力，对于企业的长期发展具有重大意义。因此，在设计股权激励协议相关文本时，企业应当结合自身实际情况以及股权激励计划的设立目的，妥善选择最有利于企业成长和员工发展的股权激励方式，并注意防范股东身份确认方面的相关法律风险。

---

① 参见（2018）粤0305民初557号判决书、（2020）粤03民终18569号判决书。

第十节　股权激励中约定的违约金效力

一、问题的提出

用人单位为保护自身权益，在与劳动者签订股权激励协议时往往会与公司高管、技术骨干等激励对象约定在以优惠价格获得公司股票之后的一定期限内不得离职，或离职后应当遵守竞业限制。此外，还有一些用人单位会要求受股权激励的员工以出具承诺函的方式就上述事项作出承诺。如有违反，则劳动者应当向公司支付违约金。上述人员在取得公司股票之后，其身份即从单一的“劳动者”转变为“劳动者”兼“股东”。那么，公司就股权激励事项与员工约定违约金的效力如何呢?

上述问题的答案归根结底还是取决于对股权激励协议性质的判断。如果将此类股权激励合同定性为普通的合同，则应当适用普通民事诉讼的程序，依据民商事法律规范对纠纷作出裁决；相反，如果将其定性为劳动合同的组成部分，则应当适用劳动纠纷的解决程序，在劳动法的框架下判断违约金条款的效力。

二、劳动法框架下约定违约金的效力判定

就约定违约金的效力而言，《劳动合同法》在劳动关系双方约定违约金的问题上采取的是“限制违约金”模式，有条件地适用违约金。根据《劳动合同法》第二十五条，除劳动者违反该法第二十二条、第二十三条规定的专业技术培训后服务期或者竞业限制约定外，“用人单位不得与劳动者约定由劳动者承担违约金”。该规定无疑属于该法第二十六条第（三）项所规定的导致劳动合同无效或者部分无效的“法律、行政法规强制性规定”。因此，在劳动法框架下，若公司在股权激励协议中仅因授予股权而与员工约定了竞业限制以外的其他违约金条款，则该约定无效；而就竞业限制约定的违约金一般应当认定为有效。

以腾某上海公司与徐某华竞业限制案为例，尽管上海市徐汇区人事争议仲裁委员会作出的徐劳人仲（2017）通字第74号仲裁通知书以腾某上海公司的请求不属于劳动争议受理范围为由，作出不予受理的通知，但法院将该纠纷确认为竞业限制纠纷，将其纳入劳动合同纠纷的框架下。一审法院在其判决中指出，

双方当事人签订的《协议书》系真实意思的表示，其中关于徐某华承担竞业限制义务及相应违约责任的约定，于法无悖，应为有效。同时，竞业限制范围过大并不必然导致竞业限制方面的约定全部无效，不代表徐某华无须遵守竞业限制方面的基本义务。因此，徐某华关于《协议书》中的竞业限制条款无效的理由不成立。在二审判决中，上海市第一中级人民法院最终判决徐某华承担违约责任，支付以腾某上海公司采取法律行动日前一交易日限制性股票收市价计算的违约金 19403333 元。

由此可知，用人单位与员工在其股权激励协议中约定竞业限制违约金的，因该约定不违反法律强制性规范而有效。股权激励对象违反该约定的，应当依约支付违约金。需要注意的是，《劳动合同法》中可以约定“服务期”的仅指因用人单位为劳动者提供专项培训费用，对其进行专业技术培训的情形。因此，用人单位仅因给予员工股权激励而约定服务期违约金的，该约定应为无效。同时，根据《劳动合同法》第二十五条的规定，除服务期和竞业限制之外的其他情形，用人单位在股权激励协议中与劳动者约定由劳动者承担违约金的，约定无效。

三、合同法框架下的违约金效力的判定

股权激励的主要目的之一就是为企业留住宝贵的人才资源。为此，企业在实施股权激励时往往会要求员工作出“服务期”承诺，约定一旦员工违反其承诺在服务期内离职，则不仅会被取消激励待遇，还有可能需要向企业支付高额违约金。因此，当股权激励相关纠纷被认定为一般的合同纠纷时，当事人作出的有关违约金的约定应当被认定为平等主体之间达成的协议，应当适用合同法相关规定，而不再被纳入劳动法的框架之下。

以典型的“富某娜公司系列案件”首例胜诉的富某娜公司诉曹某合同纠纷一案为例，2012 年 12 月 26 日，深圳市富某娜家居用品股份有限公司以“违背承诺”为由，将曹某等 26 名股东分别诉至南山区人民法院，要求被告按照与公司签订的《承诺函》支付因工作未满三年提前辞职的违约金。2013 年 9 月 13 日，深圳市南山区人民法院开庭审理此案，案涉违约金 180 万余元。

法院之所以将本案纠纷认定为“合同纠纷”，是因为本案中被告的股权收益是依股东身份而获得的，案件中的原告及被告双方未将股权收益作为劳动报酬，股权收益也从未以劳动报酬的考核方式予以考核发放。曹某是基于富某娜

公司给予其购股资格成为股东后作出的承诺，而给予曹某购股资格并非富某娜公司作为用人单位的义务。同时，尽管《承诺函》中关于“不以书面形式向公司提出辞职、不连续旷工7日”的表述涉及劳动者应遵守的劳动纪律，但这并非劳动者为了获取工作机会而作出的承诺，不是原告与被告对劳动合同的补充。员工按照优惠价格购买公司股份成为股东后，公司对其行为进行适当限制符合公平原则，也体现了“激励与约束相结合”的原则。《承诺函》中的“违约金”完全是依据被告股东身份做出的，不适用劳动法规范，而适用民商事法律规范进行调整。

一般合同纠纷中，当事人约定违约金的，应当认定为有效，如发生违约，则应当依约支付违约金。但本案当事人之间约定的“违约金”又具有一定的特殊性——本案“违约金”实际上并非真正的违约金。《承诺函》实质上是富某娜公司原回购条款的变通，其约定的“三年内不得辞职”实质上是触发收益限制条款的条件，“违约金”的实质是由激励对象返还其所获得的限制性股票的收益。此外，违约金只有在合同一方未履行相应的合同义务时才能适用，就激励对象与企业之间的股权授予协议而言，激励对象的合同义务应当是支付认购款，一旦支付完毕，其合同义务即履行完毕。此时，实际上就不存在合同义务未履行而构成违约的情形，“违约金”也就无从说起了。

四、小结

股权激励相关纠纷若归属于劳动法框架之下，则应当适用劳动法规范进行调整。当事人就竞业限制约定违约金的，该约定不违反法律强制性规范，约定有效。股权激励对象违反约定的，应当依约支付违约金。归属于劳动法框架下的其他情形，当事人仅因股权激励而约定违约金的，因违反《劳动合同法》第二十五条的强制性规范而无效。

股权激励相关纠纷若归属于合同法框架之下，则应当适用民商事法律规范进行调整。一般而言，当事人约定的违约金不违反法律强制性规范，应当认定为是合法有效的。股权激励对象违反约定的，应当依约支付违约金。但是，根据《民法典》第五百八十五条的规定，当事人约定的违约金过分高于造成的损失的，可以请求人民法院或者仲裁机构予以适当减少。因此，如果企业在股权激励协议中坚持约定违约金，则约定的违约金数额可能因远超企业的实际损失而被法院或仲裁机构裁定减少。

但需要格外注意的是，在某些情形下，所谓的“违约金”本质上是股权回购条款，构成限制期内收益的返还而非违约责任的承担。因此，在股权激励计划中，出于保护企业利益和防范道德风险的目的，企业可以明确回购的定价方式或限制收益数额的计算方法，准确措辞，尤其是要尽量避免使用“违约金”这类具有风险性的词汇。

·第八章·

股权激励案例详解

第一节　华为虚拟股票股权激励方案

一、背景介绍

华为创始人任正非认为，分配问题永远是管理前进的杠杆。自 1987 年成立以来，华为就在公司内部推行股权激励制度，华为对公司的员工赠与虚拟股，该制度既解决了融资需要，又实现了对员工的长期激励。华为是中国高科技和制造业企业崛起的最佳样本，股权激励制度贯穿着华为发展的整个历程。从员工持股计划、虚拟受限股、饱和配股制到 TUP 计划，华为的每次股权激励计划都为公司的业绩带来了动力，对华为的发展起到了重要的作用。

（一）虚拟股票定义

虚拟股或称虚拟股票，是指公司根据内部员工的岗位、工作年限、绩效等因素在企业内部发行一种虚拟股票，其持有人可以依据所持虚拟股份，享有税后利润分红权和虚拟股升值所带来的收益，员工与公司对于虚拟股票享有的相关权利义务由双方在公司内部自行约定。虚拟股具有以下特征：股权形式的虚拟化、主体的特定性、权能的单一性、获得方式的多样性、分红方式的灵活性、虚拟股票激励兼具物质激励与精神激励二重属性。由于我国法律制度不完善，股票来源问题一直难以解决，而虚拟股由于不发行真实股票，因而合理地解决了股票来源问题，同时其行权价格也不受资本市场的影响，操作程序也更为简便，可以由企业与员工通过合同进行约定，故虚拟股越来越受到非上市企业的青睐。企业采用虚拟股制度，既达到了激励员工、留住核心人才的作用，又实现了公司业绩的可持续增长。

（二）华为虚拟股票的法律性质

虚拟股票激励，是指相对于真实股票而言的激励方式，和普通股票激励一样，持有人享有股票分红和增值权，但和传统股权激励最大的不同点在于，虚拟股票持有人不具有公司的所有权和表决权，因此无法在股东会上行使法律意义上的表决权。从现行法律规定和司法实践来看，虚拟股仅能认定为是基于虚拟股协议而产生的合同之债。

自华为股票诞生起，华为员工手中的股票与法律定义的股权就不相同，员工不是股东，华为工会才是背后真正的股东，员工享有的只是某种意义上的合同利益或者权益，而非股权。此时的“员工持股制度”更类似于一种分红激励和融资手段。对华为而言，华为所实施的虚拟受限股是华为工会委员会授予员工的特殊股票，表现优异的员工每年都会得到一份虚拟股票合同，员工的股权全部由华为工会代为持有，员工可通过自己的内部账号查询自己的持股数量。同时，虚拟股不能出售，也不能转让，当员工离开公司时，由华为工会委员会实施回购，回购后员工也就不再享有公司良好经营而应有的股票分红和增值权利。因此在法律意义上，员工持有的股票与公司所有权无关，真正能决定公司归属的是华为工会所持有的法人股股份和任正非持有的自然人股份。因此，虚拟受限股可以在不改变公司股权结构，不妨碍公司正常经营的前提下，让被激励对象对所持虚拟股票和公司经营收益产生一个心理预期，激发员工的工作热情。

二、方案架构①

（一）创业期——不规范持股

1987 年至 1990 年是华为的创业期，这一期间与华为竞争最为激烈的是中兴通讯公司。华为公司成立之初注册资本仅为 2 万元，规模小，而中兴通讯注册资本为 200 万元，成立时间较早，规模大。处于初创期的华为为了开拓市场以及提升竞争力需要巨大的科研投入，这需要大量的资金支持，然而当时作为民营企业的华为想要在银行和股市融资则是面临着重重困难。

从华为创业期的背景可以看出，华为急需解决两个主要问题：一是科研投入需要大量资金；二是融资困难。综合考虑之后，1990 年华为优先选择在公司内部通过发行股票进行内部融资。考虑到内部发行股票不需要支付利息，存在较低的财务困境风险，也不需要向外部股东支付较高的回报率三个因素，华为当时将内部发行股票的发行价格定为 1 元/股，同时按照计划，用税后利润的 15% 作为红利。因此在华为，员工的薪酬由工资、奖金和股票分红组成，这三

① 关于本章节五个阶段的划分为笔者自行根据市场公开收集到的信息结合华为公司的发展周期进行的人为区分。

部分数量几乎相当。但是股票的激励对象是有条件的：只派发给上班满一年的员工，派发的份额按照员工的绩效、职位和资格等因素进行划分，股票的购买方式是用员工的年终奖。除此之外，由于部分员工自身条件有限，华为公司还与银行达成协议，如果新员工的年终奖不足以购买派发额，公司可以为员工提供担保，以获取银行贷款。

这一时期的华为通过这样的融资方式在成功降低了公司现金流风险的同时也增强了员工的归属感，稳定了创业团队的军心。1997 年，华为的注册资本增加到 7005 万元，增量全部来自员工入股，这些现金流入帮助华为度过了资金困难。正是在这一阶段，华为完成了"农村包围城市"的战略任务，成功地将市场拓展到了中国的几大主要城市，也顺利地在瑞典斯德哥尔摩设立了研发中心，海外市场销售额不断增加，达到了 1 亿美元。

（二）调整期——期权与虚拟股票结合

如果说华为创业期的关键词是"急速扩张"，那么当时间推进到调整期之后，对于华为而言最为重要的就是"奋斗"了。由于受到网络泡沫危机的影响，华为遇到了其发展历史上的第一个寒冬。这个阶段的华为急需大量资金去运作国内外项目。华为的部分老员工也渐渐开始懈怠甚至出现骨干员工纷纷离开的现象。因此，华为这一时期的股权激励需要解决的问题有两个：一是资金问题；二是如何实现长期激励。

华为此次股权激励制度采用理论虚拟受限股实施模式。此次股权激励制度规定，获得虚拟受限股的激励对象可以通过股票的增值和分红获得一定的收益，但是所持有的虚拟受限股不具有表决权和所有权，员工在职期间，不能转让或者销售股票，员工离开华为后，权利自动消失，股票数额清零。

为了维护华为自身的控制能力，减少不必要的管理问题，华为实施了一系列新的措施：一是将不再派发前一阶段实施的 1 元/股的长期股票；二是期权将逐渐替代老员工的股票；三是固定的分红将不再是员工从股权中获得的最大收益，公司净资产的增值部分成为期权所对应的红利。从设计结构的角度考虑，期权比股票更加合理，公司根据自身的评价体系，分给员工一定比例的期权。这一轮虚拟受限股期权的行使期限为 4 年，每年最大可以兑现持有的 1/4。这一时期的虚拟股激励的正是符合华为"奋斗"关键词的"奋斗者"。根据业绩、直接上级的评价、同事以及第三者评价等多方综合的合格者才能成为符合激励标准的"奋斗者"。相比于上一时期的员工持股计划，这一时期的虚拟股激励计划受众更加明确，针对性更强。华为将行权期限定为 4 年的做法也使得老员工不再能够享受到长期的增值和分红，为老员工的懈怠敲响了警钟。

可以说，华为从固定的股票分红转向虚拟受限股的策略，是公司的激励机制从“普惠”原则向“重点激励”思维的转变。总的来说，华为这一时期推出的虚拟股激励解决了企业融资难和员工懈怠的问题，成功带领华为走出了历史上的第一个寒冬，为华为带来了迅猛发展的一个黄金十年。

（三）不稳定期——配股降薪，期股与薪酬体系的结合

2003 年，尚未挺过网络泡沫危机的通信行业又遭受“非典”的重创，华为的出口受到严重的影响。与此同时，华为的海外扩张也遇到了当地对手强有力的冲击，华为的发展受到了前所未有的阻力，前景并不乐观。华为的部分员工对于自身发展也开始感到迷茫，纷纷离开华为前往对头公司，这使得华为的整个团队人心涣散，意志消沉。这对华为的全球市场销售情况造成了非常直接的负面影响。面对这样的困境，华为意识到仅提供短期激励已经不能充分满足员工的需求了，因此华为推出更大规模的配股计划，采用了配股降薪的方式。此次股权激励的主要目的就是稳住队伍，最重要的是要留住那些对于企业发展而言至关重要的“核心员工”。因为，作为人力和技术密集型的企业，华为充分认识到研发人员是企业的“核心资产”，应当加强对于研发团队的激励。

此次华为实施股权激励计划配股规模很大，与员工已有的股票总和基本持平，同时华为改变了以往兑现的方式——往年积累的配股即使离开公司也可以进行一定比例的兑现，而此次配股模式规定员工每年兑现的比例不能超过1/10。另外，这次配股还额外规定了锁定期——所有员工持股在 3 年内不得兑现，如果在 3 年内员工离开了公司，那么所有的配股都将作废。此外，股权开始向核心工作人员倾斜，骨干员工的持股比例明显要高于普通员工。但是此次配股华为依然为员工提供了一些优惠条件，员工只需拿出所需资金的 15%，剩余 85% 由公司和银行协商解决。

这一时期，华为并没有受到外界严峻环境的影响，销售收入和海外合同销售额增长强劲。令人惊喜的是华为的海外合同在其销售总收入中占比逐年大比例提升，在海外市场拥有了更强的竞争优势，占据了更多的通信市场，商业版图持续稳定扩张。

华为此次的配股股权激励措施，可以说是其发展的一针强心剂，不仅增强了广大员工持股的热情，激发了员工队伍努力拼搏的动力，还使得员工认识到

只有长期作为华为的员工，才能获得华为的股权收益，从而稳住了当时华为的员工并且成功捆绑住了核心研发团队，进一步加强了企业的自主创新优势，最终交出了漂亮的业绩成绩单。

（四）稳定期——饱和配股

2008 年金融危机爆发，全球金融体系遭受重创，并蔓延至实体经济。在经济环境每况愈下的背景下，许多大型企业开始裁员，身处通信行业的华为也没能幸免于难。员工因缺乏信心工作积极性降低，导致公司出现了员工大批赎回所持有的虚拟股的现象。此时的华为深陷危机，形势比“非典”时期更为严峻。一方面，实体经济危在旦夕，外部环境堪忧；另一方面，华为内部面临员工积极性受挫、人员结构老化等问题。因此，急需稳定军心的华为采用了饱和配股的模式，在稳定已有老员工的同时吸引新员工的加入，为死气沉沉的企业注入新的活力。

饱和配股是指按照员工岗位级别设定持股上限，华为此次实施的饱和配股，规定了不同级别的持股上限——14 级员工的持股上限为 5 万股，13 级员工的持股上限为 2 万股，配股价格为 4. 04 元，总配股数额达到 16 亿元左右，规模较大。通过分析我们可以看到，工龄越新的员工在此次配股中可以享有的配股数量更高。作为享受华为虚拟股体系最少的一个群体，新员工在金融危机的消极宏观环境下经济压力和心理负担相对较重，而他们恰恰又是华为全球业务扩张的基石。一旦新员工因为各种原因大量辞职，直接的后果就是华为全球战略的实施将被拖延。并且，从激励效益来看，对于新员工的激励边际效应是最高的，这将直接提高他们的工作积极性，从整体上提升华为的士气。

本轮股权激励对象包括工龄在一年以上的所有在职员工，然而华为在位的大部分老员工已经达到持股上限，所以很多老员工并没有参与此次配股，但此次股权激励的年利率为6%，同期银行定期存款年利率为4%，因此较高的收益率也促使大部分老员工继续持股。此轮配股的期限为自股票期权授权日起至员工离开华为当年止，股权计划的授权日为 2008 年 12 月 28 日，行权价格为当年公司的每股净资产价格。

通过对华为此轮股权激励措施的分析可以发现，此次配股规模之大前所未有，涉及广大的中下层员工，甚至包括新员工。该轮配股在提升入职时间短、岗位级别低的员工工作动力的同时还加强了内部竞争，通过对新员工的重点激励向老员工传达出了提拔年轻“奋斗者”的信号，对老员工施加了无形的压力。并且，通过该轮配股，华为吸引到了更多的优秀人才，进一步扩大了企业的人才库。新增“饱和”这一要素对激励对象的门槛进行微调，就得到了如此显著的成效，可谓“四两拨千斤”。

（五）成熟期——动态 TUP（Time Unit Plan，即时间单位计划）虚拟股票激励

在2010年后，华为虚拟股票激励额的模式基本成熟，华为从2010年跨入世界500强后每年以100名左右的排位迅速前进，大大增强了华为的财务抗风险性。同时，华为的虚拟股票激励的员工购买的资金来源受到限制，银行不再给予类似贷款，因此华为的许多员工无法继续购买公司的虚拟股票。另外，很多老员工随着华为的壮大逐渐失去了奋斗积极性，出现了付出和分红不匹配的状况。并且，随着华为海外业务的扩张，如何解决外籍员工的长期激励也成为华为亟待解决的课题。此时华为开始推行动态 TUP 虚拟股票激励，制定了与奋斗者分享利润的计划，出台具体措施去识别“奋斗者”，与奋斗者分享利益。华为的员工不再需要花钱购买虚拟股票，而是公司根据员工的绩效评价体系授予员工一定数量的5年的虚拟股票期权，员工享有的仅是年度收益及累计期末增值收益，员工将在下一财年基于已生效的时间激励单位数量收到年度收益金额的支付款项，累计期末增值收益将于时间激励单位5年期满时，或员工聘用关系解除或终止时，予以现金支付给被授予人。

TUP 计划背后的深意应当是为了消除“一劳永逸、少劳多获”的弊端。该计划契合华为“以长期奋斗者为本”的价值观，使得激励从基于上级评定的“分配机制”逐步转向“获取分享制”，引领华为强劲增长的又一个5年。

三、要点解析

（一）虚拟股票可回避传统法律限制

第一，华为虚拟股票激励方式相对于限制性股票、期权等激励方式而言更为灵活，由于法律法规关于虚拟股票激励方式的规定较少，华为根据自身状况在不同年代制定了更加符合企业发展的激励计划。华为股东会在2001年推出的《华为技术有限公司虚拟股票期权计划暂行管理办法》中，明确了持股人没有所有权、表决权。且这种虚拟股票不必经过证券行业监督管理部门烦琐的审批程序，股东持有的虚拟股票只是获得激励收益的内部凭证，因此无须办理相关的工商登记手续，而一旦员工与公司解除劳动关系，则相关虚拟股票将自动失

效，也无须公司实施回购程序。因此相对于限制性股票、期权等激励方式而言，虚拟股票避免了许多繁杂的程序性问题，也避免了公开市场所带来的股价的波动影响。

第二，相较于股票期权、限制性股票模式而言，虚拟股计划的实施方式更为灵活。由于虚拟股计划更多是双方契约式的合意，因此企业能够灵活设定现金兑现的时间、设定支付模式、设定标准筛选出希望激励的员工等，使得企业能够根据实际情况设定计划的实施模式。

（二）虚拟股票可规避调整股本结构问题

不同于限制性股票和期权，虚拟股票激励计划的激励对象无法获得公司真正的股权，而只能享有虚拟股票，这意味着公司实施这种激励方式不会影响到公司的股本结构，也无须承担公司控制权外落的风险，而且也无须考虑股票来源的问题。这有益于公司集中安排控制权。虽然限制性股票等股权激励模式亦能够形成员工个人收益与企业价值相联系的联动机制，但是，实施限制性股票激励将改变公司股权结构比例，打破公司原有的控制权均衡的状态。而在虚拟计划下，虚拟股持有者仅享有经济利益分配，该激励机制不会影响公司的所有权结构、总股本，仅对公司利润分配产生一定的影响。虚拟股的特殊设计实现了控制权与公司经济利益相分离，既符合激励对象希望通过获得股权激励，提高经济利益收入的需求，又能避免公司控制权的分散。

（三）虚拟股票可提高融资水平

从股权激励的强度来看，华为公司的股权激励制度具有极高的强度。华为公司通过稀释大股东的持股比例（截至 2021 年 12 月 31 日，任正非的总出资相当于公司总股本的比例约 0.84%①），增加员工的持股数量，分享公司经济高增长带来的企业红利，华为员工是通过华为工会持股，绝大多数员工的持股数量为数万股，而极少部分人的持股数量达到了百万股。这种高强度的股权激励制度，一方面使得员工真正地享受到了作为股东的益处，增加了员工对公司的责任感和归属感；另一方面公司也通过大比例的分配股票提高了公司的融资水平和效率，使得公司持有充裕的现金流，这是华为从成立到现在长盛不衰的真正原因所在。

从股权激励的广度来看，华为的激励对象已经从创业之初的中高层领导变成了全员持股，这意味着进公司 1 年以上的员工就会分得股票，这种股权激励

① 参见华为在其官网 www.huawei.com 公示的《2021 年年报》第 119 页。

对象的广度是华为所独有的。这也大大增加了员工对公司的黏度和忠诚度，从中也可以看出华为对人才的渴望和重视。

四、借鉴意义

华为在企业不同成长阶段推行了不同模式的股权激励，由一开始内部发行1元/股的实股融资，再到后来虚拟股分别与限制股和饱和股的结合，再到最后的TUP股权激励模式，分别与企业的不同成长阶段相适应，从多元化的股权模式转变理念到最终的实践，为我国民营企业如何进行股权激励提供了宝贵的指导经验。

华为的全员持股可以理解为一种分红激励和融资手段，华为通过把控员工持股比例，有效控制了持股比例，使股权激励方案达到了预期的激励水平，最终寻找到了适合华为自身的股权激励模式。华为创业期的股权激励实行的就是全员持股。在企业的快速成长期，企业的激励对象开始向企业的高级管理人员以及核心技术人员倾斜。在激励方式上，实施股权激励的方式有好几种，对于非上市公司而言，虚拟股票的激励方式能帮助企业快速获得大量融资。在确定好激励对象与激励方式的情况下，企业还要确定股权激励的总量以及受益者的持股数量等，激励对象的持股量一般是按照其岗位级别来确定的。在购买股票的方式上，一般情况下，员工要用现金支付的方式来购买股票，当员工资金不足时，还可以通过银行贷款的方式购买。

但是需要指出的是，华为的股权激励制度设计并非完美无缺，其主要存在两方面的问题：一是华为的股权激励制度是特殊时期的产物，在一定程度上并不具有普世性和可复制性。与华为同时期的河北省大某农牧集团创始人孙某午因融资难而向职工、亲朋、村民等4600人借款，并出具统一印制的借条，被当地法院以"非法吸收公众存款罪"判三缓四。华为的这套虚拟股融资规模和范围远大于孙某午案，风险也是不言而喻的。二是华为的股权激励制度在设计上忽视了员工退股时所要承担的财务、道德和法律等多方面的风险。2003年从华为离职的创业元老与华为对簿公堂，虽然该案最终以员工败诉收场，但也暴露了华为股权激励制度上存在的弊端和问题。

因此，企业在借鉴学习华为股权激励制度的同时应当注意不能照搬适用，并且应当设置合理的退出机制。在当今变化多端的市场环境下，企业只有根据自身的管理情况制定出适合的股权激励制度才能保证企业的股权激励计划顺利实施。

第二节　万科股权激励方案

一、背景介绍

在规模庞大的上市公司中，存在一种困局，即公司股东因股价低迷而无法取得投资收益，但经营管理团队却仍然拿着高薪的情况，传统意义上的股权激励似乎不能真正促使经营管理团队将自己与公司完全地捆绑在一起。于是万科的事业合伙人制度应运而生。从万科公开披露的年报可以看出，万科事业合伙人制度是公司为进一步激发经营管理团队的主人翁意识、工作热情和创造力，强化经营管理团队与股东之间共同进退的关系，为股东创造更大的价值而推出的制度。

万科作为国内具有代表性的资产雄厚、素质出色的住宅开发商，其股权结构较为分散，截至2022年3月30日，根据公开信息显示，第一大股东为深圳市地铁集团有限公司，持股比例为27.89%，第二大股东深圳盈嘉众实业合伙企业（有限合伙）持股3.77%，第三大股东为香港中央结算有限公司，持股比例3.32%，除此以外其他股东均未超过2%。因此，经营权和所有权的分离显示了股权结构相对分散。再考虑到管理者和股东先天上的利益冲突，很有可能出现管理层为了私利而无视长远规划，使股东遭受损失的现象。若要妥善地解决这一棘手的难题，必须兼顾与激励并重，确保公司整体的发展。而股权激励无疑是很好的途径，能够将高管和股东的目标连成一体，杜绝管理层以权谋私，促进公司的发展。

万科在实践中不断探索符合市场背景和企业自身经营状况的股权激励方案，虽然万科的经营权在较早之前就集中在职业经理人手上，但是经营层持股比例相对较低，薪酬与其经营业绩的匹配度并不高，万科于2006年推出的限制性股票和2010年推出的期权激励计划都未达到预期效果。于是2014年万科在第三次股权激励中采用事业合伙人的形式。

万科的事业合伙人制度实际上是对管理团队与股东之间利益和风险承担机制的反思结果，是为了彻底解决所有权和经营权分离的问题。在这种制度下，事业合伙人取代股东，成为企业的劣后收益人，于是自然就有更强的动力去创造企业的利润，真正实现管理团队与股东共同分担风险、承受失败的后果。

2014 年 4 月 23 日，万科召开事业合伙人创始大会，共有 1320 位员工自愿成为万科首批事业合伙人，其中包括在万科任职的全部 8 名董事、监事、高级管理人员。

二、方案架构

（一）2006 年至 2008 年的限制性股票

万科第一次的激励模式是限制性股票。2006 年至 2008 年，企业一共设定了 3 个账户用于存储奖励金。此次激励方案的操作流程分为两个步骤：首先用奖励基金购入等量的股票；然后由与公司签订了合同的专业信托机构来完成成套流程，如果管理层达成了约定好的任务指标，信托机构则将已购入的股票转移到目标账户下。激励对象包括：董事会、监事会职员、中高层管理者、对企业有巨大贡献和业务能力出色的人才等（但股东本身被排除在外）。激励总人数达到了 160 人，占企业总人数的 8%。实施期限在两年到三年。奖励条件是：只有股价处于上升状态，奖励的股票才会归属到职员的名下。如果没能完成合约任务，但业绩较好，则仍享有一次机会，即第三年的股价高于前两年，那么依旧能够顺利拿到奖励，但若不能达标，奖励就会被取消，股票则对外卖出，贩卖的资金归属于公司。年度奖励金提取的业绩指标包括三个方面：（1）NP 增长率在 15% 以上；（2）ROE 在 12% 以上；（3）如果企业有增发、配售股份的情况出现，那么 EPS 增长率不得低于 10%。股价指标次年的股票均价上涨，由奖励基金买下的会被当作奖励，直接转移到被奖励者名下；如果次年没能圆满完成任务，那么第三年股价必须超出前两年，还能得到奖励。如果第三年仍然没能达标，则股票全部出售，所得金额用以弥补公司损失。

（二）2010 年至 2014 年的股权期权

万科的第二次股票激励时间为 2010 年至 2014 年。2010 年，万科正式批准《万科企业股份有限公司 A 股股票期权激励计划》，启动了新一期的股权激励计划。此阶段，万科的激励方式为股票期权，在新一轮的激励规则中，风险与回报都得到了显著的提升，只要公司业绩达到标准，那么，在一定期限内，激励对象能够以 8.89 元人民币的单价购入公司股票。而购买额度具有上限，在额度范围内可以自由选择或放弃购买。激励对象包括：骨干业务员、高管、薪资董事，而独立董事、监事和持股额度超过 5% 的股东则被排除在外；能享受到激励的人数高达851人，占据了公司总员工的3.94%。实施期限为4年。从2010年起，此后的3年，每年都能享有40%、30%、30%的期权，若业绩不达标，则奖励当场作废，由公司集中注销。

（三）2014年的事业合伙人制度

为了增强激励效果，提升企业管理水平，万科于2014年推出合伙人制度，这实际上是一个对赌制度：如果公司的ROE超过社会平均收益水平，公司将从经济利润中按规定比例计提奖金；反之，管理团队就要按照相同的比例赔偿公司。也就是说，在股东没有获得足够的收益之前，事业合伙人的投资将没有回报，甚至连本金都要用来赔付。但如果经营取得了远超社会平均水平的回报，事业合伙人的分配比例，将明显超过他们的投资占比。同时，为了保证团队具有偿还的能力，EP奖金作为集体奖金统一管理，3年内不分配到个人。这3年滚存的集体奖金，就是管理团队用来和股东对赌的保证金。

事业合伙人制度主要由四大环节构成：（1）首先是合伙人持股计划，是针对核心骨干成员，通过员工持股的长期激励方式展开的。由公司将集体奖金统一存管，并买下A股的股票，确保管理者与股东的利益捆绑在一起，避免出现分歧。（2）项目跟投计划。对于普通员工，万科的事业合伙人制度是以短期激励约束机制为主的项目跟投制度，这项制度从业务的层面切入，使得诸多棘手的难题迎刃而解，同时为企业带来了更多的资金来源。（3）事业合伙人管理，很长时间内，该企业的管理结构流通性较弱，而在新的制度下，企业的结构得到优化，完成了自下而上以及自上而下的变革。因此，事业合伙人不再受到传统职位的桎梏，使企业内部形成利益链网络，更加高效、便捷传递信息，同时为事业合伙人制度的产生提供了契机，使得员工更加密切地交流，大幅提升公司的运营效率。（4）最后是事业合伙人文化，其主要有三种特性：一是风险分摊，每个人都有追求利益的权利，但与此同时就要肩负相应的责任与风险。二是利益一致，彼此的利益是相互牵连的，没有人能够独善其身。要得到利益，就必须共同努力，相互配合，确保整体的利润。三是同甘共苦，这是对于合伙二字的真正诠释，每个人都能有整体的思想，顾及全局。因此，事业合伙人制度对万科而言有着不可忽视的作用。

就方案架构而言，参与事业合伙人制度的员工通过成为华能贵诚信托有限公司发起设立的信托计划之委托人，将其经济利润奖金委托于信托计划，并由该等信托计划认缴深圳盈安财务顾问企业（有限合伙），成为该合伙企业之有限合伙人，之后由该合伙企业直接或通过特殊目的载体持有万科上市主体的股票。

就持股计划而言，其实质是员工通过签署一系列协议文件，将其经济利润奖金通过信托计划委托给深圳盈安财务顾问企业（有限合伙）之执行事务合伙人深圳盈安财务顾问有限公司进行投资管理，包括引入融资杠杆、买卖万科股票等，并且在其因对赌而担负的或有返还义务终止，以及融资本息偿付完成前，该部分奖金之本金以及因投资管理而产生的收益统一封闭管理，不兑付到具体个人。

三、要点解析

（一）2006年至2008年的限制性股票

第一次的股权激励计划使得股东的利益和高管的利益捆绑在一起，有效地缓解了股东和高管之间的委托代理问题。这项措施使得万科在2006年实现销售金额212.3亿元，同比增长69%，成为利润超过200亿元的大型房地产企业，实现了通过股权激励计划推动公司业绩的初衷。但是，在第一次股权激励方案中，虽然三个激励方案均对风险和回报进行了设置，但是该奖励对象仅仅占全公司的不到4%，特别是对于基层管理者没有激励作用，使其缺乏积极性，导致整个激励机制缺乏实际动力，这是导致万科2006年第一次股权激励计划没有实现最初设定目标的原因之一。同时受限于外界环境，2007年受到全球金融风暴造成的全球股市动荡影响，万科达成了当年的业绩指标但未能达成预计的股价指标，导致2007年激励计划无法执行。2008年，受限于国家对地产业进行调控以及金融危机的持续影响，万科的业绩指标也未能达成预定目标，导致2008年的激励计划也无法执行。最后万达宣布抛售最初用于激励的股票，正式宣告2006年开始实施的股权激励计划流产。

（二）2010年至2014年的股权期权

第二次股权激励方案由于存在管理层人为控制业绩、业绩考核方式无法客观评价管理层贡献等缺陷，造成了集团业绩增长先快后慢，企业净利润增长率断崖式下跌，管理层相继离职，核心人才流失等不利影响。例如，2011年1月，执行副总裁徐某祠和副总裁肖某离职；2011年6月，执行副总裁刘某明辞职，2011年8月，执行副总裁袁某银辞职；2012年7月，执行副总裁杜某离职。从第二次股权激励开始到2014年7月，共计4位执行副总裁（官网显示执行副总裁共8位)、3位副总裁离职（官网显示副总裁共7位），累计离职人数占激励对象的36%。基于以上原因，第二轮股权激励计划未能继续在公司内推行完成。

（三）2014年的事业合伙人制度

万科的第三次激励方案采用事业合伙人制度，事业合伙人制度并不是简单的股权激励，更不是员工直接从公司获得的经济奖励，而是经济利润奖金的全体奖励对象自愿把滚存的集体奖金，加上杠杆买成公司股票。由于引入了杠杆，在股价的涨跌过程中，员工将承受比股东更敏感的损益，同时成为一种类似于劣后的安排。就实施细节而言，主要体现为以下两个要点：

1. 暂时冻结奖金

首先，由于万科施行经济利润奖金制度，通过为奖金发放设定前提条件，于是管理团队也就有了与股东对赌的“资本”，如果没有这一制度，整个事业合伙人制度就失去了起点。其次，暂时冻结奖金这一制度的引入也避免了单向股权激励的弊端，即管理团队的收入脱离了公司的整体经济效益，或者管理团队为追求短期内的经济效益而盲目采取激进或不可持续的经营策略。最后，冻结奖金也就意味着将公司中长期的经济利润作为核心考核指标，一方面将个人与公司利益绑定，另一方面也是为了能够实现共赢。

2. 引入杠杆

万科的事业合伙人不仅仅是暂时冻结自身经济利润奖金，还在这个基础上引入了杠杆。这意味着，事业合伙人团队将承受比股东更大的投资风险，对于公司发生的亏损或股价的变化将更加敏感。于是管理团队不仅关心自己的工作内容，也开始关心其他团队甚至公司整体运营的内容，强化管理团队的主人翁精神，激发更有效率也更有效果的工作态度和方式。

相比于激励规则，事业合伙人制度更具有潜力与可操作性。事业合伙人制度的设立目的是强化管理层的创新和对企业的掌控力度，使公司更具有生命力。万科将经理人与合伙人作出了不同的定位，前者更注重自身的利益，而后者则会妥善地维护股东的利益，这样就有效杜绝了由于利益冲突，导致股东权益受损的情况发生。

四、借鉴意义

万科的前两次股权激励计划的目标最终无法实现。原因主要在于：这两次股权激励存在激励期限短的问题，无法树立公司长远激励目标，不符合公司追求长期发展的战略计划，并且期限过短会导致相关管理人员短视化，只追求短期利益，而不考虑公司的长远发展问题；同时，业绩指标设置过低，失去了激励效果，更无法调动积极性。因此，为了促进企业管理者保持积极性与进取心，企业就要尽可能延长激励的期限。但是同时也要注意，绩效考核目标的难度亦不可设置得过大，否则对于员工来说，在心理上认为其为天方夜谭，则更没有动力去将绩效考核目标落实到行动上，则股权激励计划就不可能发挥作用。

另外，从万科前两次股权激励方案的设计来看，一方面，制定的绩效考核指标过于简单。在绩效考核指标太过宽松的情形下，就会使激励对象产生消极懈怠心理，由于目标过低而降低对自己的要求，从而影响到企业各项工作的落实，如此，绩效考核目标就会形同虚设，原本的激励计划也就会失去激励的效果，不但不会起到促进企业发展的作用，反而会对企业的发展产生反作用。另一方面，企业考核指标的设置单一化。首先，企业经营业绩受到宏观政治、经济、金融、产业政策和微观业务发展成本费用控制等因素共同影响，单一的业绩考核指标极有可能忽略企业经营的多方面影响因素。如万科第一次股权激励计划的失败有很大一部分原因是 2007 年受到全球金融风暴造成的全球股市动荡影响以及 2008 年国家对于地产业进行的调控。其次，基于应计制收益的业绩标准，不管是净利润、扣除非经常损益的净利润，还是营业收入，在管理者权限下都有着相当大的盈余管理动机与操作空间，易引发被激励对象的寻租行为。因此，考核业绩指标的设置不宜使用单一指标，而应采用多元化业绩指标体系，全面衡量公司的业绩。例如，在万科首轮激励方案内，获得奖励的两项重大指标是净利润增长和净资产收益率。虽然这两项指标有着不可忽视的重要作用，但是同样也具备很大的局限性。因为这两项指标具有很大的可调控性，激励对象很有可能为了完成指标，为了短期利益而盲目拔高。但是，实际上，如果有助于企业的长期发展，即使指标下降，也并非不可以接受；反之即使指标提升，但是仅出于短期利益的需要，却与企业发展的目标背道而驰，则完全背离了设立指标的初衷。

万科的事业合伙人制度通过“冻结奖金、引入对赌和杠杆”等方式，规避了单向股权激励的一些弊端，结合公司自身的特点，将管理团队与公司的利益绑定，不仅向股东展示出管理团队与公司同甘共苦的决心，同时也促使管理团队内部更加团结，避免无意义的责任推诿或所谓争权夺利。

但需要注意的是，并不是所有企业都适合实施事业合伙人制度。具体而言，一个企业要推行事业合伙人制度，就必须满足以下条件：首先，管理团队应对企业发展至关重要、不可替代；其次，管理团队内部能够实现较为明确的分工，并且能够量化计算各自对企业发展的贡献；最后，企业股权相对分散或其转让相对便利。如果每一次直接或间接的股权变更都需要烦琐的定价程序、审批程序甚至谈判，那么其中消耗的时间和精力都将导致事业合伙人制度失去优势和意义。目前我国对于股权激励的研究和实施还处于探索阶段，企业在选择股权激励模式时，如果没有找好自身的定位，就无法很好地选择出一套适合自身的模式，无法制定出一套完善的股权激励计划。因此，企业在制定股权激励计划之前，要充分考虑自身发展情况，结合公司的发展战略和发展目标，制定出一套符合自身发展需要的股权激励实施方案。除此之外，还要勇于尝试和探索，在制定股权激励计划并实施之后，应当注重观察计划实施的反馈，根据外部环境的变化和自身的发展及时对方案中不合适的地方进行调整，通过建立动态的考核标准等方式摸索出一套适合自身的股权激励计划。例如，万科的前两次股权激励计划并未达到预期效果，但是经过对前两次不太理想计划实施的总结，结合自身需要，最终探索出适合企业发展需要的事业合伙人制度。由此，各行业企业应当注重各行业发展特点以及公司规模、公司所处发展阶段等因素，针对本公司存在的问题和想要达到的激励目标，制定出符合本公司发展的专属股权激励计划，不能盲目地套用其他公司的激励方案。

第三节　阿里巴巴股权激励方案

一、背景介绍

“合伙人”在法律上有明确的定义，在我国《合伙企业法》中，普通合伙人是指共同出资、共同管理企业，并对企业债务承担无限连带责任的人。合伙人既是企业的所有者，又是企业的管理者。但是阿里巴巴的合伙人制度虽然在文字和部分内涵上借鉴了“合伙人”的概念，但实质上大有不同。

阿里巴巴的合伙人制度又称为“湖畔合伙人制度”，该名称源自创建阿里巴巴的地点——湖畔花园。阿里巴巴创始人自1999年起便开始推行合伙人制度，以合伙人制度管理公司，并于2010年正式确立具有阿里巴巴特色的“湖畔合伙人制度”。“湖畔合伙人制度”的核心在于以掌握阿里巴巴集团控制权为手段，保证创始人和管理层的权益并传承他们所代表的企业文化。虽然阿里巴巴推行的也是“同股不同权”的股权结构，但“湖畔合伙人制度”与其他境外上市公司的做法不一样的是，阿里巴巴集团并没有通过双重股权架构实现，而是通过设立一层特殊权力机构以保障创始人和管理层现有的控制权，这一权力机构就是“阿里合伙人会议”。

二、方案架构

根据阿里巴巴集团在香港联合交易所披露的信息，阿里巴巴的“合伙人制度”正式成立于2010年7月，共产生了38位合伙人。其中马云和蔡崇信为永久合伙人，其他合伙人均为普通合伙人。

阿里巴巴的合伙人特别享有的权利包括董事提名权和奖金分配权。其中，最为关键的部分就是董事提名权，阿里巴巴章程记载，阿里巴巴集团上市后，阿里巴巴合伙人有权提名阿里巴巴集团董事会过半数的董事，提名董事需要经股东会投票过半数支持方能生效。也就是说，阿里巴巴集团上市后，董事会成员数增加至9名，但是至少有5名董事代表着阿里巴巴合伙人的利益，进而阿里巴巴合伙人能够控制阿里巴巴集团董事会，阿里巴巴的控制权仍然由阿里巴巴的合伙人掌握着。在这样的制度下，合伙人在整个董事会中占据半数以上席位，而董事会是负责公司具体经营管理的组织，掌握董事会即能控制公司的经营权。现代公司的所有权和经营权相分离，公司的所有权是股东的，经营权是管理层的，而董事会是享有经营权的实体组织。

（一）合伙人的提名与选举

阿里巴巴合伙人每年通过提名程序向合伙委员会提名新合伙人候选人。合伙人委员会对提名进行评估后，决定是否向全体合伙人提交合伙人候选人提名。候选人需要获得至少75%的全体合伙人同意通过方能当选为新任合伙人。

有资格的合伙人候选人必须展现以下特质：

第一，拥有正直诚信等高尚个人品格。

第二，在阿里巴巴集团、阿里巴巴集团关联方及/或与阿里巴巴集团存在重大关系的特定公司（如蚂蚁集团）连续工作不少于5年。

第三，作为阿里巴巴文化的传承者，显示出持续致力于实现阿里巴巴的使命、愿景和价值观，以及与之一致的特征和行为。

作为阿里巴巴的合伙人，其职责是体现和促进实现阿里巴巴的使命、愿景和价值观，在公司内外向客户、商业合作伙伴及数字经济体的其他参与者传播阿里巴巴的使命、愿景和价值观。

（二）阿里巴巴董事提名权

阿里巴巴合伙人拥有的权利是董事的提名权。阿里巴巴合伙人会议通过控制阿里巴巴集团董事的提名权来控制阿里巴巴集团。根据阿里巴巴集团的公司章程，合伙人会议提名的董事，需要得到年度股东大会半数以上的赞同票，才能当选为董事会成员，但是如果阿里巴巴合伙人提名的候选人没有被股东选中，或选中后因任何原因离开董事会，则阿里巴巴合伙人有权指定临时过渡的董事来填补空缺，直到下届年度股东大会召开，同时能够保证董事会成员中简单多数是由阿里巴巴合伙人来提名的。也就是说，无论阿里巴巴合伙人提名的董事，股东会是否同意，阿里巴巴合伙人总能让自己人行使董事的权利。所以，在实质上，阿里巴巴合伙人已经通过控制董事提名权，实际控制了阿里巴巴半数以上的董事。

为了保障阿里巴巴合伙人会议提名董事的权利，阿里巴巴还在章程中规定，如果要修改章程中合伙人提名权的相关条款，必须在股东会上得到95%的到场股东或委托投票股东的同意。

在确定参选的阿里巴巴合伙提名的董事人选时，合伙委员会将推荐人选交由全体合伙人表决，获得合伙人简单多数投票的人选成为阿里巴巴合伙提名的董事候选人。阿里巴巴合伙提名的董事候选人可以是阿里巴巴合伙的合伙人，也可以是与阿里巴巴合伙无关联但符合董事任职条件的其他人士。

阿里巴巴的董事会目前由10名董事组成，其中5名董事由阿里巴巴合伙提名。根据其上述董事提名及委任权，阿里巴巴合伙目前有权向阿里巴巴的董事会提名或委任1名增补董事，从而使董事总人数增至11人。根据阿里巴巴与软银和Altaba签订的表决协议，在软银至少持有阿里巴巴已发行在外普通股15%的前提下，软银和Altaba同意在各年度股东大会上将其持有的股份表决支持阿里巴巴合伙提名的董事人选。

（三）合伙人委员会

阿里巴巴合伙人制度的核心是合伙人委员会，阿里巴巴的合伙人委员会由不少于5名、不多于7名合伙人组成。根据阿里巴巴2020年财政年度报告，阿里巴巴合伙人委员会目前成员包括马云、蔡崇信、张勇、彭蕾、井贤栋、王坚。合伙人委员会负责组织合伙人选举事宜，以及分配所有管理层合伙人年度现金奖金池的相关部分，其中支付给担任阿里巴巴高级管理人员、董事以及合伙人委员会成员的合伙人的任何金额，必须获得阿里巴巴董事会薪酬委员会的批准。

阿里巴巴合伙人委员会长期成员由一名或两名合伙人担任，目前为马云和蔡崇信担任合伙人委员会的长期成员。除合伙委员会长期成员外，合伙委员会成员的首届任期为5年，可以连任多届。合伙委员会成员选举每5年举行一次。合伙委员会长期成员可无须选举而留任合伙委员会，直至不再担任合伙人、退出合伙委员会，或因疾病或永久丧失行为能力而无法履行其作为合伙委员会成员的职责。继任的合伙委员会长期成员由即将退休的合伙委员会长期成员指定，或由当时在任的另一个合伙委员会长期成员指定（视情况而定）。每次选举合伙委员会成员之前，由在任合伙委员会成员提名下届合伙委员会成员候选人，候选人数等于下届合伙委员会成员人数加上3名额外的提名人选，再减去留任的合伙委员会长期成员人数。每位合伙人投票选举的提名人数量等于下届合伙委员会成员人数减去留任的合伙委员会长期成员人数。除获得票数最少的3名被提名人外，其他被提名人将入选合伙委员会。

（四）奖金池

阿里巴巴的董事会根据薪酬委员会的建议，批准阿里巴巴管理层（2020财年由超过425位成员组成）的年度现金奖金池，金额按阿里巴巴的年度经调整税前营业利润的一定百分比计算。在确定年度管理层现金奖金池总金额后，薪酬委员会首先确定分配给管理层中非合伙人成员的奖金总额比例，剩余部分作为管理层合伙人的奖金。合伙委员会将会决定管理层中所有合伙人年度现金奖金的具体分配，而支付给合伙人中担任阿里巴巴的高级管理人员、董事或合伙委员会成员的现金奖金，还需董事会薪酬委员会批准。合伙人对阿里巴巴的业务及弘扬阿里巴巴的使命、愿景和价值观做出的贡献程度，是确定其奖金分配的重要因素。经合伙委员会建议和薪酬委员会批准，分配给管理层合伙人的年度现金奖金的其中一部分可延迟支付，延迟支付部分奖金的分配由合伙委员会确定，其中支付给合伙人中担任阿里巴巴的高级管理人员、董事或合伙委员会成员的奖金分配，同样需经董事会薪酬委员会批准。参与延付部分奖金分配（从延付奖金中拨付的退休款项除外）的前提是，合伙人继续受聘于阿里巴巴、阿里巴巴的关联方及/或与阿里巴巴有重要关系的特定公司（如蚂蚁集团）。

（五）合伙人的退休和免职

阿里巴巴合伙人可选择随时从合伙退休。除长期合伙人外，所有其他合伙人必须在年满60周岁或使其有资格担任合伙人的聘用关系终止时退休。马云和蔡崇信担任长期合伙人，可持续担任合伙人，直至年满70周岁（这一年龄限制可由多数合伙人表决延长）或退休、身故、丧失行为能力或被免去合伙人职务为止。任何合伙人（包括长期合伙人在内），如果违反合伙协议中规定的标准，包括未能积极宣扬阿里巴巴的使命、愿景和价值观，或存在欺诈、严重不当行为或重大过失，可经在正式召开的合伙人会议出席的简单多数合伙人表决予以免职。与其他合伙人一样，长期合伙人必须维持下文第（八）部分所述适用于所有合伙人的持股水平。达到一定年龄和服务年限后退休的合伙人可由合伙委员会指定为荣誉退休合伙人。荣誉退休合伙人不担任合伙人，但可获得年度现金奖金延付部分的分配作为退休后款项。长期合伙人如果不再作为阿里巴巴的员工，即使仍担任合伙人，也不再有资格获得年度现金奖金池分配，但如果其担任荣誉退休合伙人，即仍可继续获得延付奖金池的分配。

（六）限制性条款

根据阿里巴巴《公司章程》，凡阿里巴巴发生控制权变更、合并或出售，就其持有的普通股而言，合伙人及阿里巴巴的其他普通股股东应当在上述交易中获得同等对价。此外，《公司章程》规定，阿里巴巴合伙不得将其董事提名权转让，或以其他方式转授或授权给任何第三方，但可选择不全面行使董事提名权。另外，《公司章程》还规定，修改阿里巴巴合伙协议中关于合伙宗旨或阿里巴巴合伙对阿里巴巴多数董事的提名或委任权的行使方式的规定，必须经过非阿里巴巴合伙委任，并且符合《纽交所上市公司手册》第303A条定义的独立董事过半数批准。

（七）阿里巴巴合伙协议的修订

根据阿里巴巴的合伙协议，除普通合伙人可进行某些行政性修订外，合伙协议的修订必须在不少于总数75%的合伙人出席的合伙人会议上，由不少于75%的参会合伙人批准。此外，与阿里巴巴合伙的宗旨或行使其董事提名或委任权方式有关的修订，须经非阿里巴巴合伙提名或委任的阿里巴巴的独立董事过半数批准。

（八）合伙人持有阿里巴巴股份的规定

每位合伙人应直接或通过其关联方持有阿里巴巴股份。阿里巴巴与每位合伙人均签订了股份保留协议。这些协议规定，成为合伙人之日起最初3年内，每位合伙人必须至少保留其在该3年期间起始日期（目前合伙人的起始日期从2014年1月到2019年1月）所持有股权的60%（含已归属和尚未归属股权奖励所对应的股份）。最初3年期间结束后，只要其仍为合伙人，则每位合伙人必须至少保留其于最初3年期间起始日期所持有股权的40%（含已归属和尚未归属股权奖励所对应的股份）。任何与股份保留协议规定的股份保留期规定不符的情形，必须经过本公司独立董事过半数批准。

（九）不同投票权的股价

阿里巴巴只有单一类别的股份，每一股份对应一份表决权。然而根据阿里巴巴的《公司章程》，阿里巴巴合伙拥有提名（或在有限情况下委任）董事会简单多数成员的专属权利。这些权利在《香港上市规则》项下被归类为不同投票权架构。因此，阿里巴巴被视为一家有不同投票权架构的公司。

三、要点解析

与“湖畔合伙人制度”具有一定相似性的是双重股权结构，阿里巴巴前期之所以放弃在香港联交所上市正是因为其“湖畔合伙人制度”被认定为“双重股权结构”，违反了“同股同权”原则，而香港资本市场对于“同股同权”原则始终坚定不移，不允许上市公司采取“双重股权结构”。

无论是“双层股权结构”还是“湖畔合伙人制度”，目的都是确保创始人团队能够始终掌握公司的控制权。两者的不同之处在于“双层股权结构”是通过股权层面对投票权进行不平等安排，将普通股划分为不同级别，由创始人始终持有高投票权的股份，最终实现“以小博大”维持公司控制权稳定的目的。然而，“湖畔合伙人制度”与“双重股权结构”的不同之处就在于其并未在表面上违反“同股同权”这一原则，对于公司的控制权问题并非通过股权层面的手段实现，而是通过公司章程赋予“合伙人”董事提名权并由股东大会选举通过的方式确保掌握公司的控制权。“湖畔合伙人制度”是运用“提名权”的自由安排最终达到控制公司的目的。

四、借鉴意义

（一）对“同股同权”原则的巧妙补充，实现创始人团队的控制权

我国《公司法》对股份公司表决权强制性规定了一份股票只能拥有一份表

决权。[1] 但现代公司的发展需求以及各国资本市场的实践表明：只要资本市场能够做到应有的透明，交易行为正常，有不同级别股份的发行，不仅不会损害股东利益，反而能够增加市场的选择。[2]

1. 互联网行业的独特性需要创始人团队拥有控制权

对于互联网行业而言，融资模式已经非常透明——创始人运营和发展项目，投资人给予资金。这种合作模式在互联网行业占据绝对的主导地位。双方的关注点虽然都是如何使企业更快更好发展，但是各自的侧重点又有所区别。创始人最关心的是在将项目推向市场，让项目长久运行、获得收益的同时，项目的目的是否达到，以及实现个人价值；而投资人最为关注的实际上只是其能够从项目中取得多少收益，可能因投资于项目而承担多大风险。与上述分析紧密相关的是，互联网项目要求经营者具有足够的市场敏锐度并赋予产品足够的个性，对企业文化的要求远远比传统行业高。这不仅仅是创始人团队的要求，也是投资人的要求。创始人作为企业的发起人，也是最了解企业和项目本身的一方，其拥有企业的控制权能够最大限度地保证企业和项目的良好运作，能够更好地满足各方需求，这也是投资人甘于不以股权干涉经营的重大原因。

2. 对“同股同权”原则的巧妙补充，实现期望的公司治理模式

在我国现行立法下，既要遵守“同股同权”原则，又要让持股比例小的创始人团队保持对公司的控制，就只能通过董事会的层面来控制公司——通过对“提名权”的控制，实现控制董事人选的目的，从而进一步控制公司的发展。“湖畔合伙人制度”这种在公司自治框架内的创新之举确实为新兴互联网公司的公司治理提供了一个标杆——运用公司自治，成功实现控制权与所有权合理分离，由创始人团队掌控公司，获得更大决策权，股东按股份比例享受收益。

（二）企业特征和股东需求的真实反映，促进企业融资与活跃资本市场

1. 满足互联网企业的融资需求，促进企业融资

“湖畔合伙人制度”模式对于互联网公司的壮大和发展有着十分积极的意义。互联网行业入门门槛低，但是发展成本高，投资量大。互联网企业的长足

---

① 上交所科创板允许同股不同权的公司上市。

② 世界上，对于同股不同权大体存在两种模式：一种仅允许公司发行在财产权利上有差别的股票，对于表决权的限制须以其享有财产上的优先权为交换对价，否则，投票权一律平等。这种模式以德国、日本为代表。另一种允许公司发行存在差别权利（如表决权、剩余财产分配权或者分红权）的股票，但须在公开文件中明示此类差别。采取这种模式的国家有英国、美国、加拿大等。

发展必然要和融资结合起来。在我国《公司法》要求“同股同权”的制度背景下，如何在融资后仍然能保有对公司的控制权是互联网企业发展过程中的重要问题。“湖畔合伙人制度”模式能够充分满足互联网公司的特别需求——在掌握控制权的基础上，又能得到企业赖以发展的资金。这一模式将会大力促进企业融资，进一步拓宽企业的融资渠道，为企业的资金融通提供新的思路。

2. 满足不同股东需求，活跃资本市场

对于现代公司而言，不同股东的投资目的越来越明确。特别是对于互联网公司而言，许多投资人将资金投入互联网公司的目的就是获得收益，而并不关心公司的经营，投资公司与二级市场的股民就是非常典型的代表，他们会因各自的判断而决定长期持有或者低买高卖。

在我国现行《公司法》框架下，股份公司的自治空间小，尤其是针对国内的上市公司而言，投资者的不同偏好很难从公司的治理模式上进行选择，更多的是对业绩与行业的选择。像阿里巴巴集团这样对董事提名权有特殊安排的上市公司，股民完全可以通过公平的交易平台竞价机制自由选择是否要投资此类股票，而阿里巴巴也能在不失去控制权的情况下筹得资金，这对于投资者以及采用“湖畔合伙人制度”模式的公司都是有利的，能够形成一种双赢的局面。这种创新的公司治理模式，不仅在法律层面上能够得到承认，还能在资本市场上满足不同人的需求，无疑是一种睿智巧妙的设计。

阿里巴巴的“湖畔合伙人制度”是在不违背《公司法》“同股同权”的前提下，通过对“提名权”的自由安排，创新性地赋予合伙人“提名权”，让“合伙人”能够安排自己信赖的董事，再通过董事会取得对公司的控制权的巧妙灵活的制度设计。同时，由于“合伙人”具有流动性，公司员工也能够有机会参与其中，企业从而可以调动员工的积极性，并借此保持公司价值观的延续。

第四节　海尔股权激励方案

一、背景介绍

1984 年，海尔在青岛正式挂牌成立。从一开始几乎面临倒闭的小厂到如今全球大型家电第一品牌，海尔可谓家电界的传奇。根据欧睿国际公布的全球大型家电品牌零售量的数据，自 2009 年以来海尔公司的大型家电品牌销量占有国际市场的份额数十次获得全球第一的殊荣。除此之外，海尔公司的冰箱、洗衣机、冷柜等品牌产品销量也蝉联全球第一，并且远远超过第二名的市场份额占比。2019 年 6 月，公司名称由“青岛海尔股份有限公司”正式变更为“海尔智家股份有限公司”。并且，在近些年来，海尔致力于推进 5G 技术，促进智慧家电的发展，推动消费持续升级。截至 2022 年初，海尔在世界范围内拥有了超过 10 + N生态体系，汇集了100 万 + 全球一流资源，拥有 20 多家国家级科创平台，全球研发人员超 2 万名，实现了研发布局、人才、投入等多维度的行业引领。

海尔除了在我们熟知的冰箱、洗衣机等产品生产经营方面是业内代表外，还有另一个值得我们关注的新兴领域——在智能家居集成以及数字化技术方面海尔也是行业佼佼者。1993 年 11 月 19 日，海尔在上海证交所正式上市，股票命名为“青岛海尔”，代码为 600690。在 2019 年，股票正式变更为“海尔智家”，代码维持不变。自 1984 年公司成立至今，海尔已历经了名牌、多元化、国际化、全球化以及网络化五个战略阶段。在第一阶段海尔建立了冰箱第一品牌，在第二战略阶段则打造出家电第一品牌，并在国际化战略发展阶段，将海尔发展成为国际知名品牌，而在第四阶段，成功迈入世界四大白色家电制造商的行列。如今海尔正处于生态品牌战略阶段，其产业目前也已经扩散至大量生态领域。创业创新是海尔坚持的企业文化宗旨，多年来海尔坚持“人单合一”模式，给所有人创造机会，旨在激励员工要兼备创业和创新精神，并合理运用资源去实现目标，最终实现整个生态系统的共赢。

2021 年 3 月 5 日，为实施股权激励或员工持股计划，海尔公告宣布将以自有资金 20 亿元至 40 亿元通过集中竞价交易方式回购公司 A 股股份，回购价格不超过 46 元/股。7 月 29 日，海尔正式公告使用 A 股股票期权实施 5 年期的股权激励计划；9 月 16 日，海尔进行了股票期权的首次授权，其中授权日为 9 月 15 日，首次授予数量为 4600 万份，首次授予人数为 400 人，首次行权价格为人民币 25.63 元/股。

实际上，2021 年 5 月海尔就曾披露员工持股计划——“A + H 股员工持股计划”，即从激励基金中拿出近 8 亿元回购公司股份，奖励包括董事、监事、高管、公司及子公司核心技术（义务）人员等在内的员工，其中 A 股持股计划员工不超过 1599 人，H 股持股计划不超过 35 人。12 名董监高人员将分得 5091 万元，占持股计划的比例为 7.19%；其余 1587 人持有份额为 6.57 亿元，占比

92.81%。而9月实施的股权激励计划人员显然是对员工持股计划的具体落实，此次（9月）实施的股权激励计划的激励对象更加聚焦，为对公司整体业绩和长期发展具有重要作用的核心人员，涵盖激励对象400人，包括董监高10人以及其他管理人员及核心技术（业务）骨干390人；激励周期更长，将进行5年到6年的长期利益的深度绑定；考核指标也更具有挑战性。

海尔表示，公司实施员工持股计划有利于进一步完善公司的薪酬激励体系，健全公司激励、约束机制；支持一流人力资源的开放平台，能更好地吸引创业团队、激励公司经营管理骨干、核心技术（业务）人才以及公司所需的其他关键人才，从而更好地促进公司发展。对于海尔第五次股权激励计划，相关证券业内人士指出①：海尔的本次股权激励计划是公司沿着治理架构改革之路前进的重要一步，将实现公司员工利益一致，进一步完善公司基本面，海尔可以通过建立多层次立体化的激励生态稳固高层管理人员及员工核心骨干，激励员工创新创造的同时，有力保障品牌战略成果，推动公司实现有质量可持续增长。另外，海尔也可借此次期权计划的业绩考核目标给予市场更加清晰的业绩指引，释放出公司对自身长期发展充满信心的信号，提升市场信心。在近些年来海尔旗下卡萨帝、三翼鸟等高端品牌、场景品牌和生态品牌三级品牌战略升级不断深入推进、海尔需要战略定力更加聚焦，以及管理层更坚定的投入来保障品牌战略落地，这就需要与之匹配的员工激励计划来进行督促。

值得一提的是，海尔已经分别于2009年5月12日、2011年1月13日、2012年5月3日、2014年4月11日实施过4次股权激励，激励方式同样是向核心员工授予股票期权。前三期使用的都是股票期权这种单一的模式，而第四期股权激励方案则是运用了股票期权与限制性股票模式相结合的复合型股权激励形式。

二、方案架构

海尔首期股权激励方案在2009年10月正式实施。首期所授予的股票数量是1771万份，占海尔股本总数的1.323%。首期激励对象共有42人，其中高管人员占34.07%；行权价拟定为10.88元，行权的有效期是自股票期权授权日起5年，行权期数总共是4期；将2008年经审计后的净利润作为考核指标基数，其中第一期行权的条件为，前一年度ROE大于等于10%，2009年度经审计后

---

① 《从员工持股计划到长期股权激励计划，海尔智家如此布局为哪般?》，载财经传媒 https://baijiahao.baidu.com/s?id=1706937560031353345&wfr=spider&for=pc。

利润增长率大于等于 18%。

海尔第二期股权激励方案于 2010 年 12 月实施，本次授予股票数量为 1080 万份，占比股本总数 0.807%，激励对象包括董事、高管以及核心技术人员在内，共 81 人，其中高级管理人员占 29.26%。本次行权价格是 22.31 元/股。自授权日起 4 年为此次股权激励的有效期。行权条件包括：自 2009 年经审计后的净利润作为考核指标数，之后每年度经审计后的净利润增长率大于等于 18%。

海尔第三期股权激励在 2012 年 6 月开始实施。根据海尔发布的第三期股权激励计划，本次计划拟定授予的股票数量总共是 2600 万份，为股本总数的 0.97%。激励对象为 222 名，行权价格定为 11.36 元/股，本次的有效期是从授予日起 3 年，行权期则是两期。行权条件有两点：第一，每个行权期前一年度 ROE 大于等于 10%；第二，2011 年度经审计后的净利润增长率大于等于 18%。

海尔第四期股权激励在 2014 年开始实施，第四期股权激励计划不同于前三期的单一模式，采用了股票期权和限制性股票叠加的复合型模式。并且激励对象的范围变广，不仅包括高管人员，还增加了公司核心技术人员。根据海尔发布的第四期股权激励计划，本次计划拟定授予的股票期权数量是 4563 万份，授予价格为 16.63 元/股；限制性股票是 679 万股，授予价格为 7.73 元/股。激励对象为 430 名，其中高管占比 8.7%。本次的有效期是从授予日起 4 年，行权期是两期，每期行权数量受到一定的限制。首期授予行权条件：第一个行权期的行权条件为前一年度 ROE 大于等于 20%，2014 年度经审计的净利润较 2013 年度的年复合增长率大于等于 15%。第二个行权期的行权条件为前一年度 ROE 大于等于 20%，2015 年度经审计的净利润较 2013 年度的年复合增长率大于等于 15%。预留部分行权条件为：第一个行权期的行权条件为前一年度 ROE 大于等于 20%，2015 年度经审计的净利润较 2013 年度的年复合增长率大于等于 15%；第二个行权期的行权条件为前一年度 ROE 大于等于 20%，2016 年度经审计的净利润较 2013 年度的年复合增长率大于等于 15%。

海尔最近一次实施的股权激励计划（即 2021 年实施的第五次股权激励计划），其具体实施方式可以看作一种典型的上市公司股票期权激励。具体如下：

1. 股票来源：由公司向激励对象定向发行公司 A 股普通股。

2. 有效期：股票期权的有效期自首次授权日起至激励对象有权获得的所有股票期权全部行权或取消之日止，最长不超过 72 个月。

3. 行权安排：首次授予的股票期权在首次授权日起满 12 个月后，满足行权条件的，激励对象可以在未来分五期行权，每期可行权数量占总量的20%。

4. 业绩考核指标：以2020年业绩为基期，2021年经调整归母净利润额增长30%，2022年较2021年增长15%（含）以上，2023年、2024年、2025年较2021年的年复合增长15%（含）以上。

三、要点解析

在设置股权激励方案时，选择合适的激励对象非常重要。海尔公司在确定激励对象的范围时，有公司的高层管理人员，以及公司核心技术研发人员。海尔在进行首期股权激励时并不包含公司核心技术人员，但是在之后的四期方案实施过程中，激励对象都包括公司管理层与核心技术人员。现代企业保持活力和竞争力的关键在于创新，只有通过不断创新，才能推动公司产品和服务不断进步，企业才能在市场竞争中占据优势地位。而创新则需要依靠公司的核心技术成员。因此，海尔激励范围的变广体现了海尔意识到科技创新对于公司发展的重要程度，希望通过股权激励的方式达到挽留核心技术人员、提升公司创新能力的目的，以提升公司价值和企业竞争力。对于管理层以及技术人员来讲，这样的激励可以说是对于他们工作的认可，可以较大程度地激发他们在工作当中充分发挥个人主动性，站在公司的角度来看，这样的激励能够留住公司的核心人才，公司发展离不开人才的支持和保障。

另外，对比这五次股权激励方案，可以看出，激励对象的数量在不断地增多，这使得公司的很多员工都能够享受公司发展创造的红利，体现出了股权激励的作用，使员工对公司更加认可和忠诚，使员工个人的目标与公司发展的战略目标保持同步，鼓励员工和公司的同步发展，以此能够促进公司不断健康进步。这对于公司的长期发展是极其重要的，也增强了员工对于企业发展的信心，从而使得企业产生向心力、凝聚力，有利于公司人员结构的稳定性。

如上所述，海尔最近一期的股权激励计划是在A股上市公司监管规则的框架内实施的，而其中用于员工激励的股票来自公司以自有资金通过集中竞价交易方式回购A股股份。这一方式运用充分考虑到了公司现金流和股票发行的实际情况，也迎合了包括证监会、财政部、国资委于2018年11月9日联合发布的《关于支持上市公司回购股份的意见》等政策导向，通过回购股份实施员工激励。

就海尔2021年度实施的股权激励计划，海尔“2021—2025年股权激励计划”方案显示：本期股权激励5年期的业绩考核指标以2020年业绩为基期，2021年经调整归母净利润额增长30%，2022年较2021年增长15%（含）以上，2023年、2024年、2025年较2021年的年复合增长15%（含）以上（如前所述）。不得不说，这是一个极具竞争力和考验性的目标。根据欧睿数据预测，预计2020—2024年全球家电整体零售额复合增长率约为5.8%，而本次海尔的考核指标是近3倍的行业增长，海尔的董事、监事、高管以及核心技术成员要想拿到股票期权的奖励，着实要下一番功夫。那么，结合现行全球家电整体零售额的分析数据来看，海尔所制定的“年复合增长达到15%及以上”的业绩考核目标是否过高？其实不然，有相关业内人士分析指出，结合海尔的实际经营情况来看，公司制定的考核目标是较为合理的，具有可实现性。且从海尔一向比较稳健的行事风格来看，未来的业绩也许会高于这一个目标，并且海尔智家在全球化、智能化、渠道扁平化、高端化的战略布局深远。卡萨帝品牌顺应高品质生活趋势，近年来保持持续高增长的态势，而随着卡萨帝的产品阵容向成套家电拓展以及品牌运营日臻完善，未来市场空间值得期待；全球化方面，经过20多年海外市场自主品牌战略的落地实施，海尔已经打开高盈利通道。相关数据显示，在市场份额上，海尔在海外主流区域已经进入第一梯队：在北美、拉美、澳大利亚进入前三席，在东南亚进入前四，在欧洲、日本、中东非已经占据前五，未来潜力不可小觑。2020年9月，海尔抓住物联网时代风口，发布了全球首个场景品牌三翼鸟，开辟了“卖场景”的新赛道，目前三翼鸟已经迭代1000余种场景方案、200余种服务、全场景累计服务1.83亿家庭，相信随着物联网深入发展，有望成为拉动海尔营收业绩的强力引擎。此外，随着海尔品牌长板价值的逐渐释放、干衣机、洗碗机等不断涌现的新品类创造了新的业务增长点，而随着未来持续加大对创新产品的投放力度，这些新产品有望实现持续高增长。①

四、借鉴意义

第一，根据海尔发布的公告，公司根据2020年度的股东大会已批准的利润分配方案将向股东进行派息，而由于这一派息安排对首次行权价格进行了调整。这一调整机制在公司的股权激励计划（草案）中明确规定。事实上，在确定行

① 《从员工持股计划到长期股权激励计划，海尔智家如此布局为哪般?》，载财经传媒 https：//baijiahao. baidu. com/s? id = 1706937560031353345&wfr = spider&for = pc。

权价格时，除了前述事先规定的调整机制外，海尔还在授权日采用布莱克—斯科尔期权定价模型（Black - Scholes Model）确定股票期权在授权日的公允价值。

海尔在其股权激励计划中事先进行了行权价格调整机制，这不仅是为确保股权激励计划实施的合法合规性，同时也为计划的实施增加了灵活性和实操性。同时根据海尔发布的公告，对于授予的存在活跃市场的期权等权益工具，按照活跃市场中的报价确定其公允价值。对于授予的不存在活跃市场的期权等权益工具，采用期权定价模型等确定其公允价值，选用的期权定价模型至少应当考虑以下几个方面：（1）期权的行权价格；（2）期权的有效期；（3）标的股票的现行价格；（4）股价预计波动率；（5）股份的预计股利；（6）期权有效期内的无风险利率。在实际实施股权激励时，亦可借鉴上述方式来确认股票期权的行权价格。

第二，从海尔历次实施的股权激励计划中可以看到，公司使用的激励手段均是股票期权，行权方式也较为类似（均为满足一定条件后，分期行权），而前四次股权激励与其最近一次实施的股权激励最大的区别在于，前四次股权激励的业务考核相对简单，即业绩考核指标为扣除非经常性损益后的加权平均净资产收益率（ROE）和利润增长率，这一指标能够反映企业上一年度的经营情况。在最近一次实施的股权激励计划中，海尔显然弥补了这一业绩考核指标可能带来的问题，将业绩考核设置为 5 年期，且考核方式更为复杂，从而更紧密地绑定核心员工，激发员工的工作积极性，促进企业的长远发展。

第三，海尔第五期股权激励计划业绩考核目标的制定充分结合海尔目前的发展状况。与“欧睿数据预计 2020—2024 年全球家电整体零售额复合增长率约为 5.8%”相比，海尔“年复合增长达到 15% 及以上”的考核目标似乎过高，加之目前新冠肺炎疫情对于经济的冲击，初看时难免会让人担忧：近 3 倍的行业增长的考核指标设定能否实现？但是伴随着近年来卡萨帝、三翼鸟等高端品牌、场景品牌和生态品牌三级品牌战略升级不断深入推进，海尔构建起了广阔的发展空间，未来的发展潜力不可小觑，因此此次考核目标的制定也是海尔结合企业自身目前发展状况，进一步推动新产品新品牌的升级、扩大自身市场影响力的一次冲锋。在海尔本身发展势头强劲的状态下，超过行业增长近 3 倍的“年复合增长达到 15% 及以上”的考核目标并不是不可以实现。众所周知，设置股权激励制度的目的并非仅仅是给被激励对象发放福利，而是使得被激励对象能够更高效地完成公司的任务指标，获得员工与公司共同成长的双赢结果。

海尔业绩考核指标的制定并未局限于行业增长率，否则可能会由于业绩目标过于轻易达成，而造成员工的消极懈怠心理，无法达到应有的业绩提升等激励效应，造成企业运行效率低下，不利于企业的发展。与此相对应，股权激励业绩考核条件亦不能过于严格，不符合现实情境，否则会导致激励扭曲，造成业绩考核指标成为一个口号，严重的还会造成人员流失，导致企业丧失凝聚力。海尔在制定业绩考核目标时，充分考虑了自身的市场地位，考虑到目前企业的产品竞争力和发展前景，结合企业的发展战略定位，制定了符合企业目前发展状况和特点的业绩考核目标，这一点亦具有借鉴意义：企业在制定绩效考核目标时，要充分考虑自身情况和战略定位，结合行业市场的发展状况，制定出符合企业实际状况的绩效考核目标。

第五节　海康威视股权激励方案

一、背景介绍

海康威视成立于2001年11月，注册资金40.16亿元，是中国领先的监控产品供应商，致力于不断提升视频处理技术和视频分析技术，是一家面向全球提供领先的监控产品、技术解决方案与专业优质服务的高新技术企业。2013年，海康威视已名列全球安防50强第4位，中国第1位。

海康威视股权激励方案分为两个阶段：第一阶段，2010年，海康威视在深圳A股上市，但是随着市场竞争的不断加剧，海康威视员工年人均工资与行业内竞争对手年人均工资对比已处于劣势，因此海康威视选择了发放限制性股票的方式激励员工。海康威视之所以没有选择在创业期就分配股权是因为在那个时间点，不确定因素较多，公司经营尚未步入正轨。但在2012年公司经营进入稳定的跑道急需快速发展之时，为保障人才的市场竞争力，海康威视以发放限制性股票的模式启动了一轮长期股权激励，选择在这个阶段实施股权激励，一方面体现了公司对创业团队的奖励，另一方面也是为了增强员工的事业拥有感，有助于企业下一阶段目标的实现。第二阶段，作为对股权激励的补充，为了顺应市场经济的发展和与员工的双向选择，2015年海康威视发布了《核心员工跟投创新业务管理办法》。

二、方案架构

（一）第一阶段：限制性股票

自2012年开始，海康威视每两年实施一期股权激励，截至目前已经实施了四期计划。从海康威视信息披露的数据中可以发现，公司以阶段性经营业绩作为股权承诺的兑现条件，采用了兼具激励性和绑定性的限制性股票作为激励工具，这样的做法能够充分激发核心创业团队的创业热情。海康威视的四期股权激励方案具有共性但又不完全相同，每一期的股权激励方案都根据公司的现实情况及该期股权激励计划的主要目的进行适当调整和优化以适应公司的实际经营情况和发展需求。后文将通过分析2012年海康威视股权激励的方案架构解读海康威视股权激励的特点，海康威视每期股权激励计划的具体情况详见表8－1。

表8－1　海康威视四期股权激励方案

期数	第一期	第二期	第三期	第四期
公告日	2012年7月25日	2014年9月30日	2016年12月7日	2018年12月4日
激励人数	590人	1134人	2936人	6514人
授予数量	861万股 （占比约0.43%）	约5332万股 （占比约1.32%）	约53336万股 （占比约0.86%）	约13196万股 （占比约1.43%）
时间安排	2+3模式， 匀速解锁	2+3模式，解锁比例为40%、30%、30%		
授予价格	10.65元/股	9.25元/股	12.63元/股	16.98元/股
授予时 考核指标	净资产收益率≥15%； 复合营收增长率≥30%	净资产收益率≥20%； 复合营收增长率≥30%且为正	净资产收益率≥20%； 复合营收增长率≥20%且为正	净资产收益率≥20%； 复合营收增长率≥20%
解锁时 考核指标	净资产收益率分别≥15%、16%、17%； 复合营收增长率均≥30%	净资产收益率均≥20%； 复合营收增长率分别≥35%、30%、26%	净资产收益率均≥20%； 复合营收增长率分别≥25%、23%、21%； ΔEVA为正且解锁时的EVA均高于授予时	净资产收益率均≥20%； ΔEVA为正且解锁时的EVA均高于授予时

1. 授予情况和激励对象

2012 年海康威视以 10.65 元/股的价格授予 861 万股限制性股票，约占到总股本的 0.43%。

该期共有 590 名员工被授予限制性股票，占全体员工人数的 9.2%。此后每隔两年海康威视的股权激励员工规模呈翻倍式的增长，2018 年第四期股权激励计划的激励对象已经高达 6514 人，达到员工总数的 24.7%。海康威视股权激励计划第一期员工覆盖的规模只涵盖高级管理人员、中层以及核心管理人员，激励对象的范围相对较小。

2. 行权价格

海康威视的股票激励行权价格依据以下价格中较高者确定：

（1）股票期权激励计划草案摘要公布前一个交易日的海康威视股票收盘价。

（2）股票期权激励计划草案摘要公布前 30 个交易日内海康威视股票平均收盘价。

3. 锁定期

海康威视股权激励计划规定的锁定期为自限制性股票授予日起的 24 个月。在锁定期内，激励对象所获授的限制性股票被锁定，不得转让，锁定期后限制性股票开始分批解锁。在解锁期间，若达到解锁条件，授予的限制性股票分 3 次解锁，分别为授予日 24 个月后至 36 个月内、授予日 36 个月后至 48 个月内、授予日 48 个月后至 60 个月内，任何一年未达到解锁条件的，此部分标的股票作废，由公司按授予价格购回。

4. 授予条件

海康威视对于股权激励的授予条件作出了如下规定：

（1）授予时点前一财务年度公司净资产收益率不低于以下三者之高者：①授予时点前一财务年度公司净资产收益率不低于 15%；②同行业标杆公司前一年度水平的 50 分位；③同行业标杆公司前三年度平均水平的 50 分位。

（2）授予时点前一财务年度公司营业收入增长率不低于以下二者之高者：①授予时点前一财务年度公司营业收入增长率不低于 30%；②同行业标杆公司前三年度复合增长率的 50 分位。

5. 行权条件

（1）公司层面需达到的条件

限制性股票解锁前一个财务年度，公司净资产收益率在各批次解锁时需达成以下条件：第一次解锁：解锁时点前一年度净资产收益率不低于15%，且不低于标杆公司前一年度75分位水平。第二次解锁：解锁时点前一年度净资产收益率不低于16%，且不低于标杆公司前一年度75分位水平。第三次解锁：解锁日时点前一年度净资产收益率不低于17%，且不低于标杆公司前一年度75分位水平。

限制性股票解锁前一个财务年度，公司营业收入增长率在各批次均需达成以下条件：解锁时点前一年度相比授予时点前一年度的复合营业收入增长率不低于30%，且不低于标杆公司同期75分位增长率水平。

（2）员工层面需达到的条件

限制性股票解锁前一个财务年度，激励对象个人绩效考核结果为优秀或良好，实际解锁股数为该批次可解锁股数的100%；激励对象个人绩效考核结果为合格，实际解锁股数为该批次可解锁股数的95%；激励对象个人绩效考核结果为需改进，实际解锁股数为该批次可解锁股数的0%。

（二）第二阶段：跟投机制

海康威视作为高科技企业，创新是其发展的根本。随着企业规模的逐步稳定扩大，业务范围持续增广，如何保障企业持续的创造力和创新性就成为了企业发展的关键之所在。

为了解决上述问题，海康威视针对新业务的孵化，于2015年发布了《核心员工跟投创新业务管理办法》，确立了创新业务跟投机制，搭建内部孵化平台，鼓励创新、激励创造。海康威视已经成立多家创新业务子公司，跟投员工通过认购中建投信托成立的资产管理计划份额间接持有跟投平台的合伙份额，进而持有创新业务子公司的股权。

海康威视推出的跟投计划原则可以总结为“六四股比、两类计划、出资双选、动态优化、五年锁定”。具体来说，海康威视成立的创新业务子公司的股权比例按照海康威视持股60%、跟投平台持股40%分配。根据海康威视已经成立的8家创新业务子公司的股权状态来看，除了两家未公开股权比例的公司外，其余六家均严格按照“六四股比”的原则持股。“两类计划”指的是员工跟投平台根据适用对象不同将跟投业务进行分类，称为A计划和B计划：A计划指强制跟投各类创新业务，适用对象为公司及其全资子公司、创新业务公司的中高管理层和核心骨干员工，以提供高度的利益绑定；B计划指参与跟投某一特定的创新业务，适用于创新业务子公司的核心员工，旨在进一步激发员工的创新意识与拼搏精神。公司与员工双方基于双向选择形成跟投团队与被投子公司，实现“出资双选”的格局。跟投原则中的“动态优化”体现在跟投平台会将每年的增资部分重新分配给所有的核心员工，跟投平台的员工持股比例也会因此进行更新和调整，表现优秀者在股权份额上可以实现后来居上。员工参与的所有跟投项目都具有 5 年的锁定期。

与此同时，在激励模式上，海康威视还根据跟投员工是否实际出资进行进一步区分：出资跟投是指经公司认可的核心员工（主要针对高级别的关键人才），通过跟投平台投资创新业务子公司并拥有相应的股权份额；非出资跟投是在未缴纳出资的情况下，平台指定主体将跟投平台的股权增值权授予员工（相当于虚拟股权激励），从而将跟投方案覆盖到更多员工，均衡公司的价值分配体系。

三、要点解析

（一）第一阶段：限制性股票

海康威视采用的是限制性股票的模式，在该模式中上市公司按照预先确定的条件授予激励对象一定数量的本公司股票，激励对象只有在工作年限或业绩目标达到股权激励计划规定的条件后，才可出售限制性股票并从中获益。限制性股票指向明确，一旦授予，一般情况下即可享受对应的分红收益和增值收益，激励效果明显。同时，海康威视采用了常态化的股权激励方式，每两年实施一次股权激励的做法也有利于该激励制度以固定的频率发挥长期的效果，后文将从股权激励频率、范围、力度、跟投计划四个方面对海康威视的股权激励要点进行解读。

1. 股权激励频率

每两年发一期，每期分三次解锁，第一次锁定期为 2 年，这样的方式绑定作用显著且持续，所有的激励对象每年都持有正在解锁的股票和尚未解锁的股票，老员工因其手中所持有的股票而不愿离开公司，新员工也能够在比较短的周期内就能有机会被纳入股权激励的范围之内。海康威视采用的此种股权激励频率使得公司老员工的忠诚度不会随着公司的发展逐渐降低，同时也能达到持续吸引有能力的新员工加入公司队伍的目的，激发公司的生机和活力。

2. 股权激励范围

海康威视股权激励计划的员工覆盖规模随着时间的推进愈加广泛，从最开始只涵盖高级管理人员、中层以及核心管理人员到后来逐步增加基层管理人员、核心技术和骨干员工等各层级各岗位的员工作为激励对象，海康威视的股权激励正逐步将股权这种稀缺资源通过“常态化”的方式将其作用发挥到极致。并且，根据海康威视的股权激励计划，只要激励对象能够达到要求，则每期都可参与。从各期披露的名单来看，不少员工每期都有参与到股权激励计划中来。从长远来看，海康威视的员工通过公司实施的覆盖面极广的股权激励计划，能够对于自身在公司长期工作创造个人价值形成稳定的激励预期。这非常有利于公司员工队伍的稳定和持续发展。

3. 股权激励力度

海康威视的激励力度适中，股权激励定位为薪酬的一项组成部分。从海康威视发布的四期激励计划来看，每期授予股权都在1%左右，涉及人员数量较多，占公司总额人数10%—25%。力度上，以2018年最新发布的这期为例，高管的保守激励力度（不考虑股票溢价）是211万元，根据其年报披露，高管年薪在200万元左右，每两年实施一次股权激励计划，力度其实并不大，其实质是薪酬的补充。

（二）第二阶段：跟投机制

海康威视的跟投模式实现了员工与企业风险利益的高度统一。风险上，在绝大多数情形下，跟投机制需要跟投者实际履行出资且金额不小；利益上，跟投员工对于其所跟投的项目有足够强的收益预期。因为跟投形成的股权是一项长期资产，并且将会伴随企业的发展而不断增值，所以不仅能够给予员工很强的激励信号，也能够有效保证被激励人员与企业目标的统一一致。

不得不提的是，海康威视的跟投机制可以说是在国企改革背景下的一种创新，海康威视跟投机制具有如下特色：

1. 海康威视作为国有资本，必须为控股一方，海康威视是所有创新业务子公司控股股东；

2. 坚持风险与收益相一致的原则，跟投制度仅适用于创新业务，创新业务有风险，才可采取跟投制度；

3. 要求稳妥有序地发展，允许“上持下”，但同时为稳妥起见，要求海康威视跟投人员需强制跟投所有创新业务；

4. 设置严格的参与人员标准，参与人员必须为对业务发展有关的人员；

5. 强调收益与公司发展密切关联，对退出机制与退出价格进行了严谨的设计。

四、借鉴意义

通过本节的分析，我们可以发现海康威视的激励机制之所以能够发挥如此积极显著的效果，最重要的因素在于公司将激励与每阶段业务发展诉求和人才激励诉求紧密结合，而没有生搬硬套常见的激励模式，这也是每家企业在设计激励机制时需要考虑的根本出发点。

海康威视在采用限制性股票作为激励方式时，对于行权条件的设置比其他方式要求更高，在实施激励计划过程中，选择合理的行权条件是尤其重要的。如果行权条件设置得太高，激励对象很容易丧失积极性与信心，但是如果行权条件设置得太低，使其太容易实现，又会影响激励效果。海康威视的限制性股票激励计划能够取得成功的一个重要原因就是设置了合理的行权条件。海康威视在设置行权条件时，考虑了安防行业背景、公司的历史业绩和未来行业的发展预测，并且根据自身企业发展的阶段与实际情况制定了合理的行权条件，这样既能调动员工的积极性又能把企业与员工的利益很好地结合起来，保证限制性股票激励计划的有效性。同时，海康威视海还制定了明确的退出机制，保障跟投的可持续，对风险进行有效控制，确保人员流动带来的股权流转得到有效处置，使得有限的股权资源能够持续运用于核心人才的激励。

但是，海康威视的激励方案同样存在缺陷。在其限制性股票激励方案中，公司设置的授予条件与解锁条件都是单一的财务指标，而未能建立全面的考核体系，这样容易导致经营者在管理中为了追求自身利益最大化而做出损害企业利益的行为，这些行为会大大影响公司实施限制性股票激励计划的效果。因此，公司在设计方案选择业绩考核指标时，应该注重业绩考核指标体系的全面性，多方面评估公司的发展；在设置授予条件与解锁条件时，可以在业绩评价体系中加入非财务指标以及市场指标，全面衡量企业的业绩。同时，经济增加值等非财务指标也可以成为股权激励授予及解锁的条件之一。企业在设计股权激励制度时应当更多地关注企业可持续发展的指标，增加业绩考核的全面性。

海康威视采用的跟投机制对于国有科技型企业而言还有更进一步的借鉴意义。首先，分层激励安排有利于责权利对等地精准激发动力。在公司层面重点激励经营团队和技术队伍、子公司高层，通过强制跟投各类创新业务，确保海康威视核心员工与公司创新业务牢牢捆绑；在创新业务子公司层面推进子公司员工持股和项目跟投，将激励对象和经营责任挂钩，使经营成果与团队投入相匹配，进一步激发创新业务子公司员工的创造性和拼搏精神，充分调动员工积极性。其次，中长期激励约束工具组合更有利于企业战略目标的实现。激励工具不仅能够对员工的过往贡献作出回应，更重要的价值在于激励员工为企业的未来进行更持续的奋斗。海康威视通过明确激励解锁条件，辅以个人绩效约束，引导员工关注企业的外部竞争、积极投身于关乎未来发展的创新性业务。最后，国有企业应用好、用足相关政策。海康威视进行了多种中长期激励措施组合的方式，针对高管、中层、核心业务与技术骨干等不同群体，建立起风险共担、利益共享的中长期激励机制，离不开国家政策与监管层面的支持与授权。随着我国国企改革的深入，国企探索机制创新的空间也将越来越大，国企应充分利用国家政策，建立更具市场竞争力的激励约束机制。最后，通过员工跟投机制“上持下”，可解决国企员工身份的问题，即上级公司员工可不用到业务公司任职即可享受子公司新业务的红利。

海康威视的发展经历了起步期、成长期、成熟期和再生期，并且在每一个阶段都能够将激励与该阶段业务发展的诉求和人才激励的诉求紧密结合，充分运用股权激励这一工具，将作用最大化。海康威视这一发展的整体思路和经验也是值得处于不同阶段的各企业学习和效仿的。首先，对于尚处于起步期的企业而言，在公司创业的初期就要给股权激励留下足够的成长和未来的使用空间，海康威视在保有控制权的基础上最大限度地留出了49%的股权，为后续的激励制度奠定了坚实的基础。其次，对于处于成长期的企业而言，在进入高速成长的阶段，分阶段、大面积地推动核心人员的长期激励是企业应当关注的重点，只有与更多的优秀人才为伍、为企业不断注入新鲜血液才能保证企业能够持续坚定地一路向前发展。再次，对于已经处于成熟期的企业而言，如果已经踏入资本市场并且手持股票这一工具，那么最重要的就是充分利用资本市场上包括限制性股票在内的激励手段，凭借资本市场的力量，充分发挥股权激励的优势。最后，对于已经处于再生期的公司而言，由于公司已经发展到了一定阶段，公司规模已经足够大，需要新的业务与新的技术来接替发展，此时的激励实际上就已经不再是前文提到的一般激励机制了，而应当进化为孵化机制，通过孵化的模式创造出更多的新生科技技术企业，实现公司的持续发展和循环迭代。

第六节　永辉超市股权激励方案

一、背景介绍

在互联网高度普及的今天，线下超市正面临着巨大冲击。冲击不仅来自线上零售业务的快速发展，亦源于零售企业传统组织模式、管理模式难以适应快速变化的市场。而永辉超市正是通过对组织模式及管理模式的积极变更，在线下零售业务领域创造了喜人的业绩。

永辉超市自2010年12月上市以来市值持续增长，从上市时市值仅80多亿元，到2017年市值一度超过千亿元，仅花了短短7年时间，市值就翻了10多倍。2019年上半年，永辉超市营收超过400亿元，净利润达到13亿元，门店数量突破700家，市值达到800亿元。根据中国连锁经营协会发布的《2019年中国超市百强榜单发布》，永辉超市首次超越沃尔玛中国，位列前三。永辉超市取得这么好的成绩，得益于其对自身组织架构的整合，以及从总部到门店推行的全面合伙人制度。

永辉超市以生鲜经营为主的业务特点决定了其如果适用传统的金字塔架构组织人员安排是无法满足其业务需求的。传统的金字塔模式最大的问题是难以迅速响应市场的快速变化。管理者发号施令后经过层层传递最终由终端员工被动执行。这就导致一旦中间的传达环节出现问题，政策的推进就会受到巨大的阻力。同时，由于传统金字塔架构的组织模式的层级关系，决策层与消费者之间的距离较远，这就导致消费者的需求很难通过灵活的方式及时得到解决。在这商业环境瞬息万变和竞争残酷激烈的时代，传统的金字塔式组织架构已经不再能够满足市场需求了。

此外，对于处于一线的员工而言，其工资收入微薄，可能刚刚能够满足温饱，因此根本就缺少干劲，服务质量难以达到令人满意的程度。这对于受到线上零售业巨大挑战的实体零售业而言是一个无法避免的严峻问题。永辉超市敏锐地捕捉到了这一问题并且及时调整组织架构，设计了一套创新的激励模式，为企业的“复活”打了一针强心剂。

二、方案架构

永辉超市目前形成了“大平台 + 小前端 + 富生态 + 共治理”，以永辉超市总部为核心，永辉云超、永辉云创、永辉云金、永辉云商四大板块并行的新型组织形态，提供了开放“资源、支持、服务”的创业平台，实现了组织结构的扁平化，大幅度减少层级。在调整组织架构的同时，永辉超市从总部到门店推行“全面合伙人制度”，采取自组织管理模式，由小团队自主经营并独立核算。

（一）合伙人制度概述

永辉超市的合伙人制度是以团队经营者为核心的增值合伙人制度，合伙人出钱出力，创造增量价值，分享增值收益。该模式的特点为：（1）合伙人不承担企业风险，但承担经营责任，需要完成所制定的经营目标。（2）根据项目的增量价值，进行多次利益分配。（3）退出、晋升制度灵活。（4）合伙人通常不承担法律风险。（5）关注团队及个人的价值创造。（6）注重合伙人本身的价值、人脉、资源。

永辉超市从总部到门店实施全面的合伙人制度，取消总部原有的总经理、总监、经理等职位，以联合创始人、核心合伙人、合伙人等取而代之，鼓励管理层专注于所管理的业务，而非关注职级。

以联合创始人、核心合伙人为核心：由联合创始人、核心合伙人组成业务板块核心团队，并由业务板块核心团队组建和规划新项目（子公司）的业务和人员架构。

每个合伙人可以再组建子公司，数量最多为 6 个。

每个子公司最多分解 6 名合伙人：在子公司中，再次分解出 6 名合伙人，选出 1 名队长带领团队自主经营、独立核算。

以永辉云创为例，该业务板块由联合创始人和核心合伙人组成，合伙人孵化出“超级物种”项目，再次分解合伙人，孵化出“鲑鱼工坊”“波龙工坊”“盒牛工坊”等项目，新项目自主经营、独立核算。“超级物种”是永辉超市的“店中店”，每家“超级物种”包含多个“工坊”小商铺，分别贩卖不同种类的生鲜食品或提供餐饮服务，每一个项目都是经过内部合伙人计划竞争胜出的，分属于不同的合伙人。总部的作用更像是投资人，提供供应链资源、人力资源部及资金投入等支持，但团队领导者由各团队内部自行推选，总部不进行指派。各个工坊独立经营，向门店支付房租成本，合伙人最终依照相应比例分得店铺结算后的利润。

（二）门店合伙人分红模式

对于门店合伙人，永辉超市采用的是“只分红，不分配股权”的收益分配模式。永辉超市给品类、部门、柜台设定基础销售达成率和利润总额，以门店为单元，在基础销售达成率和利润总额达成后，对于增量部分的利润按照一定比例在总部与合伙人之间进行分配。

1. 设定利润目标

以门店为单位，永辉超市为门店设定销售达成率和利润总额目标，当门店实际经营业绩超过所设定的目标之后，增量的部门利润会按照比例在总部和合伙人之间进行分配，分配比例通常是按照历史数据和销售预测制定的。也就是说，永辉超市的合伙人只享有收益分配权，不享有公司的股权，相当于总部与项目团队之间的利益再分配。

2. 分红范围

永辉超市的收益分配覆盖范围非常广泛，以门店为单元，基本达到全员覆盖，从店长、店长助理到运营部门人员、后勤人员甚至固定小时工都能分得一定比例。

3. 分红条件

以销售达成率和利润总额达成率为分红指标，针对不同员工，考核的标准略有区别。

4. 分红数量

奖金包：员工奖金 = 职级份数 × 分配系数 × 出勤系数

门店奖金包 = 门店利润总额超额/减亏部分 ×30%

职级	奖金包分配
店长、店助	门店奖金包 ×8%
经理级	门店奖金包 ×9%
科长级	门店奖金包 ×13%
员工级	门店奖金包 ×70%

门店设定奖金上限为 30 万元，各职级奖金有所区别。

在这样的制度下，员工收入与门店、品类、部门的收入挂钩，只有自己为消费者提供更优质的服务，达到更高的营业额，才能得到更多的回报。并且通过上表展示的不同职级员工对于门店奖金包的分配比例可以看出，一线员工级能够分配的比例是最大的，这也符合永辉最初尝试“全面合伙人制度”的初衷。

此外，永辉激励模式中非常具有创新性的尝试是其将人员招聘、解聘放权到员工组，由员工组的所有员工决定是否增加招聘新员工或者辞退减少老员工。永辉这一大胆之举背后的逻辑是因为收益是所有人共享的，所以将招聘、解聘的权利交给一线员工能够使得工作量在员工组内部达成更好的均衡，也能够将一线员工进行绑定，从而提升团队协作性，降低企业的管理成本，也能够进一步降低员工的离职率。

（三）管理层合伙人股权激励之限制性股票

对于联合创始人、核心合伙人等管理层员工的激励，永辉超市采用的是股权激励，以股权绑定核心员工的利益，全面调动核心合伙人的经营积极性以及经营人员的活力。2017 年 12 月，永辉超市以 4.58 元/股的价格，将不超过 1.67 亿股股票授予包括战略管理层、核心管理层、重要经营层及核心业务骨干在内的共 339 名员工，占总股本 1.74%。

此次股权激励的解除限售期考核条件如下：

第一个解除限售期：以 2017 年的公司净利润为基数，2018 年公司净利润增长率不低于 20%；或者以 2017 年营业收入为基数，2018 年营业收入增长率不低于 25%。

第二个解除限售期：以 2018 年的公司净利润为基数，2019 年公司净利润增长率不低于 20%；或者以 2018 年营业收入为基数，2019 年营业收入增长率不低于 25%。

第三个解除限售期：以 2018 年的公司净利润为基数，2020 年公司净利润增长率不低于 20%；或者以 2019 年营业收入为基数，2020 年营业收入增长率不低于 25%。

此次股权激励计划解除限售期主要分为三个阶段：

第一阶段：自授予登记完成之日起 12 个月后的首个交易日起至授予登记完成之日起 24 个月内的最后一个交易日当日止，解除限售 40%。

第二阶段：自授予登记完成之日起 24 个月后的首个交易日起至授予登记完成之日起 36 个月内的最后一个交易日当日止，解除限售 30%。

第三阶段：自授予登记完成之日起 36 个月后的首个交易日起至授予登记完

成之日起48个月内的最后一个交易日当日止，解除限售30%。

此次股权激励的考核标准如下：

激励对象个人考核按照永辉超市制定的《公司限制性股票激励计划实施考核管理办法》分年进行考核，根据个人的绩效考评评价指标确定考评结果。原则上，绩效评价结果划分为优秀、良好、一般、差四个档次。激励对象当年不能解除限售的限制性股票，由公司回购注销，回购价格为授予价格加上银行同期定期存款利息之和。

永辉超市股权激励框架的设计能够很好地平衡激励与约束，避免激励对象拿到股权之后坐享其成，促使激励对象在3年内每年都能为达到公司的业务增长目标而持续努力工作。永辉超市激励模式最好的证明就是其在员工数量减少的同时营业收入及净利润反而迅猛增长，人效显著提升。以永辉超市2016年的公开数据为例，2016年，永辉超市的在职员工数量相较上一年减少4739人，但营业收入却同比增长16.8%，净利润同比增长达到惊人的102.3%。这些数据的背后反映出永辉激励模式的科学性及合理性，为其他企业的激励制度设计提供了良好的范本。

三、要点解析

（一）结合行业特点针对不同对象设置不同的激励制度

如上文介绍，根据永辉超市的行业特点，永辉超市目前形成了“大平台+小前端+富生态+共治理”，以永辉超市总部为核心，实现了组织结构的扁平化，从总部到门店推行“全面合伙人制度”，采取自组织管理模式，由小团队自主经营并独立核算，最终实现绑定员工，实现与员工共赢的局面。

（二）运用上市公司的特殊性质实施限制性股票的股权激励制度

针对管理层级的股权激励机制，则采用上市公司常用限制性股权的股权激励制度。限制性股票是上市公司实施股权激励的常见方式。《上市公司股权激励管理办法》中推荐了股票期权和限制性股票两种主要的股权激励模式，该管理办法第二十二条对于限制性股票作出如下定义：“本办法所称限制性股票是指激励对象按照股权激励计划规定的条件，获得的转让等部分权利受到限制的本公司股票。限制性股票在解除限售前不得转让、用于担保或偿还债务。”根据该管理办法，限制性股票一般是指上市公司按照预先制定的股权激励计划规定条件，在授予日以低于市场的价格授予激励对象股票，但该部分股票是出于限售状态的，在每个解除限售日，激励对象完成预定业绩考核目标的情况下，分批解锁其持有的限制性股票。限制性股票解锁后，激励对象才能对该部分股票进行转让、用于担保或偿还债务等处置。

在美国，限制性股票模式的使用频率仅次于股票期权，是众多采取激励措施的企业偏爱的一种手段。在2003年“安然事件”以前限制性股票通常是和股票期权配合使用的。股票期权激励的对象相对广泛，但是限制性股票的授予范围相对来说就比较有限了，主要是针对公司的一些关键人才及核心人物。两种激励手段之所以会有授予范围上的差异主要是因为公司希望关键人才和核心人物能够长期服务于公司，将他们与公司捆绑才能更好地激励这些员工投入更多的时间和精力，为公司的长足发展和长期战略贡献更多的力量。

限制性股票的限制主要体现在时间及业绩目标上，时间即限售期，持有限制性股票的激励对象在限售期内，不得对该部分股票进行处置。在限售期限届满后，激励对象必须在完成预先设定的业绩目标之后，限售才能被解除。通过时间和业绩条件的双重约束，再加上分批次解除限售，可以达到长期股权激励的效果。

限制性股票的激励主要体现在授予价格上。《上市公司股权激励管理办法》第二十三条规定：“上市公司在授予激励对象限制性股票时，应当确定授予价格或授予价格的确定方法。授予价格不得低于股票票面金额，且原则上不得低于下列价格较高者：（一）股权激励计划草案公布前1个交易日的公司股票交易均价的50%；（二）股权激励计划草案公布前20个交易日、60个交易日或者120个交易日的公司股票交易均价之一的50%。上市公司采用其他方法确定限制性股票授予价格的，应当在股权激励计划中对定价依据及定价方式作出说明。”

对于激励对象而言，限制性股票这一激励方式没有等待期，一旦达成授予条件则激励对象即可立即持有股票。并且如果是直接持股，那么激励对象在被授予股权之后就成为公司股东，享有一定的表决权，可以参加公司的经营决策。此时，激励对象因激励计划而获得的利益就不是仅限于金钱上的直接利益，而是能够享有内涵更加丰富的股东权利了。

对于公司而言，股权激励实际上也可以成为一种融资方式。并且对于稳定发展期的公司而言，其股价增幅应该不会太大，这就导致以股票期权形式进行激励的效果可能不佳。此时，采用限制性股票不失为一种更有效的激励方法，因为除了能够解决激励效果不佳这一问题之外，限制性股票还能使公司就员工实现收益设置更加严格的约束条件。采用限制性股票作为主要激励模式的公司在设置限制性条件时一般不再采取单一的工作年限作为标准，而是更多地选择以约定的业绩指标作为限制性条件，从而激励员工，尤其是核心团队人员，为公司创造更大的价值。

四、借鉴意义

永辉超市作为国内零售行业的领头羊，必然存在许多可以被借鉴学习的经验，在业内看来，永辉超市这一不可思议的增长和盈利是与其创新不可分割的。这些创新并不仅仅局限于其对待消费者的方式，更体现在永辉超市对内部员工的激励机制上，这才是永辉超市迅猛发展的关键原因。

但其他企业应当认识到，尽管永辉超市从总部到门店推行“全面合伙人制度”模式取得了巨大的成功，但切不可照搬照抄，因为每一项成功的背后都有其内在的逻辑和思路。永辉超市“全面合伙人制度”的成功实施，除了其方案设计的优越性，更重要的是永辉超市具备了强大的店长培养能力，并设置了长期有效的店长培养机制，积极探索适合自己的企业管理模式，渐渐地形成了永辉超市独有的企业文化。

永辉超市管理层合伙人的限制性股票股权激励制度能够规避股票价值大幅度波动而导致经理人“白干”的风险，我国许多上市公司都纷纷将限制性股票作为激励模式。在具体的激励机制设计上，主流的做法是在激励对象满足一定的业绩标准时公司从总净利润或净利润超额部分按比例提取激励基金，再将激励基金委托给股票经纪公司或者信托公司，从二级市场购买公司股票，并在经理人达到业绩要求的情况下，按照股权激励协议的约定将股票按照低于市场价的价格甚至免费授予激励对象，从而达到对激励对象进行长期激励的目的。

对于非上市公司来说，限制性股票具有以下两种用途：首先，公司可以选择采取限制性股票与其他激励模式并用的方式留住企业的关键核心人才，限制条件与服务年限相结合。这样的模式适合不同行业中处于发展阶段的企业。其次，公司还可以将限制性股票作为最主要的激励模式，以一定的业绩要求作为限制条件，这样的模式比较适合商业模式转型的企业或者正处于创业期和快速成长期的企业。

第七节　小米股权激励方案

一、背景介绍

小米科技有限责任公司（以下简称小米）成立于2010年3月3日，是一家专注于智能硬件和电子产品研发的全球化移动互联网企业，同时也是一家专注于智能手机、互联网电视及智能家居生态链建设的创新型科技企业。仅经过短短7年时间，小米即达成了年收入超千亿元的业绩。目前，小米已经建成了全球最大消费类IoT物联网平台，连接超过1亿台智能设备，进入全球100多个国家和地区。MIUI月活跃用户达到3.96亿。2018年7月9日，小米在香港交易所主板挂牌上市，成为港交所力推“同股不同权”之后的首批挂牌企业。

根据2018年5月3日小米向香港联交所披露的招股说明书，截止到2018年3月31日，小米共计拥有14513名全职员工，其中13935名位于中国大陆，其他主要分布在中国香港地区、台湾地区和印度、印度尼西亚，超过5500名员工（超员工总数的37.89%）拿到公司股份。实际上，小米上市前已经授出但尚未行使的购股权共计有224500097股B类普通股份，其中11名董事高管获授2212万股，超过5500名小米员工获授222380097股。这部分占小米股份数的10.85%。此外，如加上已通过股权奖励授予的股份、已经由高管和员工行权的股份，这一比例会更大。

从2010年公司成立到2018年成功上市，小米通过股权激励招募了8位联合创始人，绑定了几千名员工，充分培养了合伙人和员工的忠诚度与创业热情。可以说，小米针对股权激励的一系列操作是其业绩快速增长的前提与关键，作为国内互联网公司的杰出代表，小米的股权分配和激励不仅对于国内的互联网公司，对于处于其他行业不同阶段的公司也都具有十分重要的参考意义。

二、方案架构

（一）多种激励模式结合运用

自2011年起，小米就开始逐步探索股权激励制度，通过灵活采用购股权、受限制股份奖励（受限制股份）及受限制股份单位等多种员工股权激励模式相结合的方式，扬长避短，设计出一套适合小米所处的发展阶段的股权激励模式，使股权激励效用得到充分展现，从而有效激励公司员工各司其职，与企业共同成长、和谐发展。

实际上，小米的股权激励计划从员工刚入职时就已经拉开了序幕。小米早期的股权激励计划允许公司员工在股票和现金之间自由选择比例弹性调配自己的薪酬。这种将选择权几乎全部交给员工的股权激励计划可以说是非常大胆的尝试了。在充分考虑了基层员工和管理层对于薪资的不同需求的基础上，小米创新性地采用了由员工自由调配的股权激励制度，赋予员工充分的自主选择权。据统计，最终有 15% 的员工选择全部拿现金工资，70% 的员工选择 70%—80% 的现金加上部分股票，还有 15% 的员工选择拿部分生活费和较多股票。对于选择最后一种薪资模式的员工来说，这部分员工肯定是对于公司发展前景非常认同和看好的，他们愿意与公司同呼吸、共命运。但由于人总是趋利避害的，所以我们可以看到在小米创业的初期，选择第三种模式的员工凤毛麟角。

在公司经过多年的发展后，小米形成了一套以购股权、受限制股份奖励（受限制股份）及受限制股份单位三位一体的综合性股权激励模式。这一时期，小米的股权激励模式已经趋于成熟，也更能有效适配公司整体和员工个体的发展需求。

1. 购股权

2018 年 7 月 9 日，小米成功在香港交易所主板挂牌上市，其股权激励方案中港股的购股权类似于内地 A 股中的股票期权，也就是授予激励对象一定数量股份的期权，待到约定的时间和条件成就时，由激励对象按约无偿或者有偿地一次性或分期购买公司股票的激励模式。换言之，就是给作为激励对象的小米员工一个权利，在未来一定的时间内，以约定的价格购买公司一定数量股票的权利，当然，这个期权的行使是以激励对象在公司持续服务或达成公司约定的业绩条件为前提条件的。

2. 受限制股份奖励

小米股权激励方案中港股的购股权类似于 A 股的限制性股票激励，即授予作为激励对象的小米员工一定数量的股份，只不过，这些股份在授予时就已经无偿或者按照约定价格出售给激励对象了。但是，激励对象取得的股权会受到一定的限制，比如在一定期间内或者在满足一定的条件之前不能转让，不能用以抵押、质押、偿还借款等，并且可能同时约定小米享有在特定情形成就时对已奖励出售股份进行回购的权利。

3. 受限制股份单位

小米股权激励方案中的受限制股份单位类似于中国大陆地区的虚拟股，不同的是，受限制股份单位不完全是“虚”的，其中也会涉及“实”的部分。小米授予激励对象一定数额股份单位，在约定时间或者业绩条件完成的情况下，小米可通过现金方式对已授予激励对象的受限制股份单位进行回购，或将约定数量的股份确定给到激励对象。这就与一般的虚拟股只享有分红权和股票增值权等经济性权利有所不同。受限制股份单位最终是可以转变成实实在在的股票授予激励对象或者由公司以约定的或者公允的市场价格进行回购的。

（二）股权激励资金来源

股权激励方案设计过程中有一个重要的原则，即所有用于员工股权激励的授出股份一定要由员工出资购买。否则，股权激励效果将会大打折扣，甚至有时并不能实现真正地激励和绑定员工。

从小米的股权激励计划来看，小米的购股权的行使经历了从无偿赠与到需要出资购买这一个过程。根据招股说明书公布的信息，5500 名员工获授的购股权是需要按照从 0—3.44 美元/股的价格购买的。每个员工获授的购股权行使的价格也是不完全一样的。不同岗位不同职级的员工行权价格有所区别，有可以 0 美元行权的，也有需要以 3.44 美元/股的价格行权的。

与购股权类似，受限制股份奖励和受限制股份单位亦须激励对象支付一定现金或可被激励对象用来换取现金，并且员工因其所在岗位和所处职级的不同行权价格和条件也会有相应的合理区分度。

（三）退出机制

在小米股权激励方案中，除了对期权授予和行权条件作出详细且合理的制度设计外，对于退出机制也有相应的设计，使得员工能够对自己如何退出小米股权激励计划有清晰明确的认知。小米授予员工的股票有权利限制，只有达到一定工作年限或工作目标，才能解锁股票。比较特别的一点是，针对部分被邀请参与小米发展基金的员工，如果在投资小米发展基金后 5 年内从小米离职，则仅能收回投资本金加利息。若员工在小米服务满 5 年，则可称为小米发展基金权益持有人，离职后可要求公司按市场公允价值回购股份。

（四）调整机制及系统性安排

根据小米员工购股权计划，公司对获授购股权的员工以及对激励方案本身也约定了非常全面的限制内容和调整机制。激励方案对授予股份进行了必要的转让限制、因故终止受雇和服务的影响以及身故或其他原因丧失劳动能力以及其他原因导致受雇关系终止对激励股份的安排，当然也有公司控制权发生变化时股份的安排。

可以看到，小米设计的一整套员工股权激励计划是比较完善和具有可操作性的。小米的股权激励计划从各阶段、各方面都配套了相对完整的制度。小米的这套股权激励计划遵循了动态调整和持续激励两大原则，随着公司的不断成长和发展壮大，股权激励计划也随之更新优化，最终形成现在这套值得其他企业学习和参考的股权激励计划模板。

三、要点解析

（一）关于期权

由于限制性股票和虚拟股已经分别在本章节永辉超市股权激励方案和华为股权激励方案中详细分析，因此在本案例中就不再赘述。在小米股权激励方案中我们重点对股票期权进行分析。

事实上，期权作为最为常见的激励方式之一被很多企业运用到激励计划中，尤其是那些针对普通员工和核心技术人员的激励计划。期权激励主要存在以下特点：

首先，期权计划能够解决股份制公司管理层只注重短期效益而忽略企业长期发展的问题。以股票期权作为激励能够将管理层员工的个人利益与公司利益捆绑在一起，从而降低代理成本，刺激管理层从公司整体利益的角度而非其个人利益的角度作出关键性决策。

其次，股票期权作为常见并且有效的激励方式能够为企业的激励计划提供更加丰富的手段，与工资、奖金、福利等共同构成完整的薪酬体系，实现短期、中期、长期激励相结合的完善的薪酬层次。同时，也相对缓解了企业高管个人因一次性的大额货币收入而带来的沉重的税负压力。

再次，期权计划对于企业而言是吸引新的优秀人才，留住老的核心团队的重要手段。同时，期权计划还具有甄别、识别、淘汰的功能。当部分老员工因懈怠无法完成企业预先设定的工作业绩，其自然就无法获得相应的激励奖励。由此，这部分能力较弱的员工就会经激励计划的筛选自然被淘汰出局，实现公司优胜劣汰、始终保持高效运作的目的。

并且，对于激励对象个人而言，期权激励方式的优势集中体现在自由的选择权和较低风险承担上。股票期权对于激励对象而言自始至终都是一项权利而非义务。这也就意味着激励对象具有是否接受公司提出的激励方案以及最终是否实际行权的选择权。这样的激励模式对于激励对象而言，其所需要承担的风险等级很低，因为直至实际行权之前，激励对象都无须实际支付任何对价，一旦出现公司股价下跌的情况，激励对象就可以选择放弃行权，而无须承担因公司股价下跌导致的股票贬值的风险。在该种情形下，激励对象所遭受的损失无非就是未能实质得到激励收益，但其现有收益并不会受到不利影响。而当公司股价上涨，则激励对象能按约定的固定价格，在确定获利的情况下再行权，从而在享有现金利益之外另享有表决权等其他利益。

最后，对于企业而言，期权激励方式意味着公司无须即刻向激励对象支付过高经济报酬的方式，达到将员工与公司绑定的目的。股票期权这一激励方式对于尚处于初创期和发展期的创业企业而言是非常友好且有效的激励方式。

当然，股票期权作为激励模式之一也具有其不可忽视的弊端。从激励对象的角度来看，虽然其承担的风险相对较小，但是这只是针对激励收益而言的。实际上，如果激励对象最终没有选择行权，那也就意味着其在此之前为公司做出的贡献并没有得到任何回报，似乎是缺乏公平性和合理性的。并且股票期权的行权时间通常会设定在距授予日之后较长的时间节点上，激励对象就需要经历一个较长的等待期，而公司的经营状况和股票的价值都是变化无常的，激励对象就很难对未来的收益作出预期。

从公司的角度出发，公司需在等待期的每一个资产负债表日，以可行权的期权数量的最佳估计为基础，按照授予日的公允价值，将当期取得的激励对象可行权股票计入相关的成本或费用和资本公积。这就要求可行权的期权数量必须是稳定并且是可靠估计的，而且将持续影响公司的财务状况。此外，员工一旦行权公司的股权结构将会变得分散，公司原股东的股权将会受到一定程度的稀释，控制权将可能被削弱，这可能会对公司决策的顺利作出产生负面影响。

（二）顶层优化——利用员工股权激励吸引合格创始决策者

小米的成功在一定程度上是离不开其具有诱惑力的股权激励计划的。其设计的股权激励计划涵盖的员工范围广，从顶层核心团队到基层一线职工，小米的股权激励计划在一定程度上可以说是一种全员激励的模式。

小米取得非凡成就的关键之一就在于，其设计的员工股权激励计划将一群合格的创始决策者聚集在一起，使其把成就小米当成所有人共同为之奋斗的事业，再加上资本的一路扶持，成功地打造出极具性价比的产品，创造出了小米物联网生态链。

其实，小米的8位联合创始人之前都已经在各自的领域内取得了非凡的成就——林斌是公司的核心人物，也是软件和系统领域的专家型人才，王川和黎万强均有过在国内互联网公司创业成功的经验，洪峰、黄江吉是软件开发领域的知名人物，周光平是手机硬件领域的顶级人才，刘德在工艺设计领域更是顶级专家。在小米成立之初，如果没有股权的激励，根本没有办法吸引到这些优秀的创始人，当然这些创始人也因为持有小米的股权而获得了巨额回报。根据小米集团CDR披露的8位联合创始人持股比例（不含期权），按照450亿美元市值估算，他们的身价均已超过5亿美元。

（三）核心稳健——降低持股门槛绑定核心员工

小米的激励计划除了成功吸引和捆绑了一批创始决策者，其一套自成体系且门槛较低的“现金+股权”的薪酬模式更是成功绑定了大量具有创业热情的核心员工。

首先，核心员工加入小米时的薪资结构，可以从以下方案中选择：其一，正常市场行情的现金工资；其二，2/3的正常市场行情现金工资配合一部分股票；其三，1/3的正常市场行情现金工资配合更多数量的股票。这样的薪酬模式不仅能够满足员工因自身实际情况的不同而需要的具有区分度的薪酬组合，也使小米寻找到了愿意一起为小米事业奋斗的优秀员工，而这类员工也可以较低的价格持有公司股票。在实际工作中，选择第三种模式的小米员工会更加关注公司的整体利益，将公司整体利益与个人经济利益结合，寻求最优的公司发展模式。

（四）全员创业——“普惠式”股权激励

小米的上市招股书披露，小米在2011年5月公布了一次“普惠式”股权激励方案（即首次公开发售前雇员购股权计划，以下简称计划），计划有效期为自董事会批准之日起10年，激励对象包括由董事会或董事会授权的委员会批准的员工、顾问、董事会全体成员及其他人士，委员会可以不定时授予激励对象，并确定授予的种类与数量，无须股东大会审批。计划的激励模式即购股权、受限制股份和受限制股份单位。这一计划无疑最大范围、最大限度地激发了小米员工的创业热情，使小米在其发展道路上经历了一次质的飞跃。

（五）员工跟投

除上述激励计划之外，小米在B轮融资时允许员工对公司进行投资，每人限额30万元。彼时的70名员工中有60人选择对小米进行投资。

四、借鉴意义

小米的激励模式无疑是成功的。其成功的背后是小米深入分析了企业各阶段之所需以及员工对于公司的期望，其设计的激励模式是适合小米的，也可以为其他企业提供借鉴。

首先，小米股权激励模式实施机制灵活。针对激励对象的激励模式、授予时间、数量、行权时间、行权价格均由特设的委员会来全权决定，无须股东审批，机制非常灵活。小米可以根据自身业务发展状况确定合适的行权时间和价格，可以根据激励对象的能力和素质设定个性化的激励方案。

其次，此种模式激励范围广，激励效果明显。根据小米的上市招股书披露，小米员工约1.9万人，参与计划的人员达到7126人，占总员工数量比约38%，超过1/3的员工均参与了上市前的股权激励。

再次，小米股权激励方案具有较大的员工股权激励力度且行权条件宽松。小米2018年中期财报披露，小米首次公开发售前授予的购股权每股平均行权价格为0.03美元，参考小米上市发行价（约2.80美元）。按上述价格进行简单测算，首次公开发售前雇员购股权计划的激励额度约69.60亿美元，人均97.67万美元，激励力度非常大。购股权的行权只需要满足服务期限，不设业绩考核，行权条件宽松。在实际使用中，小米早已用购股权代替现金纳入员工薪资构成的一部分，应用到员工吸引、保留、激励的环节之中。

最后，小米股权激励模式时间周期长，具有相当的稳定性，有利于企业长期稳步发展。购股权的等待期为1—10年，截至招股书公告发布日，高级管理人员未行使的购股权等待期几乎全部为5—10年，所有未行权购股权加权平均等待期为5.22年（小米2018年中期财报数据）。较长的时间周期一方面可以有效保留骨干员工，另一方面可以增加财务成本的摊销年限，减少股份支付对当期利润的影响。

第八节　绿地集团股权激励方案

一、背景介绍

根据十八届三中全会《中共中央关于全面深化改革若干重大问题的决定》，我国针对国有企业提出了“全面深化改革”，推行混合所有制改革的举措，提出“允许混合所有制经济实行企业员工持股，形成资本所有者和劳动者利益共同体”。绿地控股集团股份有限公司（以下简称绿地集团）作为上海国资旗下的改革试点标杆之一，于2015年8月成功实现整体上市。其中，有限合伙的股权激励方案发挥了核心作用，不仅帮助企业实现借壳上市，也有效激励了企业员工，对企业的整体发展起到了重要的作用。

（一）关于有限合伙持股的简述

股权激励从持股方式上一般常见三种：员工直接持股、通过持股平台间接持股、通过代持协议间接持股。持股平台又可以划分为有限责任公司和有限合伙企业。其中，有限合伙企业持股是指员工成立有限合伙企业，由有限合伙企业持有公司股份。绿地集团采用的就是有限合伙企业作为持股平台持股的方式。

从持股方式上，绿地集团选择持股平台持股可以避免员工直接持股引起股东增减导致工商登记频繁变动、股东过多导致决议效率低下等问题的产生，同时此种持股方式的权属关系更加清晰，避免造成股权代持的混乱结构。从持股平台上，绿地集团选择有限合伙企业，在税收、决策与分配、平台管理等方面都有较大优势，主要是为了解决职工持股会属于单位内部团队，不具有法人资格，不能作为股东的问题。

（二）绿地集团有限合伙持股的法律性质

绿地集团的管理层人员为实施股权激励计划，成立了上海格林兰投资管理有限公司（以下简称格林兰投资），该公司是有限合伙企业的普通合伙人，依照《合伙企业法》第二条第三款的相关规定，格林兰投资对有限合伙企业的债务承担无限连带责任，但又根据《公司法》第三条的相关规定，格林兰投资作为有限责任公司，绿地集团的43名股东以其出资额为限对公司承担责任，因此对于有限合伙的无限连带责任，绿地集团的管理人员通过有限责任公司的股东有限责任进行了“风险稀释”。

格林兰投资与绿地集团职工持股会签署《吸收合并协议》，继受了职工持股会的全部资产及债权债务，从而代表职工持股会成为绿地集团的股东，由此职工持股会因其不具有法人地位而不能作为股东的问题得到了解决。

依照《合伙企业法》的相关规定，绿地集团管理层设立的格林兰投资作为有限合伙企业的普通合伙人，对合伙企业债务承担无限连带责任，而职工持股会作为有限合伙的有限合伙人，以其认缴的出资额为限对合伙企业债务承担责任。这样，进一步保证了绿地集团管理层能够保持执行合伙事务的能力和对整个持股平台的控制权。同时，合伙人之间的权利义务关系可以根据合伙协议作出详细约定，更加灵活自主，可以确保被激励员工获得其满意的收益分配。

二、方案架构

大企业一般职工数量较多，而合伙企业根据《合伙企业法》第六十一条的规定存在人数限制：“有限合伙企业由二个以上五十个以下合伙人设立；但是，法律另有规定的除外。”为了符合合伙企业法对于合伙人人数的限制，仅设立一家合伙企业作为持股平台往往无法满足员工人数众多的大企业的需求。绿地集团因此设计了两层有限合伙，也被称作嵌套式有限合伙，通过更加复杂的架构模式，实现适当的有限合伙持股。绿地集团的股权激励架构模式具体如下：

第一步，包括张玉良在内的绿地集团管理层共 43 人出资 10 万元共同设立格林兰投资。

第二步，职工持股会全体成员与格林兰投资成立 32 家有限合伙企业［从上海格林兰壹投资管理中心（有限合伙）到上海格林兰叁拾贰投资管理中心（有限合伙），以下简称小合伙企业］，其中格林兰投资作为 32 家小合伙企业的普通合伙人，均认缴出资 0.1 万元，职工作为小合伙企业的有限合伙人。

由公司员工与公司管理层共同出资组成的有限合伙企业一般由管理层担任普通合伙人，被激励的员工作为有限合伙人。根据合伙企业法的规定，由作为普通合伙人的管理层执行合伙事务。这样，一方面可以保证绿地集团管理层的决策权不会被其他利益相关方影响；另一方面职工持股会全体成员都能成为企业主要激励的对象，享受相应权益分配，取得分红收益。

第三步，格林兰投资以及 32 家小合伙企业共同出资再组建设立一家有限合伙企业上海格林兰投资企业（有限合伙）（以下简称大合伙企业上海格林兰），格林兰投资作为执行事务合伙人，认缴出资 6.8 万元。大合伙企业上海格林兰设立后，通过由小合伙企业成为大合伙企业上海格林兰的有限合伙人，取得职工持股会的全部资产、负债及其他一切权利与义务。格林兰投资同时作为小合伙企业及大合伙企业的普通合伙人，在巩固其控制权的同时也承担了更大的风险和责任，对其赋予更高的职责要求，也要求其在经营管理中更加有动力。

第四步，大、小合伙企业及全体合伙人特委托格林兰投资全权代表参与制定和实施具体的上市计划并完成有关工作。经过重组后的绿地集团，由上海格林兰投资企业（有限合伙）担任第一大股东。

三、要点解析

（一）股权激励的一般流程

1. 成立股权激励项目小组

股权激励计划并不是一朝一夕就可以完成设计和具体落地的。为了规范流程，保证股权激励计划的科学性、有效性和准确实施，应当成立项目小组策划、实施股权激励计划，由该小组负责管理、处理股权激励计划的具体工作，包括方案制定、方案实施、方案调整等。

2. 设计股权激励方案、起草相关协议及法律文书、制定配套制度

股权激励涉及诸多领域的多个专业问题，并且股权激励对于企业发展具有重要意义，应当谨慎对待，因此企业应当聘请律师等专业机构，开展尽职调查、项目小组沟通、方案讨论、持股方式设计等。随后进一步推进落实文字材料并提请股东会、董事会决议。最后，由律师起草《有限合伙企业合伙协议》《股权激励协议》等后续文件，确保股权激励计划合法、有效地开展。

3. 落实股权激励方案

（1）企业、企业管理层（合伙企业创始合伙人，即绿地集团管理层 43 人）、合伙企业与职工持股会成员（即被激励对象）签订《股权激励协议》。

（2）职工持股会成员与合伙企业创始合伙人签署《有限合伙企业合伙协议》。

（3）职工持股会成员签署《授权委托书》等相关文件。

（4）职工持股会成员支付合伙份额转让价款。

（5）为职工持股会成员办理有限合伙企业合伙人变更登记，职工持股会成员为合伙企业有限合伙人。

4. 退出机制

有限合伙持股平台相对于其他持股方式在分权、共享等方面更加灵活，而被激励对象享受收益（或获利退出）一般有四种方式：

（1）分享企业收益：按照份额享有有限合伙企业为主体的收益。

（2）转让财产份额：按照协议约定将属于自己的财产份额转让给他人。

（3）退伙结算：根据合伙协议的约定条件退伙，并获得自身财产。

（4）散伙清算：有限合伙企业解散，个人按照合伙协议的约定获得清算后的财产。

（二）有限合伙持股实现出资额与控制权相分离

有限合伙企业由普通合伙人执行事务，普通合伙人只要以较低的出资成本，即可实现合伙企业的控制权，执行合伙事务。而有限责任公司实现公司控制权由股东持股比例决定，为了实现公司的绝对控制权则需要较高的出资成本成为公司控股股东。两者相比，合伙企业的持股平台可以通过更少的出资实现控制公司的目的，有利于对持股员工进行控制。

公司可以在设立有限合伙企业后指定其信赖的人员作为普通合伙人，作为执行事务合伙人全权负责处理合伙企业的一切事务。即便作为普通合伙人需要承担合伙企业的无限连带责任，但是由于作为持股平台的有限合伙实际上并不会从事任何经营性的活动，因此作为普通合伙人的个人需要承担的风险非常有限。并且，即使该有限合伙企业确实需要从事经营性业务，那么可以由公司选择2名以上自然人出资设立有限责任公司，以该有限责任公司作为有限合伙企业的普通合伙人，这样就可以避免因担任普通合伙人而需要承担无限连带责任，同时又能够将作为持股平台的有限合伙企业的事务处理权牢牢掌握在公司信赖的个人手中。

（三）有限合伙持股的管理灵活度高

有限合伙企业作为持股平台的另一大优势就在于有限合伙人之间的转让股权、出资限额/期限、利润分配/亏损分担等权利义务关系都可以根据合伙协议进行约定，合伙人之间的利益分配也不受出资比例限制，只要满足合伙企业法的法律强制性规定，合伙人之间就能作出更具有灵活性和自主性的安排，便于公司对重大事项掌握话语权。相较而言，有限责任公司受《公司法》限制，局限性相对更大。在治理方面，有限责任公司的重大事项因《公司法》之规定和公司章程之约定需要经过股东会、董事会的审议和批准，不仅程序复杂还需要花费较长的时间，管理效率远不及合伙企业，对于一些较为紧急的重大事件的响应速度较慢，无法满足公司的运作需求。

（四）有限合伙企业可分配利润大

有限责任公司根据《公司法》的规定，需要计提法定公积金。这即意味着公司再分配当年的税后利润之前应当有限提取利润的10%作为公司的法定公积金，并且只有当公司法定公积金累计额达到注册资本的50%以上时才可以选择不再计提法定公积金。而有限合伙企业受《合伙企业法》的管理，并不负有和有限责任公司同样的计提法定公积金的强制性义务。

因此，在相同的情况下，有限合伙企业的可分配利润总额一般大于有限责任公司，这也进一步导致作为持股平台的有限合伙企业能够分配给激励对象的激励数额更大，对于员工而言更加有利。

（五）有限合伙税收优惠

《企业所得税法》第一条规定："在中华人民共和国境内，企业和其他取得收入的组织（以下统称企业）为企业所得税的纳税人，依照本法的规定缴纳企业所得税。"对于有限责任公司，其税收制度是双重征收制，其利润需要经过两道缴税程序，即公司所得缴纳25%税率的企业所得税，公司股东需要就其个人所得再缴纳一次个人所得税，最终导致一笔收入被征收两次税款的情况发生。

而有限合伙企业的税收与有限责任公司的税收规定相比具有较大优势。《合伙企业法》第六条规定："合伙企业的生产经营所得和其他所得，按照国家有关税收规定，由合伙人分别缴纳所得税。"并且，《财政部、国家税务总局关于合伙企业合伙人所得税问题的通知》（财税〔2008〕159号）规定："合伙企业以每一个合伙人为纳税义务人。合伙企业合伙人是自然人的，缴纳个人所得税；合伙人是法人和其他组织的，缴纳企业所得税。合伙企业生产经营所得和其他所得采取'先分后税'的原则……所称生产经营所得和其他所得，包括合伙企业分配给所有合伙人的所得和企业当年留存的所得（利润）。"也就是说，合伙企业无须先行缴纳一次企业所得税后再进行利润分配，合伙企业的每一个合伙人就是纳税义务人。因此，绿地集团职工持股会的全体员工作为合伙企业的自然人合伙人应当在取得合伙企业当年的利润分配后自行负责缴纳个人所得税。格林兰投资作为法人合伙人，应当在取得合伙企业当年的利润分配后自行负责缴纳企业所得税。绿地集团的股权激励资金因此适用"先分后税"的原则，避免了有限责任公司作为持股平台而产生的企业所得税和个人所得税"双重征收”的尴尬处境，从而使员工能够获得数额更大的利润分配。

需要注意的是，合伙企业的纳税问题所涉及的税政文件较多，包括财税〔2000〕91号、国税发〔2004〕81号、财税〔2008〕159号、财税〔2008〕65号、财税〔2012〕67号、财税〔2018〕55号、财税〔2019〕8号等一系列文件。为了避免税务上被认定为存在不合规的问题，作为员工持股平台的有限合伙企业应当学习并准确适用上述文件中的相关规定，避免因不合规问题造成对公司员工股权激励的不利情形发生。

（六）有限合伙企业退出自由

《合伙企业法》第七十三条规定：“有限合伙人可以按照合伙协议的约定向合伙人以外的人转让其在有限合伙企业中的财产份额，但应当提前三十日通知其他合伙人。”也就是说，只要作为持股平台的有限合伙企业的合伙协议中约定有限合伙人可以对外转让财产份额，那么作为激励对象的员工在有限合伙企业中作为有限合伙人的，只要提前30天履行通知义务即可退出持股平台。相较于有限责任公司股东对外转让股份一般需要经半数以上股东同意的要求，有限合伙企业作为持股平台能够为员工的退出提供更为自由和便利的方式，也为公司的操作省去了许多不必要的烦琐环节。

四、借鉴意义

绿地集团为我国国有企业进行全面深化改革提供了宝贵的指导经验，是国有企业改制整体上市的成功典范。

根据《中国证券监督管理委员会关于职工持股会及工会能否作为上市公司股东的复函》以及《关于职工持股会及工会持股有关问题的法律意见》，中国证监会对职工持股会的态度是职工持股会“不再具有法人资格”“不能成为公司的股东”；在处理方法上，“对已上市公司而言，在受理其再融资申请时，应要求发行人的股东不存在职工持股会及工会；对拟上市公司而言，受理其发行申请时，应要求发行人的股东不属于职工持股会及工会持股，同时，应要求发行人的实际控制人不属于职工持股会及工会持股”。

在绿地集团对其因股权激励而采取大有限合伙吸收小有限合伙的措施之前，持有绿地股权的员工已经达到982人之多，已经超过未上市股份公司200个股东的限制。因此绿地要开始借壳上市的进程，首先就需要对职工持股会完成清理。绿地集团通过合伙企业的方式解决了职工持股会不能作为股东的问题，又通过两层合伙企业的方式解决了职工持股会人数过多但合伙企业合伙人数量限制的矛盾，最终确定了适合绿地集团的股权激励模式。

从激励方式上，对于拟上市的企业，需要满足股权清晰的大前提，绿地集团设置的有限合伙企业股权激励方案，可以在上市之前规避因股东变动导致公司层面的股权结构变化，即使在向证监会申报材料之后发生员工持股变动，也可以通过合伙企业合伙人出资的方式解决。同时，通过有限合伙企业持股平台可以确保绿地集团重要管理人员的控制权，也可以保证员工持股会全体员工的权益分配，因此该模式对于国企清理职工持股会或新设员工持股计划具有重要的参考价值。此外，由于有限合伙企业的高度灵活性，企业应当合理制定合伙协议，明确协议具体条款。当今的市场环境变化多端，对于拟上市企业的各项要求更是严格，企业只有根据自身情况及相关规定制定合法、合理、合适的股权激励方案，才能真正确保企业的良好发展。

总体来讲，绿地集团在谋求借壳上市的过程中，既解决了职工持股会的尴尬地位，又没有对职工权益造成不良影响，而且以极少的投资撬动了对巨大资产的控制权。但是，其他企业应当准确地认识到，本次重组及结果是由多个特定条件综合促成的，因此在股权情况较复杂的其他企业内，纯粹依靠复制绿地集团有限合伙的安排来获得对企业的控制权可行性并不大。但在安排员工持股和股权激励方面，该重组架构具有一定的借鉴意义。

第九节　星巴克股权激励方案

一、背景介绍

星巴克诞生于1971年的美国西雅图。星巴克最初是依靠卖咖啡豆起家的。经过50多年的发展，星巴克已经发展成为一个在全球四大洲拥有5000多家零售店的大型企业。截至目前，星巴克已经稳坐全球最大的咖啡连锁店的宝座。星巴克的崛起绝不是依靠企业高超的营销技巧，而是得益于其管理团队对于企业与员工关系的重视。事实上，随着国际市场不断的发展和融合，企业实践的竞争已经逐渐转变为人才层面的竞争。优秀的人才资源是企业最强大的竞争力。因此，如何有效利用人才、留住人才、发现人才、激励人才是所有企业想要在长远发展中取胜的关键之所在。而星巴克正是准确地捕捉到了这一要点，早早开始布局适合其企业发展的人才激励战略，通过有效的奖励政策创造积极的环境鼓励员工自强，促进员工之间的交流，推进广泛的合作。

零售业和餐饮业这两类行业都需要大量的服务人员支撑才能顺利运作。但是普遍的情况却是许多以服务业为主的企业都以削减员工的福利待遇来压缩经营成本。这样的做法实际上是相当不明智的，因为这就相当于用企业的长期发展和长远利益来换取短期的利润。这无疑会导致企业内部凝聚力的下降，从而伴随的是企业核心竞争力的下降。从长期来讲，这会严重影响到企业的品牌声誉，最终会导致企业经营成果不尽如人意甚至导致企业破产倒闭。

传统的企业通常将股东的利益放在首位，其次是客户利益，位于底层的永远是服务工作人员的利益。但是，星巴克认识到了此种传统模式的不足之处，摈弃了此种不符合当前市场需求的传统模式，大大提升了员工的地位。星巴克意识到员工在品牌传播中的重要性，认为星巴克的成功主要依靠顾客在店内的良好消费体验。作为零售业的一员，星巴克十分理解客户体验对于公司的重要性，直接影响到线下门店客户体验的就是门店的工作人员。这也就意味着，店员必须非常熟悉公司的所有产品，能够准确地向顾客介绍公司的产品并热诚地向顾客传递公司的咖啡文化。同时，门店工作人员最好还要有足够的技能和个性提供令人愉快的服务。

因此，增进管理层和雇员之间的信任关系，以吸引和激励那些努力工作并有优秀绩效表现的员工显得尤为重要。为此，星巴克开创了自己的品牌管理方法，将本来用于广告的支出用于员工的福利和培训。星巴克高度重视员工情感与员工价值，为了推动公司文化，针对不同层级的员工，推出了不同概念的股权激励计划，实施了一系列的薪酬激励模式。在股权激励计划之外，星巴克还为员工提供健康保险福利，在双重福利共同的作用下，企业与员工的良性关系得以维持和发展。

特别值得指出的是，星巴克实施的激励计划分为三种模式，从最为常见的股票投资计划到“咖啡豆期权”计划再到最后的股票期权计划，星巴克的激励计划充分覆盖了星巴克的员工群体，并且根据员工在各职级中的特点为其匹配了最为合适的方案，通过综合运用几种较为常见的股权激励模式实现企业与员工的共赢。

二、方案架构

（一）股票投资计划

股票投资是一种较为常见的投资形式，投资人用货币购买股票以期获得利益，通过低价买入高价卖出从而通过买入卖出价格之差实现收益。星巴克在为所有员工提供工资福利制度的基础上更进一步地开始实施股权认购计划。通过该计划，每一个在星巴克工作的员工都有机会成为公司的“合伙人”，每一个员工的工作都将与公司的总体业绩挂钩。为了实现这一目标，在星巴克，只要是满足一定工作时限的员工就有机会以抵扣工资的形式获取星巴克的股票。每个申购季开始之前，凡是被星巴克连续雇用 90 天以上，且每周的工作时间不少于 20 小时的员工，都有机会以抵扣部分薪水的方式或折扣价格购买公司的股票。星巴克会在申购开始前将完整的申购资料邮寄到符合条件的雇员家里，每个员工的申购资金限额以其基础薪酬的 1%—10% 为标准计算。而在每个季度结束后，公司会选择在这个季度中的一个较低的星巴克股票公开市场价格作为计算标准，员工可以通过用以抵扣股票价格的工资以低于市场价 15% 的折扣购买星巴克的股票，即以“八五折”的价格购买。星巴克的员工通过折价购买公司股票的形式在购买时就通过享受优惠的购股价取得一笔不小的收益，并且随着公司的不断发展，员工购买的该部分股票也会相应增值，员工还能享受到公司股价攀升带来的红利。

（二）“咖啡豆期权”计划

在星巴克的股权激励方案中，最值得提及的就是“咖啡豆期权”计划。星巴克公司在股票投资激励的基础上，还推出了几乎面向所有星巴克员工的股权激励模式——“咖啡豆期权”计划。

期权是一种能在未来特定时间以特定价格买进或卖出一定数量特定资产的权利。在星巴克的股票期权激励方案中，被激励员工在某一规定的时期内，满足一定的绩效条件后，便可按照事先约定的价格获得一定数额的星巴克股权。自 1991 年起，星巴克便开始实施“咖啡豆期权”计划，而该计划与之前的股票投资计划相比，赋予了更多员工购买并拥有星巴克股票的权利。星巴克实施此项计划的目的是能够使更多在星巴克努力工作的员工充分分享公司的经营成果，从工作中获得强烈的认同感，并能在企业中感受到强烈的归属感。该计划规定自每年 4 月 1 日起至财政年度结束，或者自每个财政年度开始至次年的 3 月 31

日，或者自 4 月 1 日开始至该计划当年被正式执行之前，只要是连续被星巴克雇用且被支付了不少于 500 个小时的工资的员工，都有权利享受“咖啡豆期权”计划。主管及以上职位的人员不参加“咖啡豆期权”计划，但可以参加专门针对“关键员工”的股票期权计划。

（三）“关键员工”股票期权计划

在综合考虑公司年度业绩的基础上，星巴克公司董事会每年会给予符合条件的人员一定的股票期权作为奖励。员工个人应获得的股票期权数量由以下三个主要因素决定：（1）当年（财政年度）的经营状况及收益率；（2）个人在该财政年度的基础薪酬；（3）股票的预购价格或公司允诺的价格。公司的股票期权待权期为 5 年，任何满足条件的合伙人都可以按照股票购买计划购买一定数量的星巴克股票期权，合伙人购买股票期权时可以通过薪水折扣获得 15% 的优惠，这样只要股票上涨，股票期权就越来越值钱。通过这样的方式，星巴克实现了对其“关键员工”的又一项长期激励制度的实施。

“关键员工”期权计划与“咖啡豆期权”计划一起组成了星巴克公司以股票期权为激励模式的股权激励计划，辅之以股票投资计划，形成了对于员工基础薪酬的有益补充。这是对长期服务于星巴克并为公司业绩作出成绩的员工理应给予的奖励，同时通过这一股权激励计划又能巧妙地将员工的个人利益与公司整体利益紧密结合在一起，从而充分激发员工对于工作的热情，达到激励组合效用的最大化。星巴克通过这种主动与员工建立起“利益共同体”的方式，成功地让员工在工作中获得乐趣，形成对企业的认同感和归属感，并能够在愉快的工作中进一步满足其自我实现的需要。

三、要点解析

从上述分析中可以看出，星巴克对员工采取了不同模式的股权激励计划，并且其股权激励计划经历了一个发展的过程。最初的股票投资计划，员工的购买门槛较低，凡是被连续雇用 90 天以上，且每周的工作时间不少于 20 小时的员工都可以抵扣工资的形式购买星巴克的股票。到了后期的“咖啡豆期权”计划，实则是一种股票期权，满足一定工作时间的公司员工可以在某一规定的时期内，在完成绩效条件后，获得一定数额的星巴克股权。这一做法赋予了更多员工购买并拥有星巴克股票的权利。

由此可见，如果优厚的薪酬是星巴克吸引人才的原因，那股票期权激励就应当是星巴克留住人才的关键。公司员工采用的股票期权计划，在形成对员工基础薪酬有益补充的基础之上，又大力地奖励了长期服务于公司、为公司鞠躬尽瘁的具有极高忠诚度的员工。同时星巴克又通过其设计完善的股票激励计划巧妙地将员工的个人利益和企业的集体利益紧密捆绑在一起，使得员工充分认识到只有当其为公司贡献足够多的业绩促使公司整体向前发展，其个人利益才能得到更好的满足。星巴克采用适当的刺激公平合理地就员工间总体薪酬福利差别作出设计。对于工作到一定时间的员工，不管是全职还是兼职，都可以拥有“咖啡豆期权”的这一做法十分有利于培养员工的忠诚度，从而更能够提高员工的工作质量，最终实现企业整体更好发展的目标。

可以看到，在星巴克，员工不被称为员工，而是“合伙人”。这就表明，只要是受雇于星巴克的员工都有可能成为星巴克的股东。自 1991 年星巴克开始实施“咖啡豆期权”以来，星巴克始终秉持着让全体员工都能享受到股权激励的初心。星巴克的思路是，当公司的每一位员工都能持有公司的股票，成为公司的合伙人，那么每一位员工就都与公司的总体业绩联系起来。无论是 CEO 还是门店的任何一位员工，无论其在公司扮演的是哪一种角色，处于哪一个部门抑或身处哪一个层级，只要是星巴克的员工，就都要采取同样的工作态度面对每一天的工作和每一位走进星巴克的顾客。

为了能够更加直观地向读者展示星巴克股权激励计划的力度，以一位在 1991 年一年挣 2 万美元薪资的“合伙人”为例，通过星巴克的“咖啡豆期权”，5 年之后的 1996 年他就可以以其获得的 1991 年的股票期权兑换 5 万美元以上的现金。显而易见，如此惊人的激励制度能够非常有效地吸引越来越多的优秀人才加入星巴克的队伍，并且也能够留住一些公司的老员工，尤其是对于一些对公司具有关键性作用的核心老员工，星巴克的这套股权激励计划能够非常有力地吸引这些老员工继续留在公司，为公司创造更大的价值。

四、借鉴意义

公平理论是美国心理学家亚当斯于 1965 年提出来的。该理论认为，人的工作积极性不仅受其所得的绝对报酬的影响，更重要的是受其相对报酬的影响。这种相对报酬是指个人付出劳动与所得到的报酬的比较值。星巴克用比同行更丰厚的薪酬和福利，让员工感到所付出的劳动得到了更好的回报，会更加珍惜在星巴克的工作机会。同时对于工作到一定时间的员工，不管是全职还是兼职，都可以拥有“咖啡豆期权”的这一激励制度设计，用适当的刺激量设计了员工间公平合理的总体薪酬福利差别，这样的设计不仅不会使得到相对较少激励的员工感到不满，反而更有利于留住员工，激励员工在工作中不断进步。星巴克不仅慷慨地给予员工高额的薪酬和奖励，在丰厚的奖酬之外还格外重视员工的思想。星巴克鼓励员工积极发现工作中的问题，并就具体问题踊跃地提出有针对性的建议。星巴克的这一做法能够充分地给予员工成就感，体现了星巴克对每一位员工的意见和建议的高度尊重。星巴克将公平理论运用得得心应手，将其效用发挥得淋漓尽致。这一点是广大企业在进行股权激励计划时可以学习和借鉴的。股权激励计划的最终目的是要对员工产生积极的引导作用，激励员工不断进步和发展。如果企业设计的股权激励计划最终脱离了公平理论的大原则，如不合理地将更多的激励奖酬给予没有为企业做出与之匹配的贡献的员工，或者企业设计的股权激励计划只是变着花样给管理层加薪，那么势必会导致其他员工心生不满，工作积极性降低，出现消极怠工的情况，甚至可能会影响到企业正常的日常经营。

星巴克的创始人舒尔茨实施的惠及面较广的多层次一揽子股权激励计划直接影响了星巴克的股权结构和企业文化，在星巴克的股权激励计划里，定人、定量、定价格三个指标紧紧围绕着促进员工利益这个核心问题而展开，将绝大部分的企业员工都纳入企业的股权激励计划中。

透视星巴克的员工激励制度可以发现，这一制度的背后流露的是一种平民思想：无论是比同行更丰厚的薪酬和福利还是股票期权激励，抑或鼓励员工为公司的整体发展建言献策，这一切举措的最终目的都是让员工能够对工作形式和工作内容更加满意，从而从心底里对这份工作产生喜爱，自觉自愿地为广大顾客提供更加优质的服务，进而为公司赚取更多利润，帮助公司走上更加稳定的发展道路。这一平民思想是由星巴克的创始人及 CEO 舒尔茨先生的管理经营理念决定的。

舒尔茨出身贫寒，因此更加了解底层人士的内心需求和渴望。舒尔茨先生知道只有将员工激励机制设计成走平民思想路线，打人情牌，才能更好地将员工团结凝聚到一起。舒尔茨先生相信，最强大最持久的品牌是在顾客和合伙人心中建立的。品牌说到底是一种公司内外形成的精神联盟和一荣俱荣、一损俱损的利益共同体。通过星巴克设计的平民股权激励计划，星巴克成功地将员工和公司捆绑在一起，形成了坚实的利益共同体，让员工充分认识到了其与公司是同甘共苦的命运共同体。可以说，舒尔茨的这种平民思想直接影响了星巴克的股权结构和企业文化，而这种股权结构和企业文化又直接促成了星巴克在商业上的成功。

星巴克股权激励计划中最值得一提的“咖啡豆期权”计划，列明了对于主管以下的一般普通员工在满足一定工作时间后即可参与到股权激励的计划中，这就意味着，只要受雇于星巴克公司，就有可能成为星巴克的股东。这样的举措传达出一个信息：只要是为公司做出贡献的员工，无论是否处于较高的职级，都是企业不可或缺的重要的一分子，都值得公司的重视和奖励。星巴克坚守公平原则、带有平民思想的股权激励措施很好地激发了员工工作的积极性，使得员工之间也更加友善团结，共同为星巴克的发展做出贡献。每一个星巴克的员工都因股权激励计划更加顾全大局，以星巴克公司的总体利益为先，而不是拘泥于私人利益。

从借鉴的角度来看，一个企业的股权激励计划的核心应当是充分激发员工对于其所属企业的忠诚度。基于这一点，企业在制订计划时就需从员工的角度出发，以员工所想制定符合员工利益的方案。企业应当始终牢记公平原则，确保企业设计的股权激励计划是基于公平正义而设计的。股权激励计划不应当成为企业中部分员工，尤其是管理层人员，为满足自己的需求而设计的，企业应当始终牢记股权激励计划是为了更普遍地惠及更多对公司有贡献的员工而制定的。并且，星巴克股权激励计划背后流露出的平民思想也是值得其他企业学习的。基层员工是企业发展过程中不可或缺的一股坚实力量，虽然这部分员工并非企业的核心成员，但是缺少了基层员工，企业连最基础的日常经营都会成为大问题，就更没有跨越式发展的可能性了。因此，尽管企业核心技术人员和管理层人员对于企业的贡献是更加显而易见、更容易得到积极反馈的，企业也绝不能忽视基层员工对于企业正常运作所做出的贡献。虽然每一位基层员工都没有为公司的发展做出质的贡献，但无论如何都有量的积累。并且，核心技术人员和管理层的创新也需要基层员工的落实才能得以落地实施。基层员工在日常工作中所积累的量变终有一天会实现质的飞跃。

从量变到质变是一个漫长的过程，但也是一个企业在发展过程中不可避免、势必需要经历的过程。这一过程需要企业数量众多、在总员工数量中占比最大的基层员工的持续努力工作才能实现。但是作为企业中收入最少的群体，基层员工的生活压力要远大于其他更高层级的员工。此时，企业对于这部分基层员工的关心和激励就显得格外重要和珍贵。将同样的激励授予这些基层员工可能发挥出比授予更高层级员工更大的作用，基层员工对于企业的忠诚度的增加也会远大于更高层级的员工。

总之，星巴克的股权激励计划向其他企业传达出这样一个信号：企业的核心团队和优质人才确实能够为企业带来巨大的发展，但是企业也绝不能忽视众多基层员工所做的贡献。对于基层员工，企业也应当设计合适的激励机制，让广大基层员工也成为企业的主人翁，一同享受企业发展所带来的红利，唯有如此才能实现企业与员工的双赢。

图书在版编目（CIP）数据

企业股权激励业务指引／陈诗著．—北京：中国法制出版社，2022.4

ISBN 978－7－5216－2603－2

Ⅰ.①企…　Ⅱ.①陈…　Ⅲ.①股权激励－企业法－研究－中国　Ⅳ.①D922.291.914

中国版本图书馆 CIP 数据核字（2022）第 050706 号

责任编辑：熊林林　　封面设计：杨鑫宇

企业股权激励业务指引

QIYE GUQUAN JILI YEWU ZHIYIN

著者/陈诗

经销/新华书店

印刷/三河市国英印务有限公司

开本/710 毫米×1000 毫米　16 开　　印张/17.75　字数/234 千

版次/2022 年 4 月第 1 版　　2022 年 4 月第 1 次印刷

中国法制出版社出版

书号 ISBN 978－7－5216－2603－2　　定价：58.00 元

北京市西城区西便门西里甲 16 号西便门办公区

邮政编码：100053　　传真：010－63141600

网址：http：//www.zgfzs.com　　**编辑部电话：010－63141805**

市场营销部电话：010－63141612　　**印务部电话：010－63141606**

（如有印装质量问题，请与本社印务部联系。）